로컬리티와 지역문화전략

로컬리티와

지역
문화
전략

이흥재 지음

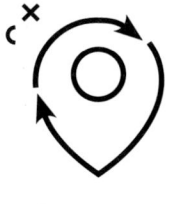

이음스토리

지역은 곧 문화다. 그리고 지금은 '문화공유 시대'다. 켜켜이 쌓인 문화자원이 지역의 보물단지다. 그런데 그동안 주목을 크게 받지는 못했었다. 이제는 달라졌다. 원석으로 내려 온 문화예술을 가다듬어 꾸미고, 이것을 즐긴다. 그렇다, 문화는 이제 지역에 있다.

지금 지역사회는 복잡하다. 겉으로는 화려하고 편안해 보이지만, 전환기를 거치면서 성장통을 앓고 있다. 글로벌 사회문화 모습이 널리 퍼져 풍성하고 누구나 언제 어디서나 함께 즐기게 되어있다. 그런데, 안으로는 무기력한 채로 위축되어 소멸위기라는 말까지 듣는다. 이 몸살이 단순하지가 않고, 피하기 어려워 참으로 안타깝다.

지역에서 문화수요는 늘어나고, 눈높이도 높아지고 있다. 체험은 고도화되고, 교육은 보편 확산되고 있다. 어린이나 고령층도 젊은이 못지않게 문화로 힐빙을 노린다. 저마다 문화가치의 찾기와 키우기 정책경쟁이 뜨겁다.

그 가운데서 로컬리티를 기반으로 지역가치를 높이는데 힘을 쏟고 있다. 지역의 미래를 이끌어 갈 동력을 찾고, 활력을 키울 시스템을 짜려고 애쓴다. 중앙정부나 다른 지역들 사이에서 돈, 사람, 기술 경쟁이 치열하다.

이제는 문제대응형 '맞춤'과 지속발전형 '창발'이 절실하다.
맞춤과 창발 전략을 꾸며야 할 때다.
지역을 살리고, 문화도 살고….

축제나 지역문화 행사들이 번지면서 지역문화생태계가 흔들리고 있다. 성급한 베껴쓰기, 지역경제 효과를 기대하는 문화마케팅이 넘쳐 빈축을 사고 있다. 지금 지역은 지속발전 토대 마련이 시급하다. 생태계가 파괴되기 전에 공진화, 협력, 창발성의 틀을 뿌리내려야 한다. 지역사회가 문화와 함께 짝춤을 춰야

머리말

뿌리, 줄기, 열매가 번창해지지 않겠는가.

지금은 전환기이다. 4차산업혁명기술이 앞에서 끌고 가는데, 코로나19팬데믹의 여진이 뒷덜미를 잡고 있다. 지속발전 가능한 전략을 주민과 단체들이 공동인식해야 한다. 그리고 공동시동, 공동창발로 나아가는 행동전략을 짜야 한다. 이 때 걸림돌을 치우고, 디딤돌을 놓아 출구로 이어가는 길을 펼쳐야한다.

이 책은 이러한 배경에서 로컬리티와 문화전략, 동력과 미래 활력, 지속발전 사회 디자인, 공진화 생태계 구축을 전략으로 제시했다. 논의를 전개하면서 창발성, 공진화, 사회기술을 곳곳에서 강조했다.

책 쓰기는 궁금한 것을 풀어가는 자기만족 이다. 능력이 미치지 못해 속 시원하고 말끔하게 답을 찾기는 어렵다. 논의 한 것들을 꿰어 엮어 각자 자기만의 그물로 만들어야 한다. 그리고 투망을 펼쳐 벼루줄을 꽉 잡고 멀리 던져야한다.

이 책을 내면서 감사해야 할 분들이 많다. 어지러운 원고를 오양열 박사님께서 정성껏 읽고 꼼꼼하게 고쳐주셨을 뿐만 아니라 이 책의 제목도 잡아주셨다. 또 이영희 박사께서는 특별히 시간을 내서 원고를 읽고 고쳐주셨다. 또한 김선영 박사도 교정에 함께 참여해 큰 도움을 주었다. 어려운 출판사정을 뒤로한 채 황용구 대표께서 선뜻 책을 내주기로 해서 감사드린다. 그래서 이 모든 분들과 함께 낸 책으로 간직하겠다.

글의 마지막 엔터를 누르면서 갖는 지역문화의 느낌은 밝고 맑음이다. 지역 문화전략을 이야기할 때 이 책에서 늘어놓은 논점들이 안마당으로 들어서는 박석이 되어 주기를 바라며….

초여름 문턱에서
이흥재 씀

이 책의 관점

전환기의 관점들 *

지역사회는 지금 전환기의 기로에 서 있어 이를 올바로 인식하고, 다양한 신규 수요를 파악해야 한다. 기존과는 다른 견해를 폭넓게 찾아보고 미래지향적으로 접근하여, 새로운 목표와 수단을 확보해야 한다.

이를 위해 전환기 위상과 좌표를 정리해야 한다. 전략적 사고에 바탕을 두고 지식정보를 확보하며, 목표 – 수단 정합성과 연계를 따라서 추진할 사업의 우선순위를 설정해야 한다. 이때 전환기 이전으로 돌아가지 말고 창발적으로 접근하여 미래를 내다보면서 좌표를 정해야 한다.

이 전환기에 지자체나 지역문화 활동체는 어디에 주목해야 할까? 주목해야 할 관점을 몇 가지의 주제별로 진행라인을 잡아보면서 살펴보겠다. 특히 전환기에 필요한 과거와 미래를 연결하는 지점에서 주목할 점을 찾아보도록 하겠다.

전환기 이전과 이후의 사이(間)에서 어떻게 변하는가? 공간을 보면 과거에는 중앙에 대비되는 개념으로 '지방'이라는 말을 썼고, 지금은 자치분권에 따라 '행정권' 지역으로 부르고 있다. 앞으로는 '문화권'이나 특정 활동주체의 관점에서 사업을 효율적으로 추진하게 될 것이다. 시간의 관점에서 보면 분권 자치의 시동을 거쳐 지금은 자치수준 역량키우기 단계이며, 미래 어느 시점에는 자치활동이 본궤도에 오를 것으로 본다. 인간의 관점에서 보면 그동안 중앙집권 시절에는 '국민'이었으나 지금은 '주민'에 중심을 두고 있으며, 앞으로는 의식 있는 '개인주체'가 상대적으로 중요한 대상

* 이 부분은 발제 글 '전환기, 로컬리티와 동력 활력 매력 전략'(한국지역문화학회 학술대회, 2024.5.25)의 일부를 가져와 정리한 것임

으로 자리잡으며 인본주의를 실현하게 될 것이다.

지역에서 전개하는 활동은 기본적으로 안전, 안심을 추구하는 데 큰 비중을 두었다. 전환기를 거치고 나서는 문화예술 향유를 포함하는 안락 추구활동에 비중을 더 두게되지 않겠는가. 전환기에 중요한 창조성은 과거 창의에 중점을 두었으나 이제는 창(創) 〉 조(造)의 형태로 창조성을 강조하겠지만 앞으로는 창발성에 더 관심을 두게 된다. 지역의 열악한 사정을 고려해서 '더불어 함께 하는' 활동이 중요한데 공존, 공생을 넘어서 앞으로는 공진화로 나아가야 하는 숙제를 안고 있다. 그래서 공동인식, 공동시동, 공동창발로 나아가도록 전략을 마련해야 한다.

지역의 정책논리, 실리, 기조는 분야마다 다르겠지만, 문화정책에서는 과거에 '문화예술'을 중심으로 활동했으나 이제는 생활 속 문화에 더 관심을 갖고 있으며, 앞으로는 '사회문화'로 나아가야 할 것이다. 장르, 정책수단, 활동주체, 문화정책을 포괄해서 사회에 뿌리내리며 지속 발전할 수 있는 문화활동에 중점을 두는 사회문화정책이 중요하다고 본다. 정책을 평가하는 기준도 전에는 문화행정에 치중하다 보니 '형식합리성'으로 결정했으나 이제는 경영관점을 도입하여 '능률성'을 기준으로 평가하는데, 문화예술의 특성을 고려해 보면 앞으로는 당연히 '실질효과성'에 기준을 두고 평가해야 할 것이다. 지속발전 가능성에서 보면 맥락성 개념이 중요하다. 과거에는 맥락성이 있는지 여부를 판단하는 자료로 다른 지역이나 나라들이 시행하고 있는지를 보고 그 경험으로 보증을 삼았다. 그러다 보니 사례나 프로그램 중심으로 추진하고 '베껴 쓰기'가 난무했고, 정치적인 종결이나 신규 진입이 많았다. 앞으로는 이슈맥락,

정책맥락을 충분히 고려해서 맥락유지에 바탕을 둬야 효과성을 확보하고 지속 발전에 기대를 걸수 있을 것이다.

지역의 문화활동을 전략적인 관점으로 보면, 먼저 정책수단은 그동안 지원, 육성, 보호, 조성, 규제(규제완화)의 수단에 의존했고, 그 중에서도 지원에 중점을 두었다. 그 결과 지속 가능성이나 자립을 이루는 데 필요한 정책수단은 소홀했고, '전환기 소용돌이 환경'에서 크게 흔들릴 수 밖에 없었다. 이제는 당연히 융합융화, 정책믹스, 거버넌스를 전략으로 사업을 추진하며 지속 가능을 비중있게 본다. 지역의 공동체전략은 그동안 행정권단위를 지역공동체로 보는 개념을 구호처럼 사용했는데 실효성이 없었고, 정체성이나 로컬리티 구축에도 도움이 되지 않았다. 이제 지능정보사회로 넘어가는 전환기에 사람들은 테마공동체에 적극 참여하면서 자강력을 키우고 있다. 앞으로는 좀 더 심화된 '의미공동체'가 문화활동의 주축을 이루지 않을까 생각한다. 이런 변화에 맞춰서 지역문화경영이 지향하는 전략은 과거에는 대두되는 현안문제 지향적으로 접근했으나, 이제는 '정책지향'으로, 나아가 '이슈지향' 전략경영으로 나아가게 될 것이다.

이러한 관점을 바탕으로 전환기에 필요한 소셜디자인 좌표는 무엇이며 어떻게 그릴수 있을까?

전환기라면 맨 먼저 떠오르는 생각은 '소용돌이 현장' 이라는 생각이다. 무기력한 과거로부터 4차산업혁명기술 시대를 맞게 되고 코로나19팬데믹이 덮쳐 와 사회는 모든 분야에서 활동 정지된 채 타격을 입게 되었다. 고단한 시간을 보내며 어려운 속에서 벗어나자 우리는 '과거에 대한 반동'의 시간을 맞게 되었다. 전환기의 위기와 기회가 함께 동반하여 새로운 기회를 갈망하게 되고 '미래에 대한 낙관'으로 각 분야에서 지속발전 전략을 꾸미기에 이르렀다. 지역사회도 이러한 변화 갈망을 공동인식하면서 활동주체들은 이전과 같이 단순선형적 사업 전개를 지양하고 새로운 전략적 좌표를 설정하고, 수단을 배치하여 공동 시동하기에 이르렀다.

앞에서 살펴본 여러 가지 관점에서 지역이 나아가야 할 정책을 끌어 낼수 있다. 전환기 전후 관점에서 로컬리티, 동력과 활력, 사회문화디자인, 지속발전 전략을 핵심 키워드로 추출해 낼 수 있다. 그리고 이에 대하여 무기력을 뛰어 넘고, 동력을 추스리고, 활력을 일으키고, 매력을 키워내는 4력을 전개하도록 전략을 세우는 것이 바람직하다. 그리고 이 활동을 맥락성, 창발성, 공진화라고 하는 철학을 정책전략의 기조로 삼아 지속 발전을 견인하도록 하면 바람직하다고 본다.

정책과 전략의 틀

먼저 전환기 지역전략의 목적과 목표는 무엇일까? 지금 지역이 당면하고 있는 문제해결과 미래대응 목적은 누적된 사회문제 대응, 현실적 동력활력, 전환기 미래동력 축적, 지속 발전에 두어야 한다. 이를 달성하기 위해서는 효율적으로 접근해야 한다. 과거와는 다른 매우 현실 적합한 전환기적 관점, 지역단위 활동, 사회문화적 범주, 협력적 방법으로 접근하기로 한다. 이 목적과 목표를 정리하면 다음 <표 1>과 같다.

〈표 1〉 정책과 전략 목적, 목표

목적	목표 접근
무기력 위기대응, 문제대응	사회문제 걸림돌 치우기 '과거에 대한 반동', 문제대응형 접근
기반 동력 확보	활력과 지속 발전의 디딤돌 놓기
미래사회 견인 활력 미래지향 소셜 디자인	'미래에 대한 낙관' 기대 바람직한 지역사회 디자인
지속발전 생태계	맥락 유지하며, 창발적이고, 공진화할 생태계 구축

정책 논리상 이같은 목표와 수단을 연계하고 지속 발전을 위해서 '뿌리 내리기' ⇨ '줄기 뻗기' ⇨ '열매 수확'으로 결실을 얻는 전략으로 나아가도록 한다. 또한 전략목표와 수단을 과거와 현실에서 나타나는 로컬리티, 활동으로 개선하기 위해 필요한 동력·활력으로 연계시키는 데 중점을 두기로 한다. 이를 정리하면 다음 <표 2>와 같다.

〈표 2〉 지역활력 증진을 위한 정책과 전략

정책	전략
전환기 로컬리티 대응	사회문화와 로컬리티 로컬리티를 담은 문화예술 활동 로컬리티 정책과 기획
동력과 활력 확보	문화자원의 가치 증진 활력견인 인력과 네트워크 지식공동체 학습활동
매력사회 디자인	사회기술기반 지능사회 사회자본 가득 안심사회 건강행복의 인본사회
지속발전 공진화	정책의 맥락성, 네트워크 창발적 혁신 융합융화적 공진화

이재인 판검

1편 전환기, 로컬리티 대응과 과제

1장 사회문화와 로컬리티

1. 위축대응을 넘어 활력추구로
전환기 인식   19
활력과 미래 동력   23

2. 왜 사회문화인가
새로운 문제 대응   28
전환기 문화소비의 급변   34
유대감과 공동인식   38

3. 창발적 전략으로
일상가치, 경쟁력가치   40
창발적 접근   45

2장 로컬리티를 담은 문화예술 활동

1. 지역문화와 로컬리티의 연계
독자성 존중   50
연계적 특성   52

2. 로컬리티 문화예술 활동
로컬리티 문화예술   53
로컬리티 제고 기여   55

3. 활동 전략
전략적 특성화   56
로컬리티 장벽에 대응   59
활성화   63

목차

3장
로컬리티
정책과 기획

1. 로컬리티의 정책가치
   - 사회문화적 이해   67
   - 수용과 대응 태도   70
2. 로컬리티기반의 문화정책
   - 논리와 실리   72
   - 연관 정책   78
3. 기획과 리더십
   - 문화발전기획   85
   - 로컬리티기획   89
   - 지속적 리더십   92

2편 지역동력과 활력

4장
문화자원의
가치증진

1. 자원의 가치 자산화
   - 발굴과 활용   97
   - 로컬리티 자산화   101
2. 로컬리티 가치 제고
   - 가치연계와 증식   105
   - 지역의 상표자산화   111
3. 고부가가치화 전략
   - 정책믹스   115
   - 콘텐츠화   117
   - 연계활용과 산업화   122
   - 실감기술 융합   125

5장 활력견인 인력과 네트워크

1. 지역사회 활성화와 인력
   - 감축사회의 인구   128
   - 인구와 인력   132
   - 적정인구 유지   135

2. 지역사회 문화활력 전문가
   - 활력견인 코디네이터   138
   - 창조성 리더   142

3. 전문인력 네트워크
   - 구축   146
   - 대학과 지역문화   148

6장 지식공동체 학습활동

1. 공동체 학습과 실천
   - 공동체 학습의 공동인식   152
   - 실천공동체 참여   158

2. 테마학습공동체 활동
   - 문제대응 실천   163
   - 지속발전 학습   167

3. 로컬크리에이터 학습활동
   - 기술공동체 교육학습   172
   - 지식공동체 워크숍   176

3편 매력사회 디자인

7장
사회기술기반
지능사회

1. 소통역량 증대
   - 소통원활 … 183
   - 소셜 커뮤니케이션 향상 … 188
2. 생활매력 충만
   - 서비스품질 제고 … 190
   - 지속가능 관행 … 193
3. 문화활동 역량 확충
   - 문화역량 구축 … 200
   - 문화투자 유인 … 204

8장
사회자본 가득
안심사회

1. 신뢰위기의 시대
   - 허공에 쌓은 탑 … 207
   - 정책으로 가능? … 210
2. 사회자본과 문화정책의 믹스
   - 인적자본과 문화자본 … 213
   - 정책믹스 … 216
3. 사회자본 구축 전략
   - 사회목적으로 통합 … 223
   - 정책의제 선별 … 226

9장
건강행복의 인본사회

1. 안전사회 시스템
   - 코로나19팬데믹의 유산 … 230
   - 안전안심의 사회문화 … 234
2. 사회문화적 의료공동체
   - 인본주의 의료시스템 … 236
   - 문화예술로 힐빙 … 239
   - 행복한 생활문화 … 244
3. 매력있는 커뮤니티
   - 사회시스템 보완 … 251
   - 친환경 모빌리티 … 253

4편 지속발전 공진화

10장
정책의 맥락성, 네트워크

1. 지자체 정책의 맥락성
   - 단절과 돌발적 등장 … 258
   - 지속발전을 위한 맥락성 … 261
2. 정책네트워크
   - 정책네트워크의 관리 … 270
   - 지식정보 네트워크 … 274
3. 문화공유 맥락과 협력
   - 문화거버넌스 … 277
   - 협력파트너 커뮤니티 … 281

11장 창발적 혁신

1. 창조성을 넘어서
   - '창조도시론'이 남긴 것   287
   - 시스템 보완   289
   - 사회문화적 유동성   294

2. 창발성 가치 내재화
   - 창발성 논리와 기조   296
   - 창발거점 갖추기   300

3. 창발기획 혁신
   - 창발적 콜라보레이션   304
   - 통합적 혁신   306

12장 융합융화적 공진화

1. 전환기, 지속가능 생태계
   - 지속발전 담보   310
   - 공진화 가치의 극대화   314

2. 문화창조분야의 관계전략
   - 문화창조분야의 융합과제   317
   - 공진화 구축   323

3. 관계융합 공진화
   - 긴밀한 관계   326
   - 관계융합으로 공진화   329

맺음말   334
참고문헌   342
찾아보기   347

1편 전환기, 로컬리티 대응과 과제

1장 사회문화와 로컬리티

2장 로컬리티를 담은 문화예술 활동

3장 로컬리티 정책과 기획

01장 사회문화와 로컬리티

1. 위축대응을 넘어 활력추구로

전환기 인식

지금 지역의 사회문화는 어떤 모습이며, 어디에서 와서, 어디에 서 있는가? 그동안 지역은 주민들이 보편적인 문화생활 수준을 누리고, 여가를 문화예술에 활용하도록 기반여건을 갖추는 데 중점을 두었다. 그리고 지역을 문화적으로 특성화하고, 문화단체나 창작자들의 활동을 지원하며, 문화자원을 보존·활용하는 정책을 펼쳐왔다. 한마디로 지역의 총체적인 문화역량을 높이기 위한 다양한 정책을 추진해왔다.

그런데 이제 지역사회는 4차산업혁명기술 확산, 코로나19팬데믹 같은 사회문화적 전환기를 거치고 있다. 이에 덧붙여 인구-기술-자연생태계가 얽히며 생겨난 삼각파도를 맞고 있다. 이 때문에 새로운 사회문화적 문제들이 발생했고, 미처 대응전략을 갖추지 못한 채 전환기를 보내고 있다. 그 동안 '중앙과 지방'으로 나누는 정부재정 분권화 방식에 의존해 오던 '지역' 자치단체로서는 어쩔 수 없었다고 하지만, 지역은 지금 '지역소멸'에 내몰린 형편이다.

대부분의 지역들은 경제상황이 위축되어 활동하기가 열악해지고, 산업도 정체되고 있다. 젊은 층이 지역에 유입되거나 머물지 않는 현실 위에, 고령화와 저출산이 이어지고 있어 앞날의 생산활동 인구문제가 캄캄하다. 도시에 비해 거주환경이 열악한데다 치안까지 불안하여 안전·안심하기에는 아직 이르다. 자녀교육 문제, 주민복지와 건강관리는 개선되고 있지만 안락한 생활보장으로 이어지기는 어렵다. 이에 지자체들이 문제에 대응하는 정책을 제시해 보지만 반응이나 성과는 냉랭하다. 이로써 주민 개개인은 인간다움이 위협을 받고 자긍심이나 보람을 갖기도 어렵다. 한마디로 지역은 지금 전반적인 무기력 상태에 놓여있는 위기 상황인 것이다.

이런 문제들은 앞으로 어떻게 전개될 것인가? 이에 맞춰서 대응전략을 펼칠 수 있겠지만, 단기간에 전략적 접근으로 해소되기가 쉽지는 않을 것 같다. 우선 저출산 흐름은 단기간에 개선되기 어렵고, 불편한 지역생활 때문에 인구유입도 어려우며, 생산인력을 확보하기 위한 사회적 포섭(이주자, 외국인, 신체 장애자)또한 쉽지 않다. 고령화 지속에 따른 의료비 증대 부담, 현실적 치안 악화, 이에 따른 치안 회복 유지가 어려워 지역매력은 감소된다. 더구나 지역거주자들도 정체성, 외로움, 소통의 어려움을 달래는 이웃의식, 신뢰, 마음치료도 '비자발적 개인화'로 바뀌어 쉽지 않다. 도시와 지역의 격차는 더 벌어지고, 중앙정부 의존적 사업공모에서 지역 간 경쟁이 심화되어 지역의 경쟁력 기반을 튼실하게 마련하기도 쉽지 않다.

농어업부문 생산 활동에 필요한 노동력은 부족하고, 소매업도 점차 소멸되어 소규모 생산업체 운영도 쉽지않다. 업체들은 고용이 어렵고 취업희망자는 구직이 어려워 노동시장은 침체되니 이래저래 주민생활은 불편해졌다.

학교교육 시설은 통폐합되고, 초등교육의 수준은 열악해질 수 밖에 없으며, 초등학교가 지역의 거점 역할을 하도록 기대하기가 어려운 상황이다. 가정에서 어린이를 키우거나 학교교육을 분담하기가 어려워지고 있다.

지자체의 행정서비스는 양적으로 축소되면서 필수서비스도 내용이나 대상에 대한 선택과 집중이 불가피하고, 정보기술에 미숙한 고령층은 활용하기도 힘들다. 생활편의를 위해 필요한 인프라를 추가할 명분이 적어서 신설하기가 어렵고, 기존 시설은 융통성 없이 운영되거나 텅텅 비는 추세이다.

지역사회 문화활동은 참여인력이 부족하고, 이에따라 전래 향토예술 계승자를 확보하기도 어렵게 된다. 반면에 문화창조 활동은 오프라인에서는 축소되고 있지만, 온라인에서는 확산되고 있다. 또한 지자체들의 문화예술정책 영역은 전체적으로는 축소되고 있지만 개인이나 민간의 창조활동영역은 확대되는 추세이다.

수축·확산의 양면성 골 깊어

이처럼 지역사회에 나타나는 전환기적 특징은 복잡하게 진행되는데, 이를 단순하게 대비시켜 보면, '수축과 확산의 양면성'을 갖는 모습이다. 겉으로 보면 수축사회적 특징이 보이는 한편, 안으로는 확산사회적 특징의 두 측면으로 각각 나아가고 있다. 지역은 지금 '외적 수축과 내적 확대'가 동시에 이뤄지는 '소용돌이의 현장'이다. 여기에 전환기적 특성이 함께 등장하는 '모듬 비빔밥' 모습이므로, 총체적으로 전환기 환경에 따른 사회문제가 누적되고 있다.

어떤 부분에서 어떻게 수축과 확산이 이뤄지는가? 문제의 시작은 아무래도 인구문제에 있으므로, 이를 중심으로 살펴보기로 한다. 지역의 총량인구가 얼마를 유지하며, 연령별 노동력 구조는 어떠한가. 이 점이 지역 생산, 문화 소비, 사회 역동성에 영향을 미친다. 인구 감소와 노령화는 더 진행되고 장기화될 것이므로 단순한 대응처방으로 개선하기가 쉽지 않다. 그런데 거주인구는 축소되지만 지역 이동성이 활발해지고 있어서 새롭게 대처 할 전략요소를 찾아볼 만하다. 농산어촌 주민들의 자치적 활동은 늘어나고, 노인이 노인을 돌봐주는 최소 한도의 자력 지원도 시스템화 되고 있다. 지역의료 시설을 활용해서 꾸준히 건강을 체크하는 시스템도 작동되고 있어 대응전략으로 활용되고 있다.

이러한 현상은 대개 거주인구 때문에 생겼다. 다시 말하면, 인구 감소, 고령인구 증가, 활동 연령층 부족, 청년의 도시 이주 때문이다.

이렇게 새로 대두되는 사회문제는 사회문화적으로 접근하여 해결해야한다. 우선 중앙이 관여하던 기존 지역문화정책 내용과 관행을 벗어나야 한다. 개선은 개인보다는 공동체 중심이어야 하고, 더불어 함께하는 공동체 활동이 주축을 이뤄야 한다. 또한 문화 기반의 공동체로 사회적 자본을 증가시켜 다른 지역사회문제를 해결하는 데 핵심 '마스터 키'로 활용해야한다. 다시 말하면 누적된 지역사회문제 해결은 새로 대두된 사회기술, 인본주의적 접근으로 지역공동체를 꾸려가는 활동을 확산시키면서 시동을 걸어야 한다.

결국 지금 같은 소용돌이 환경에서 지역문화정책은 지역사회 문화와 지속발전을 이끌어 가는 전략에 역점을 두어야 하며, 새로운 지향점을 찾아야 한다. 더구나 지역문제가 누적 진행되고 있는 상황에서 지금은 '문제 해결형' 전략에 창발적 접근을 덧붙인 지역문화정책이 필요한 상황이다.

활력과 미래 동력

그동안 일어난 변화와 문제점에 대하여 단편적인 대응처방만으로는 지역의 안정적인 지속발전을 기대하기가 어렵다. 역사적으로 축적된 지역의 로컬리티를 '지역의 힘'으로 수용하고, 새로운 전환기 변화를 미래전략으로 바꿔가면서, 정책 전환을 꾀해야 한다. 로컬리티 없는 혁신정책은 환상이며 위험하다.

지역의 문화정책은 지역사회 목적을 찾아 스스로 탈바꿈해 나가는 힘을 키운다. 이를 '자율적 변화개선 능력'(self-guiding capacity)이라고 한다. 이 변화는 문화정책 밑바탕에 흐르는 '이념이나 원리', 환경의 변화 대응, '개발과 지속가능성의 결합'에 따라 점진적으로 이루어진다. 따라서, 문화정책에서 정말 중요하게 살펴야 할 것은 파격적인 변화나 프로그램 개발보다는 그 바닥에 면면히 흐르는 이념과 사회문화라고 볼 수 있다.

이러한 관점에서 지역 안에서 펼치는 문화정책을 국가 문화정책의 축소판으로 생각하는 것은 착각이다. 우리는 중앙-지방으로 설명하는 이분법적 사고에 오랫동안 익숙해져 있다. 지방분권역사가 짧아서 지역사회 나름의 가치와 목적을 뚜렷하게 내세워 추진하기가 어려웠다. 이러한 현실과 더불어 전환기와 소용돌이 환경때문에 지역단위에서 독자적으로 미래를 낙관하기가 쉽지 않다. 이처럼 지나 온 과도기를 되돌아보면서 지금은 지역사회문화의 대전환기라는 점을 거듭 확인하게 된다. 정확한 좌표 설정이 중요하고, 무엇보다도 로컬리티에 우선을 둔 정책으로 나아가는 것이 타당하다고 본 이유이다.

이런 맥락에서 지역의 사회문화정책은 우선 목적가치로서의 창의성을 바탕으로 출발하는, 관점의 전환이 요구된다. 창의성이란 혁신(innovation), 상상력(imaginating), 공상(fantasy)을 말한다. 이를 경제생산 활동, 예술사상과 관련해서 사용하면 좀 더 제약적인 의미를 갖는다. 그 능력을 활용하는 창조성은 '새롭고 유용한 것을 생각하고 만들어 내는 능력', 또는 '남들이 보지 못하고 생각지 못하는 것을 보고 생각하는 능력'을 말한다. 지금 우리사회 전반의 전환기를 맞아 지역사회에 요구되는 기반가치는 바로 이러한 창의성과 창조성이다.

지금은 창의성을 실천적 활동으로 바꾸어 변화를 일으키는 활동으로 나아가야 하기 때문에 창조성의 지역사회 확산이 중요하다. 이를 위해 사회 전반의 창조적인 분위기 속에 활동 주체가 창조력을 갖고 제 역할과 활동을 하도록 해야 한다. 이 과정에서 문화예술은 창조적 사고와 행동을 이끌어내고, 마침내 사회목적 가치를 실현하는 견인차이다. 이러한 지역사회적 창의성을 위해서는 무엇보다도 엘리트 문화활동가가 창조의 독점적 지위를 유지하도록 지원하던 낡은 방식을 벗어나야 한다.

전환기적 혼란을 극복하고 안정적인 지속발전 기반을 구축해야 하는 지금, 창조성 개념을 넘어서 '창발성'을 기조로 삼아야 한다. 창발성은 창조성과는 다른 접근으로 이뤄진다.[1] 역사는 '과거에 대한 반동'에서 싹을 틔워 변화를 위한 꿈틀거림으로 시작된다.

그러므로 먼저 과거 활동을 되돌아 보자. 지역의 사회문화 정책은 그 동안 효율적이었을까? 정책 효율성이란 효과성과 능률성을 합친 말로서, 이를 문화자원의 동원과 배분의 결정과 집행을 중점으로 살펴본다. 기존의 초점은 정부 문화정책이 효율성을 해치며 진행되는가 하는 질문에서 시작되었다. 이를 '정부실패'라 불렀다. 지역사회 문제를 지역의 눈으로 보면서 부터는 열악한 여건을 벗어나기 위해 효율성 개념을 정부역할에 적용하여 더 강조하게 되었다. 오늘날 지역사회 문화정책은 과연 효율적인 성과를 거두었는가.

지역문화정책에서 효율성과 관련하여 특히 문제가 되는 것은 중앙정부로부터 제공되는 보조금 정책이다. 포괄 교부금, 공모형 국고 보조금은 지방재정 분권에 얼마나 기여하는가? 이는 '지역문화예술시장의 비효율성'에 대응하는 하나의 대안형태로 중앙정부가 지역의 사회문화정책에 개입하려는 것이다. 그 개입으로 지역사회에서는 개인 활동가에게 보조금을 지급하여 활동을 이어가고 있다. 그렇지만, 한편으로는 예술시장 생태계에서 유력 예술단체의 예술시장 과점(寡占)만 초래하는 경우도 있었다.[2]

지자체에 지급되는 중앙정부 보조금이 비효율적이고 결국 지역문화예술 경영 비효율을 초래할 수도 있다는 관점은 몇 가지에서 나타난다. 우선, 과소한 산출량, 느슨한 경영, 예술표현 혁신

---

1) 자세한 것은 이 책 11장 참조
2) 문화예술 활동에 대한 지원방법은 ① 예술단체에 대한 보조금 ② 입장료 인하에 대한 보조금 ③ 예술단체로 기부한 개인소득세 공제 ④ 예술향유 교육을 통한 예술 감상능력 증진에 의한 소득격차 시정 등 다양한 방법으로 이뤄지고 있다. 그런데 문화예술 활동에 지원되는 생산자 보조금은 직접적 효과는 크지만, 불공정과 비효율을 초래할 가능성도 크다. 이에 대하여 지원보조금 전체의 50~80%의 금액을 상위 20%단체가 받는다고 하는 보조금 지원의 2:8법칙을 지적하는 견해도 있다 (A. Peacock).

노력의 태만, 지대추구 행동이 나타날 수 있다는 것이다. 지자체의 입장에서 보면 '지원과 자율의 패러독스' 현상도 나타난다. 매칭그랜트를 조건으로 붙이므로 매칭능력이 없는 지자체는 헤쳐 나오기가 어렵다. 또한, 지원받는 지역단체는 자율부담금이라고 하는 준의무 꼬리표가 무겁고, 정치적 배분이나 소액다건방식의 지원도 배분정책의 문제점으로 남아있다.

지역은 이처럼 문제가 있는 중앙정부에 의존하며 답습하는 지원패러다임을 벗어나 '지역다움'으로 나아가기를 모색해야 한다. 보조금을 기반으로 하는 중앙정책 대행이나 중앙 기준의 성과 달성을 위한 지역정책에서 벗어나야 한다. '지역다움'을 위해 지역사회의 문화정책 개발자다운 위상을 찾아야 하며, 로컬리티를 바탕에 두는 지역사회 만들기가 필요하다.

무기력의 늪

지방자치제도를 시행한지 오랜 기간을 보냈고, 재정분권을 위한 제도화 노력도 꾸준히 추진했음에도 불구하고, 지역은 무기력한 상태에 놓여 있다. 급변하는 전환기에 돌파구를 마련하거나 새로운 디딤돌을 쌓아야 하는 절박한 상황이다. 지역사회의 재정적 환경 악화에 대처하도록 지역정책과 전환기적 전략을 고민하지 않을 수 없다. 지방자치 역사가 오래된 유럽의 지역사회들도 제조업이 쇠퇴해 청년실업자가 증가하고, 재정위기 때문에 오랫동안 채택해 왔던 복지국가시스템이 흔들리고 있다. 그 결과 이 지역들도 공공복지시스템을 재고하며, 국가의 재정적 지원으로부터 자립해서 어떻게 지역을 발전시켜 나갈지 방향모색에 고심하고 있다.[3]

3) 유럽의 창조도시연구그룹이 정리한 『창조도시』(1995), 같은 그룹 멤버인 찰스 랜드리가 정리한 『창조도시』(2000), 피터 홀의 『문명에서의 도시』(1998)가 바로 이런 문제의식에서 논의를 펼치고 있다.

지역사회에 활력을 일으킬 전략을 도입하자는 취지에서 시작한 창조도시연구그룹은 문화예술이 갖는 '창조적인 힘'을 이용하여 지역사회의 잠재력을 끌어내려고 시도했다. 여기에서는 특히 문화예술 활동이 갖는 '창조성'에 주목했다. 자유롭고 창조적인 문화활동과 문화기반(culture infrastructure)이 충실한 지역이야 말로 혁신적인 산업을 끌어들이는 데 도움이 된다고 보았다. 그리고 해결하기 힘든 지역과제에 대응하는 '창조적인 문제해결 능력'을 키워서 기존 시스템을 지속적으로 바꾸자고 제안한다.

이런 점에서 볼 때, 새로운 동력과 미래 활력을 찾는 전략은 로컬리티 위축 요인을 찾아 새로운 역할과 방향을 설정하는 것과 그 맥락이 같다. 새로운 활력요소로 콘텐츠 기반 부가가치, 기술기반(디지털, 유통, 인공지능)의 경쟁력을 찾아내 선봉에 세워야 한다. 그리고 지역을 늪으로 끌어들인 요소인 인프라의 양적 동조화, 소수 기획자 주도의 '제 살 깎아먹는 경쟁'을 지양해야한다. 지역에 쌓여 온 위기요인을 자율성, 안정성, 효율성에서 찾고, 로컬리티 무력화를 해소한다.

이를 위한 지자체의 역할은 '가치지향적 활성자'로 재설정해야 한다. 이를 접근하는 방식에 대해서는 당연히 지역사회 구성원들이 공동인식 ⇨ 공동시동 ⇨ 공동창발의 방향으로 추진해야 한다. 여기에 특화된 전략을 내세워 나아가야 하는데, 바로 로컬리티의 힘을 중심으로 정책을 전환해야 한다는 것이다. 이는 특히 전환기 수요에 대한 접근에 주목해야 하며, 이에 대해서는 뒤에서 상세히 다루기로 한다.

2. 왜 사회문화인가

지역의 문화정책은 그 동안 문화예술 창작·교류에 중점을 두고 지원·육성하면서 지역사회에 활력을 일으키려 했다. 이제 전환기를 맞으면서 지역은 새로운 사회문제에 대응하여 미래 동력을 구축하는 전략이 시급하다. 이런 점에서 새로운 이슈, 문화소비 변화에 맞추고, 지역의 공동체 유대감을 함께 형성해야 효율적이다. 문화가 뿌리내리고 있는 사회를 함께 묶어서 '사회문화'로 접근해야 지속발전에 도움이 된다. 지원대상 또는 활동분야의 하나인 문화예술을 사회 속에서 다른 분야와 함께 아름답게 공진화하도록 디딤돌을 놓는 전략으로 접근해야 한다.

새로운 문제 대응

엄격하게 말하면 재정이 열악한 지역사회에서 다른 정책수요가 많은데도 불구하고 문화예술을 지역의 정책대상으로 삼는 것은 어려움과 한계가 있다.

어떤 점이 문제일까? 우선 지극히 개인적인 취향·선호라고 볼 수 있는 문화예술 소비를 사회적인 문제로 다룰 것인가. 문화예술이 인간에게 본질적인 것이라고 하는데 정말로 그러한가. 문화예술은 소득이나 시간에 여유 있을 때 지출하는 대상이 아닌가 하는 문제들이다. 이러한 논리와 관점을 넘어선다해도, 지역주민들이 더 선호하는 대중오락과 순수문화예술을 어떻게 정책적으로 차별화하는가. 또는 문화예술이 우리사회에서 교육만큼 사회적 공감대가 형성된 정책대상인가하는 점들이 정책 우선순위를 결정하는 주요 고려요건으로 거론되어 왔다. 그런데도 오늘날 지역사회에서 문화예술활동은 이제 '숨을 쉬는 것이나 마찬가지'로 생활 가까이에 밀접하게 자리 잡고 있으며 정책대상으로 발전되어 왔다.

그동안에도 지역에서는 실제로 많은 사회문화 정책과 사업을 펼쳐왔었다. 구태여 문화예술활동과 구분하여 사회문화 정책이나 사업을 모두 설명하기는 어렵지만 몇 가지 기준으로 나누어 살펴보면 다음<표 1-1>과 같다.[4]

지자체와 문화단체들이 관심을 갖는 주제는, 문화로 지역사회 발전시키기, 침체된 지역사회의 에너지 생성과 창출, 밝고 맑은 사회 만들기, 사회환경의 보전, 사회와 문화의 공진화, 문화흐름의 원활화, 상호발전의 매개역할 만들기 등이다.

이를 세부사업으로 살펴보면 우선 문화로 지역사회를 발전시키려는 정책의 전략내지 사업으로 지역문화예술의 보존과 창조적 육성, 문화행사와 시설의 경영, 문화콘텐츠의 발굴과 육성, 창조지역과 문화마케팅, 역사문화마을 만들기를 펼쳤다.

지역사회의 활력을 일으킬 에너지 생성을 기대하는 정책분야에서는 사회적 가치 공유로 파트너십을 형성하고, 사회에너지 창출의 소스로 활용하며, 열린 사회와 개방 사업을 전개했다.

밝고 맑은 사회를 만들기 위해서는 복지적 문화혜택 부여, 좋은 사회적 규범 만들기, 문화공동체들의 사회문화운동, 사회갈등 해소, 문화간 이해증진 (다문화사회에 대한 접근) 사업을 펼쳤다.

지역의 사회환경 보전을 위해서는 생태문화예술 관점의 정

4) 문화예술활동은 전시, 콘서트, 전통의식처럼 문화예술에 관련된 행사를 말한다. 한편 사회문화활동은 문화와 사회적 요인이 상호작용하는 넓은 범위의 활동을 말하며, 특히, 문화적 맥락 속에서 사회문제를 다루는 지역행사, 교육프로그램을 포함한다. 문화활동은 문화적 표현에 중점을 두고, 사회문화활동은 문화에 폭넓은 사회적 역동성을 결합한 개념이다.

립, 문화유적과 자연의 조화를 위한 사업들을 펼쳤다.

사회와 문화의 공진화를 위해서는 상호발전의 매개, 고품격 소비사회화, 문화생산 시스템화, 사회격차의 해소, 여가의 문화적 소비 보편화에 관련된 사업으로 대응했다.

문화가 지역사회에 원활히 흐르도록 하기 위해서 고도 정보화와 디지털의 활용, 인간·시간·공간의 3간 좁히기, 문화서비스산업의 표준화, 사회문화학습 관련 사업을 펼쳤다.

상호발전을 이끌어 갈 매개역할을 위해서는 매개자, 지속가능성, 다면적 격차 해소를 제시했다.

〈표 1-1〉 지역의 사회문화정책과 사업

정책	사업
문화로 지역사회 발전	지역문화예술의 보존과 창조적 육성 문화행사와 시설의 경영 문화콘텐츠의 발굴과 육성 창조지역과 문화마케팅 역사문화마을 만들기
지역사회의 에너지 생성과 창출	사회적 가치 공유로 파트너십 형성 사회에너지 창출의 소스 열린 사회로 개방
밝고 맑은 사회만들기	복지적 문화혜택 부여 좋은 사회적 규범 만들기 문화공동체들의 사회문화활동 사회갈등 해소 문화간 이해증진과 다문화사회 접근
자연환경의 보전	생태문화예술 관점 정립 문화유적과 자연의 조화

사회와 문화의 공진화	상호발전의 매개 고품격 소비사회화 문화생산 시스템화 사회격차의 해소 여가의 문화적 소비 보편화
문화흐름의 원활화	고도 정보화와 디지털의 활용 인간, 시간, 공간의 3간 좁히기 지역문화자원의 글로벌 확산 문화서비스산업의 표준화 사회문화학습의 일상화
상호발전의 매개역할	문화예술매개자 지속가능한 사회로 가는 수단 고품격의 문화소비사회로 문화생산지원시스템으로서의 정책과 경영 문화로 다면적 사회격차 해소

새로운 문제 발생

이렇게 폭넓은 정책과 사업을 펼치고 있지만, 전환기를 맞아 사회문화 환경이 변하고 새로운 문제가 발생하고 있다.

첫째, 문화에 대한 인식과 가치관의 변화가 일어나고 있다. 물질적 풍요 열망 못지않게 '마음 속 풍요로움'을 추구하려는 것이다. 이와 더불어 문화활동에 대한 기대가 더 다양해지고 수준도 높아졌다. 자기를 구체적으로 실현하고 보다 의미있는 삶을 추구하려고 한다. 스트레스로 마음이 상하면 예술로 치유하려 하고, 마음을 평화롭게 유지하려는 노력을 의도적으로 병행한다. 그런 생활가운데서 프라이버시를 보장받으려 하면서도 필요할 때는 자신을 적극 개방하는 데 주저하지 않는다. 실생활에서 궁금한 것은 실제로 체험하고 가상체험도 즐긴다. 인간관계도 온라인 중심으로 다양하게 바뀌고 있다.

둘째는 인구감소로 지역문화가 점차 무기력해지고 있다. 인구감소, 저출산 고령화, 인구과소화로 지역사회 문화활동 리더나 전문인력이 부족하다. 지역 전통문화 계승 전문가가 줄어들어 역사문화 계승이 끊어질 위기에 놓여있다. 다른 문화와 교류하거나 매개활동에 나서는 인력도 줄어들고 있다.

셋째는 지역사회에서 각종 지역유산이나 아름다운 풍경이 사라지고 있다. 지역개발에 열을 올리다 보니 자연이나 경관이 망가지고 있다. 우선 문화유산의 파괴, 도난이 빈번해지고 있다. 오래된 옛 거리의 풍경도 소멸되고, 지역 자산은 빈번히 유실되고 있다.

넷째, 이러한 소용돌이 변화의 중심에 정보화·글로벌화, 다양화가 '태풍의 눈'으로 자리 잡고 있다. 지역사회도 지능정보사회로 급변하면서 다양한 수요, 정보활용 플랫폼이나 활용여건은 따라가기 버겁다. 디지털화 진전과 동시에 문화교류나 글로벌 정보교류가 활발하다. 이때문에 지역을 넘어서는 글로벌 문화확산과 더불어 지역정체성과 로컬리티에서 문제가 생기고 있다. 또한 지역문화의 획일화와 다양화가 혼재하고 생활문화의 획일화, 외국인 이주민의 증가, 인구이동의 활발화, 다문화 혼재에 따른 새로운 여건을 갖춰야 할 필요가 커지고 있다.

전략패키지형 활동

이러한 복잡한 정책환경 속에서 지역은 어떻게 사회문화 문제에 대응하고 활력을 추구할 수 있을까? 우선 공통인식을 새롭게 하고, 실제로 활용할 수 있는 혁신적인 전략패키지로 접근하는 것이 바람직하다고 본다.

지역 사회문화 활동가들은 문화가치를 높이고, 문화로 지역사회를 활성화한다는 의지와 전략을 가져야 한다. 이를 위해 전략적 육성분야 선정, 집적화, 지역 개발과 활용의 연계, 문화예술의 산업기반 활용으로 나아가야 한다. 또한 시민, 기업, 단체, 관련자 참여와 파트너십 구축, 접근성 증대, 지속적 재원 확보, 성공사례와 이미지 브랜드화를 이뤄야 한다.

특히 지역의 지속발전 가능한 문화정책을 위해서는 문화예술 지원은 '보조가 아니라 공공 투자' 방식으로 전환해야 한다. 아울러 지역의 문화예술 콘텐츠를 엔터테인먼트와 결합하여 경제성 있는 복합산업으로 발전시켜 나가야 한다. '문화의 부가가치화에 대한 새 차원의 생각'에 지역공감대가 형성되고 이를 사업으로 추진하는 것이 바람직하다. 지역의 로컬리티 자원을 예술, 인문학, 기술 차원에서 문화정책과 연결시킬 전략을 마련해야 한다. 아울러 지역 문화예술은 정책이슈, 프로그램 활동, 인력에 활용된다는 지역네트워크 인식의 계발과 함께 '문화공유 활동'을 개발해야 한다.

그리고 소셜 디자인과 소셜 비즈니스 접근으로 지역 사회문제를 해결해 가는 사업을 추진하도록 한다. 복지, 보건의료, 환경, 지역활성화, 마을만들기, 관광, 안전안심 문제와 문화예술을 연결한다. 전환기 사회를 거치면서 이런 활동의 수요가 늘어나고 시장 규모나 고용자수도 확대해야한다.

아울러, 코로나19팬더믹으로 생겨난 뉴 노멀은 지역사회에 많은 네거티브 유산으로 남아, 미처 경험한 적이 없는 새로운 역할이 생겨났다. 특히, 지원기관과 지원받는 문화예술가나 단체들이 주민들에게 어떤 역할을 할 것인지 생각하고 이에 알맞게 시스템화해야 한다. 이를 위해 개인 차원과 법적, 시민적, 공공 차원에서 공연장, 박물관, 예술교육 활동을 강화하도록 해야 한다.

전환기 문화소비의 급변

코로나팬데믹 이후 시대가치 요동과 더불어 문화생산과 소비양식이 출렁거리고 있다. 이는 앞으로 지역의 문화정책, 전략, 사회문화 활동을 전개하는 데 매우 중요한 환경요소로 간주해야 한다.

코로나 팬데믹때 비대면 문화 소비방식의 새로운 가능성이 보였고, 팬데믹이 끝난 뒤에 문화 소비방식도 새롭게 바뀌었다. 그동안 자본주의 발전을 지탱해 온 법칙은 '경쟁적 균형모델'이라고 하는 신화였다. 그 원리는 단순히 말하면, 생산자는 이윤을 최대화하고, 소비자는 효용을 극대화하며, 가격은 수급 균형으로 결정되는 시장조건이 최적이라는 것이다. 그런데 이 운영논리는 몇 가지 점에서 문제를 지닌 채 이어져 왔다. 그 결과 오늘날 경제문제를 제대로 반영하지 못하고, 불평등이 확대 심화되는 결과를 가져왔다. 또한, 혁신 주도로 성장이 계속 유지될 것으로 기대했는데, 실제 시장에서는 권력과 착취가 난무하고, 게임원칙도 제대로 준수하지 않으며, 명확하지도 않았다.

이런 관점에서 문화소비와 산업활동의 근간이던 규칙들이 지속될지 아니면 언젠가는 깨질지를 주시해 왔다. 그런데, 코로나 환경 이후 이 문제점들이 심각하게 흔들리게 된 것이다. 문화시장,

문화경제, 문화산업이 토대로 삼던 이 규칙을 전면 재검토해야 할 때가 온 것이다. 또한, 문화예술 근로자, 소비자, 매개자 관점을 어떻게 반영해야할지가 고민거리로 등장한 것이다.

이런 맥락에서 지역에서도 문화콘텐츠산업 소비자 대응전략을 고려해서 지역문화전략을 펼쳐야 하지 않을까 하는 생각들이 퍼지게 된 것이다. 더구나 콘텐츠기술이 급격히 바뀌면서 문화생산과 소비과정 전반에서 기술이 우선 적용될 산업화로 진행될 것으로 예상된다. 그리고 이것들이 문화소비자의 소비, 생산 공급, 생산자 – 소비자 상호작용, 상품전달 부분에 확대 적용될 것이다. 소비방식도 화상회의, 원격 데스크탑, 새 소셜플랫폼, 서비스의 디지털화, 비접촉 결제방식으로 다양하게 바뀐다. 그리고 비즈니스모델을 디지털화하고, 공급망도 디지털화 하는 방식으로 급격히 확산되고 문화시설 경영에도 반영되기에 이른 것이다.

소비방식의 변화

문화 소비활동은 개개인들이 자기가 좋아하는 것을 찾아서 소비하고, 자기 스스로 만족시키는 소비를 주도적으로 전개하는 방식으로 적극 바뀌고 있다. 한마디로 셀프 헬프방식으로 변한 것이다.

코로나환경에서 유튜브에 나타난 변화는 사람들이 '자신을 돌보기' 시작했다는 점이다. 예를 들면, 영상으로 나를 돌보는 요가, 집안 활동, 운동, 요리 시간이 늘어났다. 온라인으로 이뤄지는 콘서트가 증가하자 '라이브 스트리밍'도 급증했다. 그렇지 않아도 최근 유튜브에는 셀럽 탄생, 장르 다양화, 학습기회로 활용하는 트렌드가 두드러졌는데, 코로나환경에서 더 심화되었다.[5] 뿐만 아니라, 장르가 다양화되고, 동영상 종류도 다양해지며, 규모가 확대되고, ASMR(자율감각 쾌락반응) 경험 등이 가시화되었다. 덧붙여 자기 관심사, 새로운 장르를 찾는 경향, 쇼츠 등이 늘어나 더 새롭게 감각적으로 변화되는 중이다.

이를 거시적으로 보면, 인간 본원적 가치를 깊이 생각하는 방향으로 소비가치가 변하고 있다고 까지 말할 수 있게 되었다. 인간의 본원적인 가치에서 정말 중요한 가치는 무엇일까? 코로나팬데믹 이후 우리의 공동체는 경제공동체에서 생명공동체로 바뀌었다. 이 때문에 건강, 안전, 생명, 환경, 행복, 가족 같은 가치들을 새롭게 인식 또는 재인식할 계기가 된 셈이다. 그에 덧붙여 자기 자신을 위한 '이기적인 소비패턴'이 생겨났다. 그런데 이러한 소비품목 가운데에 문화상품이 많다는 점에 주목해야한다. 예를 들면, 패션, 화장품, 게임, 영화영상미디어, 음악공연, 교육 콘텐츠가 늘어난 것이다. 또한 온라인동영상서비스(OTT) 소비, 온라인 공연 소비도 증가했다. 이에 따라 이제는 새로운 관점을 도입하지 않을 수 없게 되었다. 예를 들면, 디지털화, 데이터분석 토대의 소비자 이해, 디지털 경험분석 비즈니스모델을 개발하게 되었다. 또한, 이해관계자를 파트너로 하는 사회적 가치창출 전략을 수립하고, 디지털고객 경험(Digital UX)을 중시하는 변화를 받아들여야 한다.

긍정적 인식과 미래지향적 태도

코로나19팬데믹 이후 나타난 이같은 사회인식과 활동 변화는 결국 미래지향적 태도에 까지 영향을 미칠 것으로 본다. 비대

---

5) 참고로 유튜브 주제가 크리에이터에서 셀럽으로 바뀌고, 유튜버와 유대를 형성하고, 공동체를 구축하며, 화면으로 소통하는 재능이 중요해져가고 있다.

면 사회적 관계는 계속 유지하게 되지만, 때로는 소통과 사회적 욕구 충족에 제약요소가 될 것이라고 생각할 수도 있다. 그럼에도 불구하고 디지털시대로의 전환을 앞당길 것이라는 데에 공감하고 있다. 우리사회에 긍정적인 영향을 미칠 것이라는 기대감도 크다.

이러한 변화와 더불어 문화소비자 철학도 바뀌고 있어 주목된다. 코로나19팬데믹으로 생겨난 소비패턴은 확실히 '절제된 소비' 모습으로 나타났다. 그리고 소비자 철학 변화와 인본주의를 흔드는 데까지 이르고 있다. 이에 따라 인간이 가지는 본질인 '인간다움'이 무엇인지 새롭게 정립하려는 고심이 역력히 나타나고 있다. 그간 일상화 된 생활방식이 흔들리고, 물질문명중심 성장도 무력화될 수 있다. 우수하다고 자만했던 산업문명은 실업자 양산, 불안감, 상대적 박탈감 초래로 불안을 부추기는 요인으로 나타난다.

이는 곧 휴머니티의 위기로 이어진다. 사회 전반적으로 실업자 수가 증가하고, 가난한 층은 더 가난해지고 있다. 전략적으로 접근한다며 실업자 구제용 비용을 늘려 지출하는 등 정부는 단기적 처방만 내리고 있다. 이에 따라 재정적자가 불가피해지고, 세율 증가가 명확해지며, 각종 서비스의 질은 떨어지고 있다. 매스컴에는 GDP, GDH(happiness), GDW(well-being) 지표가 등장하여 GDP에 일과 여가 균형, 복지를 고려해서 볼 때 매우 불안하다고 지적하고 있다. 더구나 이런 것들을 극복하고 미래지향적으로 전개할 과제는 거대한 것들뿐이다. 예를 들면, 혁신에 따른 성장 전환, 공평한 자본주의로의 전환 준비, 개인주의를 넘어선 포용사회로의 전환 등이다.

문화소비자들의 철학이 이렇게 바뀐다면, 문화소비자 태도는 확실히 바뀔 것이며 자본주의의 본질까지도 흔들 것으로 본다. 실제로 소비자들은 과감하게 일상을 바꾸며, 무한소비에 의존하는 방식이 곧 삶이고 문화가 될수도 있다.

이런 변화가운데서 지역문화 관련 정책은 '의미 소비를 중시'하는 소비철학 변화를 주목해야 한다. 문화소비는 이제 양적 증가 보다 '의미 소비'에 치중하게 될 것이다. 이에 따라 지역 문화자원의 의미를 재발견하도록 지자체 문화전략을 수정할 필요가 커졌다. 전환기의 지역문화전략은 이제 '의미를 보여주는 전략'으로 다가가는 것이 바람직하다. 또는 신념으로 소비하는 문화소비 트렌드에 맞게 '지역브랜드 행동주의'로 바뀌어야 한다. 이제 '신념소비에 덧붙인 의미소비' 시대가 다가오고 있다. 전략적으로 문화 소비패턴의 기조를 변화시켜야 한다면, 기술 이점의 활용을 최대화하고, 배제 없는 수용, 연결성에 초점을 둔 지역문화 기조를 마련해야 한다.

유대감과 공동인식

지역의 '문화활동'이란 작품전시나 음악콘서트와 같은 예술활동, 전통 생활문화와 같은 특정 문화에 뿌리를 두고 있다. 그에 비해서 '사회문화활동'은 문화와 사회적 요인의 상호작용을 포함하여 더 넓게 포괄한다. 따라서 여기에서 사회문화는 문화적 맥락 안에서 사회문제까지를 다루게 된다. 예를 들면, 지역사회 행사, 교육 프로그램, 이니셔티브 추진들을 포함한다. 이렇게 볼 때 문화활동이란 본질적으로 특정 문화의 표현에 초점을 맞추고 있으며, 사회

문화활동은 문화와 더 넓은 사회적 역동성을 결합한것이라고 말할 수 있다.

이러한 사회문화활동은 지역사회의 결속력과 유대감에 영향을 미친다. 지역을 형성하고, 공동체 의식을 키우며, 지역 정체성에 기여하고, 사회적 결속을 촉진한다. 지역에서 문화행사는 주민들의 참여와 상호작용을 위한 플랫폼 역할을 하므로, 지역활력을 높이는 데도 중요하다. 또한 문화활동은 유산보존과 전통을 계승하고 지역경영에 활용하는데 기여하여 개인, 지역, 역사를 서로 연결해준다.[6]

나아가 지역의 사회문화활동은 지역정체성을 형성하고 지역사회에 밀접한 유대감을 조성한다. 이에 덧붙여, 전통축제부터 예술행사에 이르기까지 소속감과 유산을 공유하는 데 기여한다. 이를 바탕으로 관광객을 유치하여 지역경제를 활성화하고 문화교류를 촉진한다. 전반적으로 사회문화적활동은 각 지역의 로컬리티와 활력을 향상시켜 사회의 지적(知的)인 사고, 예술적 표현, 사회적 가치를 형성하는 데 중요한 역할을 한다.

이런 점들을 고려해서 볼 때 지역의 문화는 단지 문화예술활동만으로 뿌리를 내리고 지속발전을 기대하는 데는 한계가 있다. 따라서 사회문화로 접근하여 지역사회 전반에 스며드는 문화활동으로 이어가는 것이 바람직하다고 본다. 전환기 특징을 살펴볼 때 사회와 밀접하게 연결된 지역사회문화가 한 몸으로서 결속력과 유대감을 견지하면서 단단하게 공동인식을 유지할 수 있다. 그러므로 미래의 지속발전에 뿌리를 내릴 수 있는 사회적 관점을 더 깊이 배려하고, 전략이나 사업의 전면에 배치하는 것이 바람직하다.

---

6) 독일의 사회문화활동은 지역에 대하여 공동체 의식, 지역정체성, 주민 결속력을 촉진하도록 영향을 미쳤다. 각종 행사들은 지역사회 참여 플랫폼으로서 지역활력을 높이고, 주민 개개인을 지역사회 또는 역사와 긴밀하게 연결한다. 나아가 관광객을 끌어들이고 문화를 교류하는 데 도움이 된다.

3. 창발적 전략으로

일상가치, 경쟁력 가치

지역의 사회문화 문제를 '정책문제 지향적'(problem-oriented)인 논리적 관점으로 보면, 전환기 속 사회문화 과제로 대두된 것들은 정책의 대상이 된다.[7] 그러나 실천지향적인 관점으로 보면 어떤 이슈를 채택해서 어떤 전략으로 접근하는가 하는 점이 중요하다.

전환기를 맞아 지역에서 새로 검토할 점은 무엇인가? 우선 검토할 것은 기존의 인본주의나 인본사회 개념을 새롭게 이해하도록 가닥을 잡을 수 있을까 하는 점이다. 또한 지역이 경제공동체에서 생명공동체로 바뀐 것을 공동인식하고 있는가. 얼굴을 맞댄 소통관계에서 코로나19팬데믹때 비대면 소통의 일상화로 크게 바뀐 점을 얼마나 수용할 수 있을까.

전환기를 거치면서 인본사회 관점은 코로나19팬데믹 이후 전환기에 접어든 지금, 개념과 가치를 보다 적극적으로 설정해야 한다. 특히 경제공동체에서 생명공동체로 바뀌는 추세에 따라 사회가 인간에 대한 관점을 달리해야 한다. 기본적으로 인간 존중을 바탕으로 하는 인본주의 개념을 넘어서 이제는 보다 실질적인 인본활동을 덧붙여야 한다고 본다. 인간을 철저히 자의식을 갖는 사회귀속체로 이해하고, 배제나 차별화는 금지된다. 모든 기회에 대하여 개방하고 '모두를 위한 모두의 참여' 시스템에 장애가 없어야 한다.

또한, 생명공동체 구성원인 인간은 사회문화의 존재형식에 따라 그 문화지평이 대폭 확장된다. 간단히 표현하면, '인간 + 생명

[7] 정책문제 지향적인 사회문제 해결을 위한 전략을 수립하기 위해서는 목표 명확화, 과거 경향 분석, 상황조건을 분석하는 것이 중요하다.

+ 문화'를 융합한 개념으로 확장해서 보아야 한다. 인본주의에 대하여 새롭게 인식하므로, 인간을 협동적·창발적 존재로 이해하면서 지역사회 재구성력을 파악하는 전략적 접근이 새롭게 요구된다.

그리고, 이같은 신인본주의 시대에 인간과 사회의 바람직한 관계도 재설정되어야 한다. 사회속 인간은 우선 인간지능과 인공지능의 관계방식에 따라서 정량적으로 확장된다. 또한, 기계로 대체되는 인간행동, 신체의 외부화와 같이 폭 넓게 융합된 모습으로 바뀐다.

이에 따라서 인간에 대한 핵심가치를 반영한 사회가 다가온다. 다시 말하면 시대변화에 맞춰 네트워크화, 인간·인공지능 적극 수용, 생명공동체 존중, 뒤바뀐 문화소비의 특징을 존중하는 실천적 인본사회로 바뀌어야 한다. 이제 전환기 특징과 인간이 함께 진화하는 데에 가치를 두는 지역사회문화 전략의 실천이라고 하는 과제를 안게된다.

경쟁력 가치 탐구

문화활동은 지역에 대하여 어떤 가치를 갖는가? 지역사회적 관점에서 보면, 문화활동은 지역사회에 사회연대 기반, 매력 증진, 창의성 공급의 젖줄 역할을 한다. 또한 지역경제적 관점에서는 활기찬 사회, 다른 부분에 미치는 파급효과, 창조적 기술혁신, 효율적인 문화예술서비스까지 가져오는 것으로 기대한다. 지역환경을 창조하는 관점에서 보면 개개인의 삶의 질, 문화민주주의, 창의적 사회기풍, 지역정체성 제고에 영향을 미친다고 볼 수 있다. 결국 지역의 문화활동은 로컬리티에 발맞춰 지역의 경쟁력 가치를 높이고, 문화적 가치로 지역사회의 질을 높이는 데 영향을 미친다.

문화활동과 지역은 이렇게 서로 공존·공생·공진화하는 과정에서 경쟁력을 높일 수 있을 것이다. 이러한 가치 증진을 위해 지역사회는 우선, 문화를 중시하는 지역사회를 만들어야 한다. 기본적으로 지역사회 전체에서 문화의 힘을 키우는 사회분위기를 조성해야한다. 그 활동에서 문화주체로서의 지방정부, 기업, 단체의 역할을 새롭게 재정립한다. 이를 위해 문화발전을 이끌어갈 물적 자원의 충실화, 인적 자원의 전문화, 문화협동 네트워크의 구축과 같은 연속적인 활동을 이어간다. 다음으로는 생활 속에서 문화를 즐기는 여건을 만들어야한다. 이는 계층별 또는 거주 지역별 문화적 거리를 좁히고, 문화감수성 훈련을 위한 문화체험 강화와 어른들 문화읽기 학습을 늘려가는 것이다.

그 다음은 지역에서 주로 관심을 갖는 지역경쟁력을 높이기 위해서 어떻게 해야 하는가? 우선 지역문화자원의 콘텐츠화와 더불어 그를 적극 활용하도록 해야한다. 다시 말하면, 지역을 대표할 만한 우수 예술과 지역사회의 간판이 되는 예술인의 육성, 지역콘텐츠를 활용한 미디어 예술의 발전, 문화콘텐츠산업의 육성, 지역의 고유가치를 지닌 문화원형의 발굴과 활용을 위해 노력하는 것이다.

이렇게 경쟁력 있는 지역공동체로 만들기 위한 문화정책은 순기능적인 측면이 강하지만, 사회문화적 역진성을 가져오는 경우도 있다. 예를 들면, 예술 우대 또는 예술가 우대를 정책으로 추진하면 결국 고소득자에게 소득이 재분배 되는 결과로 이어질 수도 있다. 그러나 이는 정책 포괄성, 문제해결 지향성이 강하기 때문에 심각하게 보이는 것일 뿐이다. 이러한 의문들은 구체적인 정책과 철학에 따라 논점이 갈릴 것이다.

그런 측면에서 지역경쟁력 제고로 생각할 수 있는 것은 정책과 경영을 묶어서 보는 접근이다. 여기에서 논란이 되는 것은 지원정책이며, 지원의 유도와 그 결과를 관리하는 전략에 주목해야 한다. 이는 "문화예술경영을 전략적으로 활용하는 것이 문화경제적 측면에서 중요"하다는 보몰(W.Baumol)과 보웬(W.Bowen)의 견해에도 맞닿는다. 또한 문화의 공공성 가치를 공유하도록 해야 한다. 특히 종합적인 경영기능을 문화정책에 활용하도록 해야 한다. 이렇게 되면, 문화정책의 역할과 내용이 변하면서, 그 집행주체가 다양화·복합화 된다. 또한, 현장경영에 의존하는 부분이 늘어나고, 문화경영을 통해서 생겨난 기술이 단순한 현장노하우로 끝나지 않고 사회적 관점에서 정책으로 투입된다.

이 때문에 문화예술 경영자에게 문화정책 마인드를 주입시키는 것이 선결 과제이다. 이를 위하여 목표와 목적을 명확히 규정하고, 자신의 성과를 효율적으로 마케팅하고 평가할 수 있는 수단을 도입하도록 추진한다. 결국 무엇보다도 예술경영의 위기에 대응하기 위해서 정책과 결합하는 접근으로 나아가는 것이다.

경쟁력 가치에 치중하게 되면?

지역사회 문화경쟁력은 중요하지만 지나치게 이에 치중하게 되면 또 다른 문제가 대두된다. 지역사회와 직접 관련된 활동에 개입하는 예술프로젝트나 지역재생이 경쟁력 제고 정책으로 바뀌게 된다. 그리고 규제방식을 동원하여 지역사회를 설계하고, 주민 자생적 활동의 공공적 성질을 지역 활성화에 손쉽게 활용한다. 아울러 정책형성 과정의 거버넌스와 종합적 디자인을 갈망하며 접근하게 된다.

이렇게 되면 결국은 지역사회의 특징과 문화정책 역할기대가 혼재되어 다종다양, 비체계성, 배타적 관점의 비판이 돌출되어 버린다. 지역의 문화 활동가나 정책 담당자들은 예술을 공공재, 준공공재로 보고, 그 가치를 전제로 하는 정책제

> 언보다는 나타날 현상에 더 몰두하게 된다. 또한 지원 이념과 대상이 다양화되었음에도 불구하고, 지원대상은 장르중심 예술에 치중하는 온정주의에서 벗어나기 어렵게 된다. 그러나 예술계의 생산활동에 대하여 조직론 또는 제도론적으로 치밀하게 분석하게 되어 정책 개발에 기여하는 이점도 생겨난다.

이제 지역에서는 좀 더 세련된 사회문화 전략과 방법론을 찾아야 한다. 우선 보다 더 현실적합한 경쟁정책을 개발해야 한다. 이를 위해서 문화정책 연구에 실증적 방법을 도입하여 문제점, 현황과 실태, 대상의 인과관계를 파악해야 한다. 그리고 이들의 존재·상태·관계 탐색에 초점을 두어야한다. 또한, 규범적인 방법을 사용하면서 경쟁력 가치를 실현하고 현실세계의 문제를 해결하기 위한 지향 행동의 좌표를 찍게 된다. 나아가 비교론적인 방법에서 몇 가지 관점에 초점을 맞춰 유사사례들을 비교한다. 이 때 시스템, 정책 전반, 특정 정책, 컨셉을 비교 대상으로 삼는 것도 바람직하다.[8]

이어서 문화경제학적 전략으로 공공지원이나 예술시장에서 문화단체들의 경영관리, 문화예술과 지역사회 개발의 연관성을 높이도록 한다. 지역사회의 문화전략적 상황들을 과학적으로 분석하여 문화정책의 과학화·객관화로 접근한다. 지자체의 문화예술정책에 합리적 근거와 객관적 자료를 제공하여 체계적이고 효율적으로 추진하는 기반을 마련한다. 문화경제학은 예술행정가·예술가·예술단체들에게 경제적 마인드의 중요성을 인식시켜 준다.

이런 논의와 경험을 바탕으로 여기에서는 먼저 지역문화정책의 구조 체계화 논리를 설정하고, 이를 바탕으로 논의를 전개하려고 한다. 일단 논의의 출발점은 목적 면에서는 사람이 중심에 서는 인본주의를 지향하고, 방향성으로는 지역의 로컬리티 기반의

---

8) 예를 들면, 북유럽과 스칸디나비아 문화정책에서는 문화, 창조성, 경험에 초점을 두고 문화와 창조성 경제를 다루는 이른바 '노르딕 접근'에 주력한다. 그런데 이때는 '협력과 협조가 핵심이다. 이들을 지역문화정책의 경쟁력 요인이라고 보고 콘텐츠 중심의 문화산업 정책들에 적용하고 있다.

경쟁력 제고에 둔다.

결국 로컬리티를 중심으로 하되 보편성을 유지하는 관점에서 벗어나지 않아야 한다. 아울러 문화정책을 문화예술정책에 한정하지 말고 지역 사회문화정책으로 보는 입장을 가져야 한다는 점도 거듭 강조하고 싶다. 이는 지역사회 안에서 지속발전 생태계를 꾸준히 갖추는 것이 중요하기 때문이다.

창발적 접근

앞에서 보았듯이 지역사회는 여러 측면에서 급격한 전환기를 거치고 있다. 이에 맞춰 지역은 연속성을 유지하면서 동시에 새롭게 대두된 사회문제를 해결하도록 '사회문제 해결형 정책'에 초점을 맞춰야 한다. 이제는 동시에 로컬리티를 기반으로 하는 지속가능한 생태계를 구축하는 데 중점을 두는 과제를 안고 있다. 이처럼 전례없이 복잡한 환경 전환에 대응하여 창발적 전략으로 접근해야 할 것이다.

지역의 문화자원을 계발·창조·순환시키고, 지역사회문화, 공공가치, 산업을 창출하도록 종합적인 사회문화 활동을 강화하며, 단체들의 로컬리티 문화전략도 고도화해야한다.

이에 따라 지자체를 비롯한 문화활동 주체들은 문화 자원·인력·기술의 총체적 융합에 바탕을 둔 새 정책시스템을 정비한다. 아울러 감축관리와 인구감소 극복을 위해 지역활력 제고 정책으로 지역을 재생하고, 다양한 지원 플랫폼을 구축한다. 나아가 전략적 문화흐름을 체계화하여 젊은 문화활동가와 소통하고, 콘텐츠 브랜드화 전략을 심도있게 개발한다.

이같은 문화정책 기조에 맞게 '모두를 위한 모두의 문화활동', 다원적·지속적인 펀딩시스템 구축, 융합 가능한 문화행정 경영의 연계를 추진수단으로 우선시 해야 한다. 아울러 전환기 정책 수요로 주목 받고 있는 사회정책의 문화적 보완(형평, 복지, 배려), 소비자와 생산자의 공진화, 비정규직 보호, 규제의 새로운 접근을 추가로 보완한다.

지자체는 이를 위해 어떻게 해야 할까? 지역의 사회문화와 로컬리티를 지역활동 중심에 두고 활력과 미래지향적인 동력을 쌓아가는 데 정책 중심을 두어야 한다. 동력의 구축은 공동체 활성화와 더불어 사회관계자본 구축, 사회지능역량 제고에 까지 정책영역을 넓혀야 한다. 그리고 로컬리티 기반의 지속발전을 위한 공진화 생태계를 창발적으로 구축해야 한다. 이제 지자체는 그동안 지역사회 여러 면의 중심에 서서 주도하던 방식을 과감하게 벗어나서 '활성자 역할' 개념으로 접근해야 한다. 그동안 축적되어 온 민간의 창의력을 높이 평가하고 어떤 방식으로든 접목해서, 사회 전체가 유기적으로 연계하면서 활력을 극대화해야 한다. 또한, 중앙정부의 대행기관에서 벗어나 자주적인 종합역량(책임감, 경쟁력, 능력)을 높여가야 한다. 중앙정부 의존적인 지역자치가 아닌 로컬리티를 기반으로 하는 지역 자력과 활력 정책을 전개해야 한다.

이렇듯 복잡한 전환기를 거치면서 지역문화 전략의 중점방향을 새롭게 자리매김하는 몇 가지 활동에 특별히 주목해야 한다.

우선, 지자체의 문화자원과 자산의 동원을 늘린다. 예를 들면, 지역 문화유산과 지식에 대한 접근 가능성, 지역과 사회문화만의 맥락성 강화, 지역의 문화경제 및 재정적 지속가능성을 모색한다. 아울러. 사회문화적 역량의 보호 증진, 지속가능한 개발을 위한 협력 연대와 새로운 충동, 미래의 지역사회 문화생태계 활동을 담보하는 일도 추가한다. 나아가, 로컬리티 문화활력 종사자들에 대한 근로 수입, 문화네트워크의 이니셔티브를 추진한다.

지역은 이제 코로나19팬데믹 이후 '건강한 사회문화생태계'에 대한 관심, 안전·안심·안락한 지역사회 만들기에 정책적 배려를 늘려 나가야 한다. 지역사회 보건시스템의 문화적 약점을 평가 보완하고, '생명공동체 문화정책'으로 위험을 최소화해야 한다. 이를 위해 문화서비스를 고도화하여 스트레스 저감, 취약계층 예방 매커니즘, 지역 기후변화 대응, 사회단체 간 갈등 조절, 녹색식품 공급망 구축에 나서야 한다. 이로써 지역문화와 자연생태계의 접목을 전개한다. 시민들의 신체적 힐빙(다이어트, 영양위생, 운동, 신체활동, 휴식과 수면)과 정서적 힐빙(정서, 사회환경, 직업, 생활재정), 커뮤니티의 건강성을 확보하는 방향으로 나아가야 한다. 문화시설이나 단체들도 시민문화 전략의 전개, 문화에너지 이니셔티브를 구축하는 창의적 예술경영을 모색해야 한다. 사회적 거리두기로 사회문화의 변화와 추가적 사회비용이 생겼으나 이제는 지역문화예술 가치 재점검을 모색해야 한다.

전환기 사회를 거치면서 지식정보, 생명공동체, 사회문화 활력, 문화공동체 활동이 재평가 되고, 지역은 이제 건강한 사회문화 변화를 주도하는 역할을 맡게되었다. 우리는 사회문화를 통해서 사회시스템 실패나 성공에 대한 통찰력도 새롭게 갖게 되었다. 건강하고 통합적인 지역사회를 만드는 데 지역의 사회문화가 기여하며, 시민들의 힐빙에 긍정적인 영향을 미치는 공동체 활동의 중요성을 다시 확인하게 되었다. 이는 로컬리티에 기반하는 지역 문화예술활동들의 접착제로서, 지역을 하나로 묶어내고 끊임없이 진화하도록 이끌어 낸다. 따라서 지역의 문화활력 관련 주체와 이해관계자들은 보다 탄력적이고 포용적인 세상을 만드는 방법에 대한 공감을 이어 나가야 한다. 또한, 창발적인 활동주체로 문화활동과 교육에 참여시켜야 한다. 이 같은 사회문화활동으로 공감을 만들며, 그 공감이 사회를 변화시키는 도화선이 되도록 해야 한다.

02장 로컬리티를 담은 문화예술 활동

1. 지역문화와 로컬리티의 연계

　　지역에서는 어떤 장소나 공동체와 관련해서 예술활동을 펼치고 행사를 연다. 이때 지역의 사회문화, 역사전통, 자연환경에서 전해 오는 자원에 창의력을 발휘하여 작품에 반영한다. 지역에서는 이러한 문화예술활동을 바탕으로 주로 창작활동이나 전시활동 형식으로 프로그램을 구성하고, 주민들의 모임을 구성한다. 또한 지역 기념행사 때는 예술을 활용하고, 지역의 모든 것을 압축적으로 보여주는 축제를 펼친다. 더 나아가 관광객을 불러들이는 문화예술 페스티발, 지역의 건축양식과 전통예술 스타일을 융합하는 다양한 창작활동을 이어간다.

　　이와 같이 지역예술과 문화활동을 이어가는 속에 지역에 살고 있는 주민들은 하나로 모이고 연결된다. 또한 사회적 활동 자원으로 제공되어 지역의 사회문화를 활기차게 이어가는 역할을 한다. 이는 지역의 다양한 문화가치를 실현하면서 지역을 미래지향적으로 발전시키는 디딤돌이 된다.

　　그런데 이러한 지역사회의 고유한 특징이나 정신을 표현하는 매개역할이 인구감소에 따라 불투명 해지고 있다. 이는 오늘날 지역의 문화가 당면한 문제의 하나로 인식되고 있다. 인구감소로 지역전통문화 계승인력 부족, 핵가족화로 생긴 전통의식의 혼란, 커뮤니티 리더 부족과 같은 실질적인 문제가 대두되고 있다. 이에 따라 지역 특성에 맞는 문화예술로 지역주민들을 서로 연결시킬 매개활동이 필요한 상황이다. 문화예술 활동이 이러한 역할을 해내야 한다.

독자성 존중

그동안 지역에서는 중앙정부 문화정책을 옮겨놓는 수준에서 정책이 이뤄졌다. 전국의 평균적인 사업과 프로그램을 바탕으로 하여 지역의 문화를 정책화했었다. 그러나 최근에는 지역 문화자원을 독창적으로 활용하는 데 주안점을 두고, 지역단체나 문화재단들이 사업으로 확보하려는 경쟁을 벌이고 있다. 그러다 보니 최근 지역에서는 로컬리티를 반영한 문화예술 활동에 관심이 많아졌다.

이에 따라서 로컬리티를 중심으로 하는 연관 정책연구도 다양하게 늘어나고 있다. 예를 들면, 청년 창업을 통한 지역 활성화, 지역문화유산의 로컬비즈니스 전략이 연구되고 있다. 또한, 지역혁신을 위한 로컬 크리에이터(장인, 기업가 균형과 지속성), 경관농업과 로컬 비즈니스, 로컬 크리에이터 기반의 해외문화도시 사례연구, 창업하기 좋은 문화도시에 관한 연구들이 논의 주제로 등장했다(한국지역문화학회, 2023.).

이처럼 지역 현장의 사업이나 연구에 관심이 집중되다 보니 중앙정부도 이제는 지역특성에 맞는 문화정책을 추진하기 위해 로컬리티를 기반으로 삼으려는 정책의지를 보이고 있다. 예를 들면, 권역별로 문화도시를 지정하는 사업에서 문화특구 사업으로 지역 콘텐츠를 브랜드로 육성하는 방식으로 지원한다. 특히, 이를 지역의 관광이나 문화자산으로 키워내는 정책을 '로컬리즘(지역다움)' 정책이라고 부르고 있다.

실제로 로컬리티를 기반으로 하여 문화향유 프로그램을 개발하고 문화공간을 조성하며, 지역별로 문화콘텐츠를 생산하고 문화인력을 양성하는 데 집중 지원한다. 이와 함께, 자원, 문화 특성과 혁신적 아이디어를 접목한 지역가치 창업가(로컬 크리에이터)를 발굴한다. 더불어, 로컬 브랜드를 육성하여 지역 문화와 콘텐츠의 생태계를 풍부하게 구축해 나간다.

로컬리티는 지역문화에서 어떤 위치를 갖고 있으며, 왜 중요하게 생각하는가? 로컬리티는 특정 지역이나 사회에 고유한 문화, 풍습, 풍토, 지리조건을 뜻한다. 이 때문에 당연히 지역의 독자성을 존중한다. 그런 관점에서 지역의 예술활동은 지역 개성이나 특성을 보호하고, 지역공동체의 결속을 높인다. 그러므로, 지역의 수요나 과제에 대응하고 개별적인 접근전략을 찾는 데 활용된다. 물론 지역의 정체성을 반영하는 것도 같은 맥락이다.

로컬리티와 아이덴티티는 모두 다 외부에 대하여 지역 내부의 특징을 설명할 때 쓰이는 말이다. 지리적 구조, 공유가치, 사회적 연계성과 같은 속성을 공통으로 포함한다는 점에서는 같다. 그래서 지역을 정의하는 데 개인이나 집단이 소속된 사회, 문화적 배경, 종교, 언어 등에 바탕을 두는 설명방식으로 활용한다. 또한 다른 집단과 연결성을 찾는 데 활용하는 개념이다.

특히 로컬리티는 지역의 문화적 자부심과 마인드 제고에 강력하게 이바지한다. 지역사회에서 로컬리티는 지역에 대대로 살면서 거주하고 있는 주민으로서의 자부심을 높이는 데 크게 기여한다. 그 때문에 가장 뚜렷한 특성을 품고 있는 지역문화자원은 로컬리티의 기본이고, 지역활력의 출발점이다.

연계적 특성

로컬리티와 지역 사회문화는 지역의 어떤 사회활동보다도 밀접하게 연계활동으로 이루어진다. 그리고 로컬리티의 성격은 지역문화의 다른 부분들과도 연계되어 지역 특성을 보여준다.

이처럼 로컬리티에 뿌리를 두는 문화예술활동은 자신의 소속이나 문화적 배경에 감각적으로 강하게 연결된다. 그러나 로컬리티에 따라서 제약을 받는 일은 없다. 이는 활동경험이나 가치관과 연결되기 때문이다. 반면에 아이덴티티는 로컬리티와 개념적으로 비슷하지만 시간·공간적으로 제약을 받고, 확산에도 한계가 있다.

로컬리티를 활용한 사례는 주로 음식이나 문화자원들에서 잘 나타난다. 그 밖에도 문화예술활동에서 의미 깊은 것들을 찾을 수 있다.[9]

이 때문에 지역사회 내외의 관계와 네트워크는 로컬리티에 중요하다. 또한 지역공동체나 조직, 주민들의 연계나 협력관계에 직

---

9) 예를 들면, 지역의 대표적인 문화예술(도자기, 영화, 영화음악), 지역의 설화자료(충무공, 춘향), 역사마을(한옥), 음식브랜드(전주, 강릉, 요코즈카), 로컬푸드마켓(삼겹살거리, 부대찌개, 치즈마을)들을 들 수 있다.

접 영향을 미친다. 우리나라에서 로컬리티를 특히 중시하는 배경에는 지역의 생산과 소비에서 지역경제 활성화와 지속가능성을 촉진하려는 전략과 관련이 있다. 그리고 중앙집중 탈피 지향의 지역경제활동, 지역 독자적인 가치 발굴, 특화자원 중심의 지역발전도 마찬가지다. 또한, 지역간 균형과 협력, 지속가능한 발전과 환경보호에 중점을 두면서 더 많이 지원을 받는 정책으로 추진한다. 결국, 로컬리티 연계정책은 중앙집중 발전모델에서 벗어나 지역 자원과 특성을 최대한 활용한다. 또한 지역 균형발전과 주민참여를 위한 협력에 중점을 두는 지역발전정책의 중요한 분야로 다뤄진다.

일본의 경우도 이를 지역진흥정책 관점에서 다루지만 인구문제 대응책으로 추진하는 점이 특이하다. 젊은이나 외부이주 거주자에 고용 제공, 지역매력 발신 캠페인, 지역자원 활용과 신산업 발굴에 역점을 두고 추진하는 점에서 다소 다른 특징을 갖는다. 일본은 전략적으로 지역 상호연계로 경제권을 강화하고, 정보 공유, 정보통신기술 활용, 주민관계자 참여를 중시하는 접근법으로 나아가고 있다.

2. 로컬리티 문화예술활동

로컬리티 문화예술

지역문화정책은 대개 문화예술의 생산 소비 방침이나 수단을 마련하고, 다양한 문화활동, 문화유산 자원의 계승발전을 지원하며, 맑고 밝은 지역사회 만들기와 결속을 목적으로 추진한다. 로컬리티 문화예술활동은 그런 활동들 가운데서도 기본적으로 지역 특성, 독자성에 초점을 두고 추구하며, 지역의 사회문화를 존중한다. 이로써 지역을 지지하고 보호하며, 정체성을 지향한다.

이 점을 강조하며 활동하는 가운데, 문화적 활동, 이벤트, 예술, 전통적 행사, 전시, 전통 음악과 무용 계승, 지역 역사문화의 교육적인 구성에 주력한다. 또한 이들 활동은 지역의 문화적 유산이나 문화적 다양성을 유지하는 데도 이바지한다.

로컬리티 특성이나 지역정체성 보호 촉진을 위한 정책수단으로는 전통문화예술, 문화행사, 언어보존 전략, 관광진흥과의 연계, 유산보호와 활용으로 지역성을 제고하는 접근을 펼친다. 나아가 브랜드가치 향상, 지역매력 제고를 위해 관광이나 이벤트, 특산품 품질 제고로 외지 수요를 증진하고 지역 내 활동을 증대시킨다.

로컬리티 제고를 위한 사회문화 활동은 지역개성 요리음식 거리, 전통공예품 체험, 자연경관 힐링, 스포츠, 농장 농어촌체험 등에서 잘 나타난다. 이를 두드러지게 하려고 관련 인프라정책을 펼치는 역사문화 정보관이나 박물관 조성에 나서기도 한다.

한편 로컬리티가 글로벌리티와 함께 진행되면서 창조와 다른 지역 발신을 병행하며 문화교류, 관광에도 관심을 두고 있다. 이에 따라 투어리즘과 로컬리티, 로컬리티 기반의 관광연계 사업들에 지자체들이 투자를 늘려가고 있다.

로컬리티 제고 기여

로컬리티를 높이는 예술활동은 다채롭고 다양하다. 특히 순수한 예술활동 자체만으로도 충분하지만 아트 프로젝트나 장르별 특징을 살려서 로컬리티를 잘 나타내고 있다. 로컬리티 측면에서 접근하여 지역예술 특성을 만들어 수준을 높이고, 예술과 지역사회를 연계하여 로컬리티를 제고하는 데에도 중점을 둔다. 예를 들면 문화자원으로 작품을 만들어 로컬리티를 나타낸다.

로컬리티 측면의 예술활동들은 주로 지역의 특징이나 문화를 소재로 표현하고, 정체성이나 역사를 반영하여 창작에 활용한다. 이 창작들은 지역사회에 뿌리를 둔 예술활동으로 전개되기 마련이다. 따라서 예술가는 지역의 이런 관계를 강화하고 상호관련 짓는데 주력하여 활동한다.

이러한 활동을 추진하는 데는 지역 내 연극, 합창, 무용, 커뮤니티, 예술단체, 지역극단이 주도한다. 지역주민들과 함께 공연작품을 제작 상연하거나, 지역의 역사 문화 사회문제를 다룬 작품을 만들어 주민들과 공감하면 로컬리티와 예술확산의 효과가 더 커진다.

이러한 활동에 참여하는 지역예술단체들은 지역 행사나 축제 때, 연주를 통해 그 지역만의 로컬리티를 표출한다. 이때 주로 지역 민속단체가 크게 활약한다. 이들은 대부분 지역전통 공예품, 미술작품 창작활동과 전통기술이나 소재를 활용한 작품을 생산하면서 지역문화예술을 지키고 전승한다. 아울러 공예·미술·공연 같은 전통예술, 벽화·공공조각 같은 공공예술이나 퍼포먼스 형태로 발표한다. 공공장소에서 일어나는 이 같은 예술활동은 지역특성을 대중화하는 장점이 있다. 이에 덧붙여 지역풍경이나 사회문제에 접근하면서 지역주민들과 교류하는 예술표현은 교육학습을 병행하게 된다.

그 밖에도 전통 음악과 춤은 특정지역에 계승되는 행사나 의식에서 주로 전통 악기나 의장을 사용하며, 지역축제 때 보여준다. 아울러 예술제, 이벤트, 전시회같은 지역페스티벌 행사들, 지역 개최 예술제나 문화이벤트, 예술가나 창작자가 모여 전시하는 방식으로 로컬리티에 충실하면서 지역예술을 풍성하게 한다.

로컬리티 강화전략에서 이러한 문화예술 활동이 차지하는 비중은 크다. 거듭 강조하지만, 지역 정체성이나 커뮤니티의 결속 제고, 관광이나 지역 진흥, 지역 특색이나 개성을 선보이면서 지역 내 주민이나 외부 방문객에게 매력적인 체험을 제공하는 성과를 거두고 있다.

3. 활동 전략

전략적 특성화

지역사회 문화예술에 로컬리티를 반영하는 데는 아트 프로젝트 방식이 적합하다. 이 활동은 무엇보다도 지역주민, 예술가, 문화예술단체, 기업과 협력하면서 창작을 하는 데 주안점을 둔다. 이 사업을 펼치는 과정에 예술기반 도시재생, 문화거리 만들기, 문화관광, 지역 간 문화교류 목적을 포함하고 있다. 그 결과 사업의 기조는 공동체 의식을 강화하고 지역예술 수준을 높이려는 데까지 두고 있다.

> **음악으로 나타내는 로컬리티**
>
> 모든 지역은 지역 내에 보편적으로 퍼져있는 전통음악을 되살려 연주하면서 새로운 맥락의 역사를 창출한다. 이는 로컬리티를 높이는 전략으로 효과적이다. 이를 위해 지자체들은 전략적으로 지역의 전통 디지털자료로 남기기 위해 지원한다. 그리고 지역의 음악프로그램을 제작하기 위한 방송프로그램 확보, 국가차원을 뛰어넘는 직접적인 네트워크 강화, 교육용 자료를 작성하기 위해 매스미디어 기술을 활용한다. 이러한 사업을 지속 발전시킬 인프라로서 음악박물관, 악기박물관을 마련하는 사례들도 얼마든지 찾아볼 수 있다. 이러한 인프라를 바탕으로 지역의 음악자료 수집 전시, 악기 보급활동을 전개할 수도 있다. 나아가 로컬리티 음악의 부가가치 실현을 위해 특성음악 자원의 콘텐츠화, 전통가치를 실현하며 치유효과까지도 기대할 수 있다.

지역의 소리자원을 활용하여 지역특성을 잘 보여주고 동시에 지역적 특징을 반영하여 역사문화로 전승해 표현하는 방식도 많이 볼 수 있다. 지역의 자연환경에서 수집한 소리자원의 특성을 살려 음원으로도 활용한다. 또한 지역의 전래소리인 모내기노래, 상엿소리는 주민들의 공통된 감성과 언어로 노래한다. 이는 또한 악기, 연주, 무용으로 로컬리티를 특색있게 반영하는 활동의 소스로 쓰이고 있다. 물론 최근에는 새로운 스타일의 음악과 융합하면서 다양하고 풍부한 요소를 가미하여 로컬리티에 글로벌화 가능성을 찾는 경우도 많다.[10]

지역의 예술유산과 자연환경을 연계하여 보호하는 독특한 접근전략도 검토해 볼만 하다. 이는 최근에 들어 예술유산의 고전적 개념 틀을 넘어서 자연환경 보호대상으로 간주하여 폭넓게 정

---

10) 지역음악의 로컬리티와 경쟁력 강화에 대해서는 Malm, Krister, 'local, national and international musics, A changing scene of interaction' in Baumann,1992.

책대상으로 삼는 경향에도 맞아 떨어진다. 예를 들면, 아름다운 자연, 4계절 변화로 발전된 자연미를 담은 예술유산이 돋보인다. 이는 지역의 정체성이자 로컬리티 표상으로 사랑받게 된다.

한편으로는 자연 그 자체도 로컬리티를 나타내는 특성화된 자산이다. 그럼에도 불구하고 자연환경 악화로 훼손 소모되어 새로운 지역문제로 등장하고 있다. 따라서 국가정책으로 문화유산보호 관련법에 새로운 자연환경 개념을 포함해야 한다. 이때 중점을 둘 대상은 패총, 고분, 도성, 성곽, 고택, 정원, 교량, 계곡, 해변, 산악명승지, 특수 동식물 서식지, 철새 도래지, 특이한 모양이나 토지구조의 자연경관, 천연기념물들이다. 이런 활동은 생태환경 예술가들이 활발히 펼치던 인간과 문명을 아우르는 예술활동, 자본주의나 환경문제를 주제로 한 창작활동, 인간을 중심에 두고 예술과 환경이 공존하도록 지향하던 예술활동에서 많이 시도했다.

이와 비슷하게 사회예술(social art)사업은 지역재생을 위한 예술활동, 로컬리티를 높이기 위해 예술적으로 접근하는 사례도 있다(예:디트로이트시). 또한, 환경주의, 생태계, 공원 야외갤러리, 빈집 갤러리 같은 방식으로도 나타난 바 있다.

이때 로컬리티 예술을 주도하는 예술단체의 활동을 높게 평가하고 이에 주목해야 한다. 예술단체는 대개 로컬 아티스트, 크리에이터가 모여 만든다. 이들은 회화, 조각, 사진, 연극 음악 분야에서 단체 전시 퍼포먼스를 기획하여 펼치는 방식으로 로컬리티 예술활동을 전개해 나간다. 예를 들면, 문학단체는 문학에 관심 있는 주민, 교류나 발표, 독서회, 강연회, 워크숍으로 지역 내외에 보급활동을 펼친다. 한편 전통예능단체는 지역전통예술을 전승 발전시키는 민속무용단체, 축제보존회가 후계자육성 공연이벤트 방식으로 전개한다. 대부분의 지역에서 역사보존단체인 문화유산 보존보호단체들이 고문서, 기록 조사정리, 역사산책이나 투어를 기획하고, 전략적 특성화를 추구하면서 지역정체성과 로컬리티를 높이는 활동을 한다.

로컬리티 장벽에 대응

코로나19팬데믹을 지나고 나서 로컬리티활동은 온라인 중심으로 바뀌었고 온라인 커뮤니티활동도 많이 늘어나게 되었다. 그 밖에도 회의, 이벤트, 워크숍에 참가하는 방식도 물리적 제약을 넘는 온라인 방식으로 진행되면서 참가범위가 확대되었다.

지역은 사회 전반에 걸쳐 '전환기 뛰어넘기 전략'에 고심하고 있다. 코로나의 장막 뒤에서 지역사회 문화활동은 대부분 위축되거나 중단되었다. 팬데믹이 끝난 뒤에는 '새로운 질서'와 지속가능성을 우려하여 장벽에 대처하는 것이 우선이었다.

그러나 코로나19팬데믹 때 체험했던 생활스타일의 변화는 일정부분 '새로운 질서'로 편입되어 유지되어갔다. 그 가운데 지역 자연환경의 보전과 생활의식 전환이 두드러졌다. 환경문제 관심 제고와 로컬리티 활동이 지속가능성을 중시하는 바람직한 경향으로 자리잡았다. 아울러, 지역식료품 지역 내 해결, 재생에너지 추진, 폐기물 리사이클링 같은 환경 배려활동 증진 현상들은 지역자원을 최대한 활용하고 지구환경에게 짐이 되지 않도록 하는 생태예술활동으로 발전되었다.

코로나 전환기를 거치면서 지역사회 공동체는 경제적 격차 때문에 너나할 것 없이 흔들리고 이에 대응해야 하는 절박한 상황과 맞부딪쳤다. 사회경제적 포섭을 중심으로 격차문제에 대응하려는 노력도 늘어나게 되었다. 또한 이는 공평한 참가기회 프로그램 제공, 교육 고용기회 균등화, 격차 축소를 위한 예술활동들을 활발하게 전개하는 계기가 되었다.

4차산업혁명기술을 지역사회에서 적극 활용하는 시도들도 자연스럽게 드러나 로컬리티활동과 지역사회문제에 융합시키는 일이 늘어났다. 그 결과 웹사이트, 소셜미디어 활용 정보로 소통이 활발해졌다. 또한, 온라인기부, 자금조달 플랫폼 이용으로 로컬리티활동재원이 늘어나고, 자원효율화를 높이는 데 기여했다.

지역문화자원의 융합 활용

전환기에는 고유문화와 정체성이 위협 받을 수 있다. 그렇지만 코로나와 4차산업혁명의 '휘모이 장단' 앞에서 지역에도 융합예술이 활발해지고 지역문화에 대한 정체성 논의가 활성화 되었다. 정체성이란 특정 지역, 특정 시점에서 형성되는 동질감이다. 이는 지리적 공간근접성, 역사적 공통시간의 경험, 현실에 대한 공통이해를 바탕으로 형성되는 것이다.

그런데 정체성이란 것이 언제부터 언제까지를 말하는가에 대해 다시 생각해보고, 정체성의 진정성에 대한 검토 역시 필요하다. 강한 세력이 자기네 문화제국주의를 실현하려고 약소국에 퍼트린 것이 오랜 시간 흘러서 굳어진 것들이 '정체성'이라는 이름으로 불리는 일들이 있다.[11] 지역에도 마찬가지로 특정한 '휘발성 강한 예술'이 정체성으로 오해되는 것이 있다고 보는데, 이는 당연히 배제되어야 한다. 아울러 융합이 정체성을 해치는 활동으로 오해받지 않아야 한다.

최근에는 지역의 전통문화와 새로운 기술이 융합하여 펼치는 활동들이 관심을 받으면서 지역자원의 활용범위가 늘어났다. 전통공예품들은 일단 체험을 통해서 점차 생산활동으로 이어지는데, 여기에 도예, 직물, 세공품처럼 지역의 전래기술을 학습하면서 뿌리를 내리게 된다. 이에 힘입어 지역 장인이나 예술가들이 워크숍이나 체험프로그램에 스스로 참가하여 자기 작품을 제작하는 형식으로 전개하고 있다. 특히 지역문화자원을 짧은 기간에 보여주는 지역축제나 행사에 참가하여 그 수요도 폭발적으로 늘어났다. 아울러 박물관이나 역사적 건축물을 찾아가는 방문객들이 지역의 역사예술과 문화를 이해하는 계기로 활용하고 있다.

지역의 전통음악, 의상, 춤을 즐기며 지역 독자성이나 활기를 체험하는 전통문화체험 관광객들도 늘어나게 되었다. 이와 더불어 지역음식 체험 기회로 활용되어 지역특산요리, 재래시장, 현지인이 찾는 음식점 탐방 같은 수요가 늘어나 지역을 종합적으로 보여주게 된다.

코로나19팬데믹이 끝나고 아름다운 자연생태와 융합하는 지역이해 활동도 폭발적으로 늘어났다. 로컬리티 관광에서 자연환경을 즐기고, 지역가이드와 함께 트래킹, 트레이닝, 자연환경 배경의 액티비티, 농장체험, 어촌방문, 농업체험 기회를 적극 활용하고 있다.

---

11) 우리민족이 민족정체성을 고취시킬 필요가 있을 때 '백의민족'이라 부르며 흰색을 정체성으로 삼았던 적이 있다. 또한 아프리카 바틱 문양은 아프리카 정체성을 잘 표현하고 있다고 말하는데, 사실은 네덜란드 상인들이 인도네시아에 옷감으로 판매하다가 안 팔리자 아프리카에 진출해 호황을 누리면서 아프리카 정체성으로 인식되는 것이다.

사회예술로 치유

코로나19팬데믹은 생활인들의 삶에 독으로 퍼져가면서 정신적 황폐를 벗어나기 어려운 사람들이 많이 생겨나는 슬픈 이야기로 남아있다. "우리 예술과 자연은 육체적 삶에 해독제가 된다"는 존 러스킨의 말처럼 예술로 치유에 나서는 지역문화활동이 싹트게 되었다. 지역사회에 심리적인 안정감을 주는 문화예술활동 가운데 희망과 실망, 시련과 성공을 엮어 표현하는 로컬리티 활동이 늘어나 주민들을 안전·안심·안락으로 안내했다.

이를 확장하여서 로컬리티 문화예술로 지역의 품격을 높이는 활동으로까지 이어지게 되었다. 예를 들면, 로컬리티가 뛰어난 지역 예술장르를 중심으로 유네스코 창조도시 활동을 펼치면서 지역사회의 품격을 높이게 된다. 예를 들면, 문학분야에서는 에든버러, 멜버른, 아이오와시, 아일랜드 더블린이 주로 활동한다. 음악 장르에서는 볼로냐, 스페인 세비아, 글래스코, 터키 켄트가 대표적으로 지역 품격을 높이는 활동으로 전개한다. 그 밖에도 미디어 아트는 프랑스 리옹이, 영화는 영국 브래드퍼드, 시드니, 부산이 예술과 지역사회가 함께 품격을 높이며 진화하고 있다. 지역별 선정된 장르는 유네스코라는 문화활동단체의 경영전략이 엿보이지만, 로컬리티 활동 예술로 지역에 자리 잡은지 오래되었기 때문에 활용에 문제는 없다고 본다.

시민들의 일상생활에서 주민들이 밀접하게 만나는 공간을 활용하여 생활 속에서 예술과 생활을 융합하는 기회로 활용한다. 이른바 장소 특정성을 살려 주는 예술활동(site-specific art)이다. 이는 특정 장소 특별 맞춤 예술활동으로서, 예를 들면 지하철 예술, 공공예술(public art), 농촌지역의 팜 아트(farm art)가 이런 역할을 한다.

활성화

이러한 활동들을 활성화하는 전략을 뒷받침할 몇 가지 점에 주목할 필요가 있다.

첫째는 로컬비즈니스와 로컬리티 가치를 결합하여 추진하는 것이다. 지금 우리 지역사회는 '경제공동체'로부터 '생명공동체'로 전환 중이다. 경제환경 변화, 코로나19팬데믹, 공동체성격 전환의 가치를 로컬리티 활동에 반영해야 한다. 그 하나로 로컬 비즈니스와 로컬리티를 결합하는 전략으로 로컬 비즈니스 육성에도 로컬리티 가치를 반영하며, 생명공동체 가치를 높이는 것이 바람직하다. 이를 위해서 수익창출 사업모델을 구축하고, 지역특산품을 활용한 로컬 비즈니스를 활성화해야 한다. 이때 중장기적으로 추진할 프로젝트를 정밀하게 기획하고, 공감대를 확보하는 것이 중요하다. 전략적으로는 지역 상품이나 서비스 구매 촉진, 지역마케팅 참여, 지역단체나 협회의 활성화, 관련 교육프로그램이 함께 마련되어야 성과를 높일 수 있다.

나아가 지역의 로컬비즈니스 분야와 연계하여 전문인력 자원을 육성하고 활동하도록 연계시켜야 한다, 로컬리티 활동 인재 육성, 기업비즈니스 활동가 육성을 위해서 전문기관과 연계를 강화하여 경영지식 기술을 제공받거나 프로그램을 개발해야 한다.

특히, 로컬 수요를 분석하여 어떤 인재가 필요한지 명확히 하고, 교육훈련 프로젝트도 개발해야 한다. 이를 위해서 지역기업이나 산업체와 연계하여 '숙련된 전문가'보다는 '창조적 전문가' 역할을 부여하고 리더십을 확보해야 한다. 이를 추진하는 과정에서 명확한 모니터링과 평가로 지속 개선해야 한다. 이러한 활동에 주민접근 기회가 많아야 한다. 로컬리티 기반 지속가능한 지역사회 만들기 관점에 맞춰서 당연히 주민이나 단체와 협력적 활동으로 지속 추진해야 한다. 로컬리티와 함께 지역사회문화 정체성을 보존하고 발전시키는 보완적 관계에도 주민단체들이 역점을 두어야 한다.

둘째, 관련 재원을 확보해야 한다. 활동을 지속하는 데 필요한 재원을 충분히 확보해야 한다. 로컬리티 기반 문화예술에 대한 그동안의 공공지원과 보조가 많지 않았다. 수요가 없어서 라기 보다는 다른 지적인 활동(과학, 인문학)과 대등하게 취급하지 않았고, 기껏해야 특정 예술분야들에 대한 강조를 요구하는 정도로 받아들였다.

활동을 지속적으로 유지하기 위해서는 지자체 연계 공공재원을 확보하여 지속성을 갖고, 지역사회 문제를 공유하는 공동프로젝트로 추진하면서 예산과 보조금을 확보해야 한다. 이런 활동에 도움이 될 로컬리티 관련 매칭그랜트를 확보하도록 노력하고, 보조금을 받아서 로컬리티 활동 재원으로 활용할 수도 있다. 또한, 로컬리티 활동 동참 기업 단체와 제휴하고, 공동프로젝트를 마련하거나 스폰서를 받아 재원을 확보한다.

지역의 로컬리티를 지속 유지하려면 예산과 자원을 적절히 관리하고 효율적으로 활동을 운영하는 전략이 특히 필요하다. 지역단체들은 물론, 문화정책 집행자는 지속발전 가능한 활동을 이어가도록 문화예술에 대한 지원을 '보조가 아니라 공공 투자'로 인식해야 한다. 문화예술은 엔터테인먼트와 결합함으로써 경제성에 연관되는 복합적인 산업으로 발전될 수 있다는 '문화의 부가가치에 대한 새 차원의 생각'도 가져야 한다. 예술과 인문학·기술과학은 큰 차원에서 문화정책에 깊이 연결되어 있다는 맥락적 인식도 필요하다.

로컬리티 재정담당자는 그런 맥락을 바탕으로 지역의 공공 문화투자를 관리하고 전환기 공공 문화투자를 관리해야 한다. 문화경제 관점에서만 보면 지역사회의 문화시설은 평균적인 인프라 효율이 낮고, 예술인 지원도 효용이 그리 높지 않게 나타난다. 전환기 문화재정 관리에서 '좋은 것이 좋다'는 식의 감성호소적인 재정낭비가 중앙은 물론 지역에 조차 없지 않았다. 이런 집행관행이 만연되지 않도록 총수요 관리를 특별히 잘 해야 한다. 전환기 문화재정 관리를 적정화하고, 공공투자가 낭비되는 일이 없게 구체적 조치와 지침을 개발하는 등 문화재정 관리와 효율적 집행이 이뤄져야 한다.

그리고 로컬리티 상황에 맞는 공공 문화시설의 유지 및 관리에 관한 지침과 기준을 만들어 적용하고, 가능한 수준에서 잘 작동되고 있는지 점검해야 한다. 또한 크라우드 펀딩, 크라우드 소싱 등과 결합을 전문적으로 추진하는 인력들을 네트워크 방식으로 확보하여야 한다.[12]

나아가 사회공헌이나 기업메세나 차원으로 접근도 시도하며, 로컬리티 과제를 중심으로 기부, 기부금 동참을 이끌어내 연계

---

12) 로컬리티 유지를 위해 지역문화단체 재정확보 전략으로 몇 가지 유형이 있다. 국고보조금, 국가·지자체간 보조금 매칭, 기부 장려와 기부 유도, 기업·재단·비영리단체 재원 집중개발 방식이 활용된다. 로컬리티 전용 문화재정의 활용과 재원개발 전문화를 위해서 지역의 문화창조 활동 단체들은 주어진 정책의 틀 안에서 제각기 다른 '시대 감정과 우선순위에 맞춰 주변 정책의 논리와 언어를 답습해야한다. 로컬리티 문화예술에 대한 공공지원과 보조 맞추며, 수요와 부족부분을 채우고, 다른 지적인 활동(과학, 인문학)과 연계하거나, 특정 예술분야들에 대한 강조를 요구한다.

시키는 노력이 필요하다. 단체는 활동내용을 적극적으로 홍보하고 각종 웹미디어로 정보를 보내며 적절한 역할 지식 기술을 가져야 한다.

셋째, 정보기술과 테크놀로지를 적극적으로 활용해야 한다. 활동 추진에 필요한 지역 내외 정보를 공유하고 연계 확산시켜야 한다. 그리고 지역 내 정보 수요자나 관계자 간의 연계를 도모하고, 관련프로그램을 갖추는 아이디어를 개발해야 한다. 특히 관련된 정보의 분석은 지역과제 정보수집 분석, 지리적 데이터, 시설 정보, 지역 특징, 사용자 제공 콘텐츠, 시민의식 조사, 전문가 의견 청취 등을 포함해서 DB화해야 한다.

아울러 정보네트워크를 구축하고, AI기술이나 유저의 기호에 따라서 행동패턴에 기반해 정보활용과 정책결정에 영향력을 미치도록 해야 한다. 이 활동들에 대하여 지속적으로 모니터링하고, 이를 위해서 로컬리티 정보전략 효과 측정, 정기모니터링으로 평가하고, 문제해결 정책으로 활용하도록 하는 것이 바람직하다.

03장 로컬리티 정책과 기획

1. 로컬리티의 정책가치

사회문화적 이해

로컬리티는 지역 소속감을 갖고, 공동체 구성원이나 함께 살고 있는 이웃을 중요하게 생각하는 개념이다. 이 때문에 주민이 자신의 지역에 대하여 애착을 갖고, 지역사회의 문제에 적극적으로 참여하여 서로 노력하게 된다. 또한 지역사회에서 특정한 장소나 공간이 갖는 고유한 특성을 보호하고 보존하는 활동을 중요하게 여긴다.

로컬리티와 비슷한 뜻을 가진 것이 정체성 개념이다. 이는 사회적 정체성이라고도 하는데, 지역사회 구성원인 다양한 개인들이 구성원 자격에서 갖게 되는 자기 개념을 뜻한다. 이러한 정체성은 기본적으로 인종, 민족, 국적, 종교, 성별, 지역과 같은 요소를 기반으로 생겨난다. 개개인들은 이러한 그룹과 자신을 동일시하고 그들로부터 자부심, 소속감, 목적의식을 얻는다. 예를 들면, 어떤 사람은 자신이 속한 지역사회에 대해 강한 유대감을 갖고 이를 자신의 사회적 정체성의 핵심으로 간주하는 것이다.

로컬리티와 사회적 정체성은 개인이 지역공동체나 지역과 밀접하게 연결된 '보이지 않는 선'을 잡고 있다는 점에서 중요하다. 예를 들면, 누군가는 특정 동네나 마을의 구성원으로서 강한 사회적 정체성을 가지며, 이 정체성이 그들의 가치, 행동, 결정에 영향을 미칠 수 있다. 로컬리티가 특정 지역에 대한 개인적 소속감을 표현할 수 있는 플랫폼을 제공함으로써 사회적 정체성을 강화하는 것이다.

결국, 사람들은 지역공동체로부터 자신의 사회적 정체성을 꺼내고, 결과적으로 로컬리티를 통해 해당 공동체의 보존·발전에 기여한다. 이런 점에서 사회적 정체성과 로컬리티는 연리지처럼 서로 연결되어 있다. 이러한 연결은 개인의 인식, 행동, 위치 감각에 중요한 영향을 미친다.

로컬리티와 정체성 사이에는 어떤 차이가 있을까? 로컬리티와 사회적 정체성은 앞에서 보았듯이 개념적으로 서로 연관되어 특정 그룹이나 장소에 대한 소속감, 애착과 관련된 개념이라는 점에서는 비슷하다. 그렇지만 서로 다른 의미를 갖고 있다.

개념적으로 정체성은 개인이나 집단의 자아 인식과 그들이 누구인지 정의하는 특성, 신념, 가치, 문화적 측면을 뜻한다. 그래서 정체성은 민족, 문화, 국가, 종교 같은 다양한 측면을 표현할 수 있다. 여기에는 특정 지리적 위치를 넘어서서 광범위하고 복잡한 소속, 자기 식별을 포함하는 경우가 많다.

로컬리티는 지역사회, 장소, 문화의 중요성을 강조하는 개념이다. 이는 지역 비즈니스, 전통, 지역사회 개발 지원에 더 큰 비중을 둔다. 로컬리티는 자신이 속한 지리적 영역에서 적극적인 역할을 하도록 이끌어 가며, 책임감과 지역 유대감을 조성한다. 그러므로 지역환경에 대한 강한 애착과 헌신을 기대한다.

결국, 두 개념 모두 개인이나 그룹의 소속감과 목적을 형성하는 데 중요한 역할을 한다. 그러나 정체성은 사회문화적 소속을 포함하여 개인이나 그룹이 '누구인지에 대한' 측면을 강조한다. 한편, 로컬리티는 구체적이며 주변 환경, 지역사회 사이에서 지역화된 연결이나 참여의 중요성을 강조한다.

지역문화정책이나 전략 개발에서 로컬리티가 중요한 이유는 무엇인가? 우선 로컬리티는 지역특성을 이해하고, 과제를 발굴하여 해결책을 제시하는 데 도움이 된다. 지역의 특성을 바르게 이해하려면 고유한 문화와 전통, 역사적 배경을 먼저 파악해야 한다. 그리고 나서 관련지식을 활용하여 지역사회에 도움이 되는 전략과 대안을 개발할 수 있다. 무엇보다 일반적인 정책 접근과 달리 특정한 문제에 대한 특화 접근에 도움이 되며, 그 만큼 해결 가능성이 높아진다. 나아가 주민들과 긴밀하게 커뮤니케이션하며 의견을 듣고, 독창적인 문제 해결에 나설 수가 있다. 로컬리티에 관련된 정책에서는 지역의 기업, 문화, 거버넌스를 우선으로 하고 지원한다는 믿음과 가치관을 갖는다.

이런 점에서 로컬리티와 사회적 정체성은 원래부터 개인의 소속감, 지역사회 활동 참여를 이끌어 내는 역할을 하는 상호연결고리와 같은 역할을 한다.

수용과 대응 태도

로컬리티는 특정 지역 안에서 개인행동을 형성하는 데 있어서 사회문화적 요인의 영향을 받는다. 다시 말하면 특정 장소의 문화적, 사회적 맥락에 따라서 사람들이 생각하고 상호 작용하며, 인식하는 방식에 중요한 영향을 미친다.

그렇다면 어떤 측면에서 영향을 주고 받을까? 먼저 문화적 영향이 가장 크다. 원래 지역사회의 관습, 전통, 규범은 개인의 가치와 행동에 큰 영향을 미친다. 개인들은 지역사회의 문화적 관행에 따르고, 이를 바탕으로 행동한다. 또한 이러한 문화적 영향이 후세대에 전달되어 관습으로 자리 잡고, 다음 세대로 전달되어 지역의 전통이 된다. 나아가 지역에 고유한 언어와 사투리는 로컬리티에 필수적이며, 커뮤니티의 고유한 정체성에 기여하고 구성원 간의 공동체의식 형성과 의사소통을 촉진한다.

사회문화에서는 특정한 지리적 영역 안에서 일어나는 사회적 상호작용을 중요하게 생각한다. 이러한 상호작용이 개인의 사회적 정체성과 소속감을 표현하기 때문이다. 그 과정에서 커뮤니티 유대감이 형성되고, 구성원 간의 강력한 유대관계는 공유된 경험과 상호관계를 통해 커지고 확실해 진다. 그리고 이러한 유대감은 소속감과 정체성에 기여한다.

이런 점에서 로컬리티는 사람들의 정체성과 행동이 지역환경의 문화적, 사회적 맥락에 어떻게 깊이 뿌리박혀 있는지를 잘 말해 준다. 또한, 인간행동과 지역사회를 이해하는 데 중요한 관점이 된다.

지역 거주자들은 자신들의 로컬리티를 어떻게 이해하고 수용할까? 사람들은 각자의 문화적 가치, 신념, 전통에 따라서 로컬리티를 이해하며 선호하거나 실천활동에 참여한다. 그러므로 로컬리티에 애착을 갖는 정도에 따라 사람들의 문화적 행동은 다르게 나타나지 않을까. 로컬리티 가치를 적극 수용하는 사람들은 광범위하거나 중앙집중화된 시스템보다는 지역이나 커뮤니티에 기반을 둔 솔루션을 선호하며, 경제나 정체성을 우선시하고 촉진하는 경향이 있다.

로컬리티에 대하여 애착을 갖는 사람들은 문화적 성향에서 몇 가지 특징을 갖는다. 먼저 중앙집권적인 권위와 공식적인 제도를 선호하는 이들은 로컬리티를 전체적인 질서와 안정에 대한 위협으로 볼 수도 있다. 개인의 자율성을 중요하게 생각하는 이들은 자신의 삶과 결정을 통제한다고 받아들일 수 있다. 반면에 지역사회의 협력과 형평성을 강조하는 입장에서는 사회문화적 평등을 선호하면서 로컬리티를 이해하고 지지한다. 한편 개인이나 지역 활동에 있어서 주체가 중요하지 않다고 믿는 사람들은 로컬리티에 무관심할 수도 있다.

따라서 정책결정자나 공동체의 리더는 이처럼 다양한 개인적 로컬리티 선호 성향을 얼마나 받아들이고 활용할 지를 고려해서 결정해야 한다. 그리고, 로컬리티 활동에 적합한 참여유인을 만들어 정책으로 제공하도록 해야 할 것이다.

로컬리티에 대해 지역공동체는 어떤 활동으로 대응할까? 이론적으로 보면, 로컬리티는 지역공동체가 자율적으로 결정을 내리고 통치하는 능력이다. 권력과 자원의 분권화를 존중하고, 지방정부와 지역사회가 구성원 자신이 하는 일에 대해서 통제권을 갖도록 허용한다. 이러한 개념은 사회문화활동을 추진할 때 거버넌스나 경제, 사회 조직의 다양한 활동에 적용될 수 있다. 나아가, 지역 수준에서 결정한 권한을 행사할 때 지역사회 구성원의 요구와 선호도에 더 잘 반응할 것이라고 기대한다. 로컬리티는 또한 지역 사업, 자급자족, 소속감에 자부심을 갖게 함으로써 지역의 지속 가능성에 대해 공동인식하는 힘을 갖는다. 다만, 그 지역이 자원이나 정치경제적인 영향력이 부족하다면 잠재력과 과제에 대해 불안해 할 것이다.

2. 로컬리티 기반의 문화정책

논리와 실리

지역사회문화 발전과 로컬리티는 어떤 관계를 갖는가? 이를 보기위해 우선 권력과 문화의 관계부터 살펴보자. 지역에서 권력과 문화정책은 묘한 관계로 연결되어 있다. 권력이 앞장서서 끌고 가면 문화는 제대로 가자고 하고, 문화가 치고 나가지 못하고 멈칫거리고 있으면 권력이 손잡고 이끌어 준다. 이처럼 순기능적으로 작용한다면 문화와 권력은 손잡고 '짝춤'을 추는 아름다운 모습을 보이게 된다. 서로의 짝이 되어 스텝에 맞춰 양보하고 배려하는 화합의 동작을 즐긴다. 그런데 현실적으로 권력의 이동은 공공 주도 방식에서 공공, 민간 및 시민 행위자의 수평적 네트워크 방식으로 진행한다. 또한 전환기 혁신 수요와 경로를 따라서 완급 강약을 바꿔가며 전개한다.

지역문화정책의 형성과 집행에 관련해서 권력 이동과 공공 문화정책의 접점을 잘 파악해야 한다. 정책문제를 해결하기 위한 권력은 중앙정부에서 지역공동체로 하향 이동한다. 코로나19팬데믹 때나 4차산업혁명기술 발달과 관련된 긴급상황에서는 이같은 이동이 더 광범위하고 빠르게 진행되었다. 이처럼 전환기의 로컬리티는 사회의 경제 경쟁력, 사회적 포용, 기회와 같은 문제에 대응할 필요에도 부응한다. 지역사회에 새롭게 등장한 다양성 문제, 환경에 대한 지속가능성의 필요성, 정치적 포퓰리즘에서 사람들의 불만을 해결하는 열쇠로 등장한 셈이다.

적어도 중앙정부나 국가의 역할을 대체한다고 까지 말할 수는 없지만 상당한 정도로 보완책이 될 수 있다. 또는 사회적 문제해결 기능에 장애가 되는 요소를 치료하는 전략으로도 등장했다.[13]

특히 새로운 산업과 기술을 발명하고 배치함으로서 포용적 성장을 촉진하는 기술기반 사회에서 지역은 공공, 민간 및 시민 지도자 네트워크를 지역을 경영하고 있어 더욱 안정적인 대응이 가능하다.[14]

지역의 사회문화정책은 지역문제 해결에 현실적합성(적실성) 있는 정책이어야 한다. 그런데 적실성 있게 대안을 개발하려면 인간의 변화능력을 믿는 미래성, 사회가치체계와 연관시키는 연관성, 항상 가변적인 행동을 이끌어 내는 행동성을 갖춰야 한다.

지역의 문화정책 패러다임을 인식하는 접근은 주어진 정책의 틀 안에서, 제각기 다른 '시대감정'과 우선순위에 맞추어 주변정책의 논리와 언어를 답습하는 방식이다. 로컬리티를 긍정적으로

---

13) 재정파산의 위기에서 사회문화활동마저 끊겼을 때 유바리시(夕張市)의 비영리단체들이 서서히 활동을 재개하는 도화선이 되었던 적이 있다.

14) Bruce Katz, Jeremy Nowak, The New Localism, How Cities Can Thrive in the Age of Populism, 2018.

옹호하는 입장을 갖는 사람들은 사회발전과 로컬리티가 연결되어 있다고 본다. 이는 로컬리티로 강력하고 탄력적인 공동체사회를 구축할 수 있다고 보기 때문이다.

지역의 사회문화는 구성원 개개인의 문화복지, 삶의 질 및 기회를 향상시키면서 발전한다. 그리고 경제적 기회, 교육, 의료, 사회적 포용 같은 다양한 측면을 이끌어 간다. 나아가 불평등을 줄이고, 사회정의를 넓히며, 사람들이 만족스러운 삶을 영위할 수 있는 환경을 조성하는 데 까지 뻗어나간다.

한편, 로컬리티는 지역 정책결정을 바탕으로 지역협력, 사회서비스를 효율적으로 제공하는 데 매개역할을 한다. 주민 수요를 소중히 여기며 지역사회의 미래를 위해 투자하는 데 주민들이 적극적으로 참여할 수 있도록 한다.

지역사회문화의 발전과 로컬리티의 연관성은 로컬리티가 지역사회 발전을 위한 전략이 될 수 있다는 사실로 이해할 수 있다. 지역사회의 자율성을 바탕으로 지역주민들의 요구와 선호도에 맞게 정책과 이니셔티브를 조정한다. 이를 바탕으로 보다 효율적이고 문제 대응적인 사회개발을 펼친다.

예를 들면, 지자체는 지역사회 조직과 긴밀히 협력하여 당면한 주민들의 문제를 직접 해결하는 방식으로 서비스를 개선한다. 이러한 지역화된 접근방식을 구체적인 목표로 삼고, 효과적인 정책을 개발하여 수용성 높은 정책을 집행하게 된다. 따라서, 긍정적인 사회변화와 지속가능 발전을 촉진하는 데 있어서 지역사회 참여, 지역 의사결정, 풀뿌리 활동을 활력있게 전개하는 것이 중요하다.

> **로컬리티와 지역음식**
>
> 지역의 특정 음식은 문화와 전통을 반영하여 지역의 정체성을 잘 나타낸다. 무엇보다도 지역의 기후와 토지의 특성에 맞게 자라 난 재료에서부터 특성을 지닌 채 음식에 적합한 식자재로 제공된다. 만들어진 음식은 지역의 향토 정서와 맛을 보여 준다. 그 지역의 식자재를 살린 요리는 농산물이나 어업과 연관되어 지역경제를 뒷받침한다.
>
> 지역음식은 지역의 문화를 느끼려고 떠나는 관광지 선정요소로 중요하다. 이제 지역의 음식은 단순한 영양공급 식사에 그치지 않는다. 사회문화적인 연결통로가 된다. 지역특산재료, 솜씨, 교류기회와 더불어 음식은 지역사회의 로컬리티 문화자원으로 기여한다. 그리하여 음식은 삶의 요체로서 지역브랜드화가 쉬운 분야이며, 지역 활성화에도 일정한 역할을 하게 된다.

로컬리티 기반 정책의 실리

지역의 사회문화정책에서 로컬리티 관점은 정책 단위와 수준에 몇 가지 영향을 미친다. 그 중에 가장 중요한 것은 정체성과 관련된다. 지역을 문화정책 대상으로 삼을 때는 대개 지역마다 고유한 특성과 정체성이 있다는 것을 전제로 한다.

그런데 로컬리티 기반으로 정책을 전개할 때는 끊임없이 바뀌는 정책환경과 현황에 주의해야 한다. 정책환경과 정책이슈는 늘 변하며 문화 자체도 유동적인데, 문화정체성만 변하지 않는 영원한 것으로 볼 수는 없다.

정체성 개념에 묶이면 다른 정책이나 활동으로 확장하는 데 걸림돌이 된다. 더구나 글로벌 환경이 지역문화에 크게 영향을 미치고 사이버활동이 지역을 지리적 공간에 한정하지 않기 때문에, 흔히 말하는 '글로컬'이라는 말조차 의미가 적어지고 있다.

로컬리티를 기반으로 문화정책을 연구할 때 어떤 정책적 기여나 실리가 있을까? 로컬리티를 기반으로 하는 정책연구는 물론이고 정책연구를 기반으로 하는 로컬리티 논의는 서로 논의의 지평을 의미있게 확장시킨다.

또한 지역문화의 현장을 반영하는 데 기여하여 사회운동 차원으로 접근하는 활동과 차별화되는 성과를 낸다. 지역사회의 문제는 현상 그대로 존재하며 논의하는 대상이지만 주민들의 생활 속에서 해결되어야 할 문제이다. 그러므로 지역에서 적합성이 있는 정책으로 지속발전 가능성을 높이는 데 당연히 현장성이 반영되어야 한다. 특히 연관정책들과 맥락성 있게 추진하는 정책을 개발하고 집행하는 데 매우 의미 있게 작동한다.[15]

더구나, 로컬리티 기반의 정책은 지역 재생, 문화관광, 지역문화 콘텐츠화, 장소 마케팅, 지역브랜드 구축과 같은 부가가치를 실현하기 위한 바탕이 되므로 지역사회가치의 확장에 도움이 된다.

로컬리티를 정체성의 굴레에서 허덕이거나, 향토사, 지역색 개념 정도로 잘못 이해할 수도 있다. 이는 문화인류학이나 문화연구 개념에서 활용되지만, 문화정책 입장에서는 굳이 이런 개념에 매몰되어 함께 헤맬 이유가 없다.

로컬리티는 특정 지역에 축적된 현상들에서 시작되는 개념이지만, 그 지역을 구성하는 주민들은 공간에 한정되지 않고 활동을 펼친다. 중앙정부와 지방정부가 밀접하게 정책적 맥락을 갖고 있으므로 거버넌스적 관점으로 접근하고 글로벌 관점에서 이주노동자까지 주민으로 인식하는 열린 문화정책으로 전개해야 한다. 또한 지역단위의 풀뿌리운동을 넘어서 정책 차원으로 연구하는 데 로컬리티 개념을 적극 활용하는 것이 정책효율성을 높인다고 본다.

15) 지역정책이 오히려 로컬리티를 해치는 경우가 있다. 지역 차이를 무시하고 일률적으로 지역문화정책이 적용되거나, 고유성과 발전정도의 차이를 고려하지 않으면 오히려 로컬리티를 훼손할 수도 있다. 그 밖에도 중앙집권적인 의사결정을 지역 목소리를 외면한 채 적용하거나, 지역사회 참여가 부족하여 실정이나 의견이 반영되지 않아 로컬리티가 훼손될 수 있다.

　　　　로컬리티 기반 정책연구의 큰 이점은 지역의 활력을 찾고 이를 지속발전 가능성 제고로 연결시킬 수 있다는 점이다.

　　　　지역의 특성을 냉철하게 분석하고 객관적으로 정책화하여 지역환경을 개선하며 주민들의 입장으로 다가가 삶의 질을 높이는 데 기여하도록 연관작업을 한다. 지역활력에 영향요소를 키워주고 장애요인을 발굴해서 바꿔가는 노력을 바탕으로 지속발전시킨다. 물론 이는 모든 지역들이 모색하지만 자기 기반을 미화시키고 근거없는 낙관적 관점으로 접근하는 정치나 경제적 접근때문에 그나마 지역동력이 소실되는 경우도 많다. 여기에 새로운 사회기술(social technology)을 도입 활용하여 지역에 적합하게 적용하여 더욱 활력 있게 가꿀 수 있어, 사이버공간과 사회기술까지를 당연히 함께 포함해야 한다.[16]

　　　　지역의 자원에 따라서 지역이 갖는 활력의 차이가 불가피하지만 사실 문화자본의 글로벌 전개나 문화시장의 다변화로 지역이 놓여있는 입장은 이제 큰 차이가 없게 되었다.

　　　　지역의 사회문화정책을 결정하는 데 있어서 어느 정도는 로컬리티 우선주의가 적용되는 것이 현실이다. 로컬리티는 지역의 수요, 지역공동체 견해, 사회문화적 역량, 선호도를 고려해서 가장 지역적인 수준에서 결정을 내린다.

　　　　그러므로 지역문제에 관련된 정책을 결정하는 데 있어서 특정 문제에 대한 현지맞춤 지식과 이해를 바탕으로 지역사회에 고유한 문제를 해결하는 맞춤형 솔루션을 개발할 수 있다. 동시에 지역단위의 의사결정자는 구성원에 대해 보다 직접적으로 책임을 지며 투명성과 대응성을 강화하는 데 도움이 된다. 그 밖에도 지역사

---

16) 이에 대하여 상세한 것은 7장을 참조

회 의사결정에 많이 참여하며 많은 정보를 바탕으로 대표성을 갖춘 대안 선택에 충실할 수 있다.

연관 정책

지역을 발전시키는 데 로컬리티는 긍정적인 면과 부정적인 면이 함께 나타날 것으로 본다. 긍정적으로 보면 로컬리티는 지역사회를 우선시하고 지원하는 활동이므로 그에 따라 몇 가지 장점을 갖는다. 먼저, 지역에 필요한 에너지를 모아낸다. 공동체의 힘을 키워내 사람들이 이웃과 지역 조직을 지원하고 참여하도록 장려함으로써 공동체 의식과 사회적 결속력을 키워준다. 이는 기본적으로 지역공동체와 자치의 중요성을 강조하는 데서 시작된다. 지역정책은 그 지역사회의 고유한 요구, 가치 및 선호도를 고려하여 지역 수준에서 이루어져야 한다. 그러므로 분권화를 촉진하고 지역사회가 자신의 문제를 해결하기 위해 더 나은 방향으로 대안을 모색한다.

또한 지역 산업경제에 탄력성을 불어 넣는다. 지역기업이 지역사회에 재투자하여 외부 경제 충격에 대하여 안정성과 탄력성을 창출하는 데 도움을 주기 때문이다. 아울러 지역의 상인이나 생산자와의 관계 구축은 개인화된 서비스와 지역사회에 대한 신뢰로 이어지므로 긍정적 에너지를 만들어 낸다.

아울러 지역사회에 독특한 문화를 형성한다. 지역의 독특한 문화적, 역사적 측면을 보존하고, 기념하여 전승하고 지역의 정체성과 매력을 더한다. 소속감을 높여 시민참여에 긍정적으로 기여한다. 지역사회에 연결되어 있으면 지역문제에 관심을 더 갖게되어 정책결정 과정에 적극 참여하게 된다. 아울러 글로벌화 추세와 문화의 균질화에 대응하는 발전도 가져온다.

그 밖에도 자연환경에 미치는 영향이 적지 않아서, 현지구매로 운송관련 오염물 배출을 줄이고 지속가능한 관행을 촉진하여 더 건강한 환경을 만드는데 기여할 수 있다. 아울러 지역농업을 지원하면 먼 지역 공급원에 대한 의존도를 줄이고, 지역 식량생산을 촉진하여 안정적으로 먹거리를 확보할 수 있다.

결국 로컬리티는 관련된 모든 사람에게 혜택을 주는 더 강력하고 탄력적이며 활기찬 커뮤니티로 이어질 수 있어, 긍정적으로 기대할 수 있다.

로컬리티는 디딤돌인가 걸림돌인가?

로컬리티가 지역 발전에 부정적인 영향을 미칠 것이라는 우려도 큰데, 그 이유는 배타성을 갖는다는 점 때문이다. 때때로 '우리' 와 대비되는 '그들'이라는 이분법적 사고방식을 조장하여 외부인이나 다른 공동체에 대한 배제와 차별로 이어질 수 있다. 그 결과 지역 정체성과 거버넌스를 지나치게 강조하면서 단편화로 이어져 마침내 대규모 협력이나 문제해결 전략을 가로막을 수 있다.

어떤 측면에서는 경제적 비효율성을 가져올 수도 있다. 지나치게 지역화된 경제는 전문화와 거래기술 발달이 가져다 줄 장점을 놓칠 수 있다. 이 때문에 잠재적으로 가격이 상승하고 경제성장이 감소할 수도 있다. 또한 지역 안의 자원에만 의존하는 것은 항상 지속 가능하거나 실현 가능하지 않을 수 있다. 특히 자원이 부족하거나 고갈된 지역에서는 더욱 심각한 문제를 야기한다.

아울러 장기적으로 변화에 대한 저항을 일으킬 수 있어 우려된다. 과도한 로컬리티는 진보와 혁신에 저항하여 지역사회 외부의 새로운 기술이나 아이디어 수용을 방해할 수 있기 때문이다.

결국, 지역사회가 잠재적인 단점을 완화하면서 장점과 단점 모두를 활용할 수 있도록 해야 한다. 그런 점에서 로컬리티와 글로벌리티 사이의 균형을 유지하는 것이 중요하다.

연관 정책들에 어떤 도움을 주는가?

지역의 역사성에 관련된 정책 형성과 결정에 있어서는 공동체, 문화, 사회적 관계를 바탕에 깔고 생각하게 된다. 로컬리티는 이러한 사회문화철학의 바탕을 흐르는 다음과 같은 원칙들에 기반하여 지역정책을 개발한다.

우선 권력과 재정의사 결정의 분권화를 중요하게 받아 들인다. 그 이유는 이를 통해서 보다 신속하게 사회문제에 대응하고, 맞춤형 정책을 개발하며, 효율적으로 대응하기 위해 거버넌스를 구축할 수 있기 때문이다.

로컬리티 정책의 최고가치는 지속가능성에 둔다. 지역에서 생산되는 식품, 재생가능 에너지, 환경보존과 같은 지속가능한 관행을 높게 평가하고 장려한다. 지역은 미래세대를 위해 환경을 보존하는 것이 중요하다고 구성원들이 인식하기 때문이다.

또한, 이러한 생각은 공동체주의에 따른 것이다. 공동체주의 철학은 개인이 서로 연결되고, 서로에 대한 책임감을 공유하는 긴밀한 공동체를 중요하게 생각한다. 이러한 공동체주의를 기반으로 구성원끼리 강하게 연대하며, 특히 필요할 때는 상호지원과 협력을 더욱 강화시킨다. 그리고 자연스럽게 시민참여를 촉진하여 개인이 지역거버넌스와 지역사회의 여러 정책에 의견을 제시하고 참여한다.

아울러 문화다양성을 존중한다. 로컬리티는 문화를 다양하게 수용하고 장소의 정체성을 형성하는 데 있어 문화유산과 지역자산을 중요하게 인식한다. 이로써 지역 전통과 관습을 보존한다. 구성원들은 자신의 삶에서 소속감과 지역적 정체성의 역할을 강조하며, 자신이 지역사회와 연결되어 있다는 느낌으로 삶에서 안락을 누릴 수 있다.

나아가 로컬리티 거버넌스정책을 구축하여 지자체의 자주성을 강화한다. 지방 정부와 의회가 권한을 갖고 유연하게 지역과제에 대처하되 중앙정부와 연계하여 지역문제 해결에 공동대처하도록 추진한다. 주민관계에서 주민참여 기회를 늘리며 지역특성에 맞는 프로그램을 적극 개발하도록 운용한다. 이러한 거버넌스와 로컬리티를 접목하면서 지역행정역량을 강화시켜 전문화하고 질적으로 우수한 공공서비스를 생산하는 데 도움이 된다.

로컬리티를 기반으로 하는 연관정책으로서 지역기업과 지역특화 산업을 지원하면서 지역경제 발전을 촉진할 수 있다. 또한 지역사회와 동시에 글로벌문제로 부각되고 있는 기후 또는 환경보존문제에 긍정적으로 연관시켜 대응할 수 있다. 지역문제에 초점을 맞춰 결정을 내릴 때 지역사회는 지역환경과 천연자원을 더 잘 보호할 수 있다. 그러나 환경보호, 공공보건과 같이 지역경계를 넘어서는 문제가 필요한 경우는 지역, 국가, 글로벌 수준에서 적절하게 해결되도록 광범위한 거버넌스를 이끌어 내는데 연관지어 관련

정책들 사이의 융화를 유지하는 데 도움이 된다.

로컬리티는 단순한 문제보다 복잡한 연관정책의 문제를 종합적으로 해결하기 위해 지역은 물론 국가, 글로벌 단위의 의사결정과 혼합된 연관정책에 도움이 절실할 경우에 더 효과적일 수 있다. 이러한 철학을 기반으로 지역사회의 사회적 구조를 강화하고, 문화유산을 보존하며, 환경에 영향을 미치는 정책결정에서 목소리를 높이도록 자연스럽게 전개한다.

주요 문제에 실효성 발휘

로컬리티 전략에 대해서는 지역이 지속발전 가능한 기회를 연속적으로 갖도록 한다는 점에서 관심을 갖게 된다. 또한 탈중앙화를 위한 로컬리티 프로젝트를 개발하고 연관정책으로 확산시켜야 효율적인 성과를 거둘 수 있다.

'연속적인 로컬리티'(successive locality)는 다양한 수준에서 분산된 지역정책 결정과 거버넌스를 촉진하는 개념이다. 연속적인 로컬리티 특성에 알맞도록 프로젝트가 지역사회에 다양하게 권한을 부여하고 지속발전 가능성을 촉진하는 데 중점을 두어야 한다.

어떤 분야에서 어떤 실리적인 효과를 거둘 수 있을까? 로컬리티 관련 지역 경제정책은 지역의 활력을 보장하는 기본이자 지속발전을 담보하는 장치라고 본다. 이를 위해 다음 몇 가지 정책들을 채택하여 지역활력을 생산해 낸다. 4차산업혁명기술을 활용한 지역화폐 시스템을 개발 활용하여 지역경제를 활성화하고, 주민들이 지역사업을 지원하도록 장려한다. 지역사회 생활에 필요한 식품, 에너지, 주택과 같은 필수 서비스를 위한 협동조합을 설립하여 지역사회 통제와 공평한 접근을 보장한다. 이와 비슷한 관점에서 커뮤니티 가든(community gardens)을 만들어 운영하는데, 주민들이 공동정원에서 자신의 식량을 재배하여 자급자족을 촉진하고 중앙집중식 식량시스템에 대한 의존도를 줄이는 데 기여한다. 아울러 로컬 푸드 네트워크(local food networks)로 농부, 생산자, 소비자를 연결하도록 지원하여 푸드 마일리지를 줄이고 현지에서 생산된 신선한 제품을 홍보한다.

지역사회문화 측면에서는 보다 중장기적 관점에서 다양한 프로젝트를 추진한다. 기본적으로 공동인식, 공동시동, 공동창발을 일으키는 데 도움이 되는 지역사회 교육프로그램을 운영한다. 이를 바탕으로 직업훈련과 기술구축 프로그램을 포함하여 지역사회의 고유한 요구와 관심을 충족시키는 지역 교육계획을 장려한다. 또한 지역사회 의사결정 플랫폼을 개발 운용한다. 이를 바탕으로 주민들이 쉽게 의사결정 과정에 참여하고 지역문제의 우선순위를 정할 수 있도록 다양하게 디지털 플랫폼으로 운용한다. 또한 지역의 문화이니셔티브를 활용하여 지역사회의 정체성을 강화하고 창의적인 표현의 기회를 제공하기 위해 지역문화 프로그램을 지원한다.

지역사회 자연환경문제는 지속발전에 중요하므로 최근에 다양하게 관심을 쏟고 있다. 우선 환경보전 프로젝트를 기본적으로 추진하게 되는데 자연 서식지 보존, 지역 수로, 생물 다양성 증진 등 지역보전 노력에 참여하는 방식으로 전개한다. 아울러 지속가능한 농업이 뒷받침하면서 지역의 식량 생산을 우선시하고 환경에 미치는 영향을 줄이는 재생적이고 지속가능한 농업 관행을 장려한다. 아울러 지역사회 수준에서 태양광, 풍력, 수력 같은 재생가능한 에너지를 생산하는 프로젝트를 개발하여 화석연료 및 중앙집중식 전력망에 대한 의존도를 줄인다. 좀 더 큰 틀에서는 지역사회 회복력계획을 마련하여 지역사회가 긴급상황에 효과적으로 대응할 수 있도록 역량을 강화하는 재해 대비 및 회복력 계획을 개발하기도 한다.

지역거주자들이 실생활에서 더욱 안락하고 안전한 삶을 누리도록 생활문화를 바꾸는 프로젝트들도 중요하다. 기본적으로 주민의 이동편의를 위한 대중교통 네트워크와 시스템을 개선 확장하여, 개인차량 사용을 줄이고 환경에 미치는 영향을 최소화하도록 한다. 지역의료 프로그램을 지역사회의 특정 요구에 맞는 의료 시설 및 서비스로 구축하고 개선한다. 아울러 저렴한 주택 이니셔티브를 바탕으로 지역사회 구성원을 위한 저렴하고 공평한 주택 옵션을 보장하도록 한다. 실생활에서 배출되는 폐기물 감소와 재활용 프로그램을 마련하여 기본적으로 매립 폐기물을 줄이고, 지역사회 전체의 폐기물 감소, 재활용, 퇴비화 계획을 시행한다.

이러한 로컬리티 관점에 집중한 프로젝트는 지속가능성과 지역 의사결정을 촉진하는 동시에 지역사회 자급자족을 촉진하며 삶의 질을 향상하는 것을 목표로 한다. 다만 이러한 다양한 사업을 추진하는 과정에서 다른 프로젝트와 충돌할 가능성이 높으므로 각 커뮤니티의 고유한 요구사항 및 목표에 부합하도록 신중하게 추진해야 한다.

3. 기획과 리더십

문화발전기획

그동안 지역에서 수립해 오던 지역문화발전 기획은 지역경쟁력 제고에 중점을 두었다. 지역끼리 경쟁하면서, 거주자나 관광객의 소비 증가, 지역이미지 향상, 주민 삶의 질 향상을 위해서 문화활동 전반을 기획해 왔다. 또한 자원이나 콘텐츠를 바탕으로 수익 창출, 경쟁 우위 확보, 민간과 대중 참여 이끌어내기, 기업 후원, 대형 이벤트, 지역특산품 판매를 노리며 문화에 접목하는 방식에 초점을 두고 전략적인 기획을 했다.

과거 지자체들이 만드는 중장기 발전계획은 지역여건이나 소비수요를 고려하지도 않은 채 인프라 건설에 집중했다. 이 과정에서 물량적 확장과 관광객 유치라는 경제적 목표에 중점을 두었다. 그러다보니 지역사회 성장과 지역사회문화 사이에 갈등이 불가피했다. 지역이미지 선점과 구축 욕심때문에 새롭게 접근하며 선보였던 주력 프로젝트에 특혜를 주었는데, 그 인프라들은 오히려 지역재정에 부담이 되기도 했다.

기존의 지역기획은 일종의 기업마인드, 경영마인드를 기반으로 하는 경제목적에 맞춰 행동하는 시장중점적인 접근이었다. 지자체는 민간투자를 끌어들이려 애쓰고, 사업하기 좋은 이미지를 주기위해 지역인프라와 이벤트를 강조한다. 각종 혜택과 규제완화의 인센티브를 주면서 매력적인 비즈니스 환경을 만든다. 또한 관광, 문화, 정보기술 같은 새롭게 성장하는 산업지원을 다른 지자체

보다 경쟁적으로 도입하여 비교우위를 노렸다.

이러한 기존의 기획방식 전략은 나름대로 장단점을 지닌다. 일단, 지역경제 발전 잠재력을 이끌어 내고 지역을 경제활동, 방문객을 우선 고려하며 엔터테인먼트, 이벤트, 문화시설 건설도 주민 의견 보다 수익 창출을 고려했다. 다행히 문화정책 환경과 문화전략 시행에서 문화예술, 문화프로그램을 추진하는 전략적 믹스를 추구했다.

지역 레벨에 따라 차이가 있어, 대도시 지역은 홍보활동, 개별 이벤트, 시설에 대한 강조를 고려하기 때문에 경쟁적 전략을 선호했고, 대형기획 개발의 하나로 문화시설을 건립하고 지원해 왔다. 중소도시에서는 이런 기획의도를 갖기조차 부담스러웠다.

지역경쟁력 개념에 몰두하던 지역문화개발 기획과 활동조차 지역경제 개발의 중요한 요소로 인식했다. 그 결과, 브랜딩전략이나 지역에 관광객을 유치하기 위해 경쟁성을 강조하며 접근했다. 물론 문화활동이 삶의 질을 상승시키는 동시에 경제개발을 촉진시킨다고 생각하여 사회적·교육적 목표를 포기하지는 않았다. 또한 살기 좋은 지역을 만들기 위하여 경제와 사회문화가 공생 공진화를 이루며 활기를 북돋우는 데도 기여했다.

지역경쟁력 관점의 지역문화계획은?

그간 지역문화 기획은 지역개발을 위해 프로그램이나 활동을 확산시키는 데 주안점을 두었다. 이런 정책을 디자인하는 과정에서 문화활동의 경제발전 기여, 사회문화·경제 목표달성을 위한 자원배분에 영향을 미치도록 해왔다. 이때 문화활동은 지역산업과 관광을 활성화하는 촉매제로 작용했다. 또한 지역발전계획에서는 문화개발전략 자체가 중시되기 보다는 다른 정책과 엮어 가면서 추진했다.

> 이러한 경쟁력 기반의 문화기획은 몇 가지를 소홀히 다룬다. 지역은 기획 자체를 중요하게 인식했었지만 어느 선까지 경제개발의 메커니즘이 될 것 인지를 놓쳤다. 아울러, 지자체가 어떤 문화정책 철학을 공유하며, 활동과 프로그램을 지원할지, 예상하는 목적과 혜택은 무엇인지를 소홀히 했다. 나아가, 문화전략을 추구하는 데 지역이 경제 사회, 교육적 목표와 어떻게 균형을 맞출 수 있을 지가 애매했었다.

이러한 목표를 이루기 위해 주도한 것은 여전히 공공기관이었고 민간과는 다양하게 전략적으로 협력했다. 지자체들은 지역경제를 맨 앞에 내세워 사회, 문화, 교육, 공공서비스를 묶어서 추진했다. 지자체끼리 경쟁하는 것은 물론, 지자체 안의 문화단체들끼리도 서로 경쟁했다. 문화관광 재단, 문화활동 단체들이 독립된 공공·준공기관이나 위원회 형태로 사업개 발과 집행에 참여했다.

기존 전략을 넘어서

4차산업혁명기술이 혁명이라며 확산 도입되고, 코로나19팬데믹 때문에 문화활동이 심정지상태에 이르게 되었을 때 지역들은 황망했었다. 그동안 열심히 추진했던 프로젝트가 주로 '방문객'들을 위해 구축되었는데, '이동 제로' 상태에서는 부담만 가중시켰기 때문이다. 문화 편의시설은 관광소득을 창출할 목적이었지만, 대중 유입을 기대하기 어려웠다. 지역의 이미지는 정체되었고 지역 내 아티스트에겐 일거리가 사라졌다. 이제 지난 날에 호기롭게 펼쳤던 문화활동과 기획은 새로운 접근을 전제로 추진해야 할 전환기 상황에 이르렀다.

아직도 많은 지역들이 '기업가적 목적'을 가지고 문화기획이나 문화활동을 지속적으로 지원하고 있다. 이제는 이런 점을 벗어나 보다 창발적이고 전략적인 문화발전과 기획을 만들어야 한다. 전환기를 맞아 지역마다 문화개발 프로젝트의 '연쇄적 생성'을 꿈꾸며 '사회문화기술' 때문에 생기는 새로운 경쟁과 긴장을 잘 해결할 수 있을까? 전략목표, 추구하는 문화프로젝트의 종류, 지역 로컬리티, 대상 문화소비자를 어떻게 전략적으로 구축할 것인가?

그간 지역의 사회문화발전 기획은 한마디로 로컬리티 특성에 대한 고려 없이 접근하는 방식이었다. 그런데 전환기를 지나고 있는 지금, 지역문화발전 기획의 시각, 동기, 목적을 새롭게 모색해야 한다. 다음 <표 3-1>에서 보듯이 기존의 기획전략을 넘어서서 전환기적 전략 믹스나 통합적 전략으로 목적, 사업, 중점지역, 서비스 대상에 접근해야 한다.

〈표 3-1〉 문화발전기획의 전략적 접근

	목적	주요 사업들	중점 지역	서비스의 대상
기존의 기획전략	관광, 지역이미지 기반의 경제성장 민간부문 투자 활성화	주력 문화사업 지역활력 이벤트 이미지 홍보	핵심 지역공간 이미지 좋은 지역	관광객, 지역활동의 참가자 소비여력이 있는 거주자
전환기 생명공동체 기획전략	삶의 질, 편의시설 기반의 구축 창조적 경제활동의 기반 지역인구 보전	엔터테인먼트 시설, 거리 공공과 민간부문 합작 문화공유 정책믹스	집적된 중심지 역사유산지역	실제 거주자, 이동 인구 젊은 전문활동가, 지식활동 인력
미래지속발전 기획전략	지역의 사회문화 발전 로컬리티 기반 문화예술 발전	지역 문화예술 기관단체 예술활동 참여 사회문화교육	문화소외, 저소득층 지역 고품질 서비스 추가 필요 지역	서비스가 부족한 지역의 주민

로컬리티 기획

전환기를 넘어 미래지향적인 문화기획을 마련하면서 기본적으로 지역사회 문화개발 기획에 로컬리티적 접근을 먼저 고심해야 한다. 이때 무엇을 기획할 것인가 하는 기획의 내용은 로컬리티 관점에서는 지역사회를 개성있게 꾸미는 데 둘 것이다. 문화적 자기정체성을 표현하고, 내부소통을 늘려가는 이화수정(cross-fertilisation)을 하는 방식의 기획이다. 지역 정서와 감성을 바탕으로 도로, 조경, 도시설계, 기후 등에 관련하여 창발적으로 관련요소를 새롭게 묶는 미래 사회디자인을 해야 한다.

이때 지자체의 공공 역할이 일정 부분 필요하다. 공공은 이념적으로 활성자(facilitator) 역할을 하면서 민간과의 사이에서 촉매 또는 주도, 교섭과 옹호, 선봉 역할에서 기획을 주도해야 한다. 특히 공공 문화서비스 조정자 또는 사업관리자(PM)로서의 위상을 갖게 된다. 그리고 실제 기획된 사업에 대하여 에이전시나 네트워커로서 책임을 갖고 있기 때문에 이런 역할은 중요하다.

기획을 펼치는 과정은 일반적으로 현황 체크 – 미래 소셜디자인 – 전략과 실행계획 – 마무리 단계를 거치며 추진된다. 우선 현황 체크는 지역의 문화자원을 양적 질적으로 평가한다. 양적으로는 현지 조사와 탐구, 인구 및 문화자산 개요를 작성한다. 질적 문화자원 평가에서는 문화지도 제작 워크숍 및 작업을 수행한다. 미래 소셜디자인은 현실을 파악하는 SWOT분석, 미래 비전 워크숍, 그리고 비전을 목적과 목표로 전환하는 작업을 관련단체들과 함께 하게 된다. 전략과 실행계획에서는 먼저 전략을 설계하는 데 전략대안 대상의 브레인스토밍, 평가 및 선택, 전략안으로 정리, 타 전략과 통합하는 작업을 추진한다. 그리고 실행계획 단계에서는 담당자, 내용, 일정 등을 결정하고 소요예산을 편성한다. 끝으로 마무리 단계에서는 진행상황 체크, 검토, 결과보고서 작성, 보고서 발행의 순서로 진행하게 된다. 지역에서 흔히 마련하는 중기계획은 이러한 절차에 충실해야 한다.

지역이 미래 지속발전을 가능하게 하는 데는 이러한 일반적인 기획을 넘어 전환기 극복에 근접하는 창발적인 접근이 필요하다. 창발적 문화개발계획에서 '창발'이란 연계된 개체가 상호작용을 일으킨 결과, 개별적 가치의 단순한 총합을 넘어 네트워크로서의 가치를 생겨나게 하는 현상을 갖는 사회로 나아가는 것을 말한다. 이러한 발전계획은 특히 전환기를 맞거나 복잡한 사회환경에서 더욱 중요하다. 지역사회 여러 부분들을 모두 합친 것 이상의 결과를 가져오는 창발이 생겨날 수 있는 환경 조성을 사회문화 기획에 담아야 한다.

기획에서는 창발성을 가장 중요하게 생각해야 한다. 창발적 기획을 하는 과정에서 특히 몇 가지 주의할 점이 있다. 이때 점검사항은 무엇보다 기획의 동기를 정확히 파악하고 그에 맞춰야 한다는 것이다. 그리고 기획방향을 선명하게 하는 타이틀, 전제조건 확인을 잘 해야 한다. 그리고 현상분석으로 현실문제를 제대로 파악하여 바람직한 모습을 그려내야 한다. 이어서 목적달성 방법을 구상하고, 보다 구체적인 수치나 문장으로 목표를 설정한다. 창발적인 기획에 주목할 구체적인 개별 사항을 명확히 확정하도록 해야 한다.

이렇게 하기 위해서는 양적 성장 위주의 물량적 지표에 의존하던 지역발전기획에서 쓰던 발상을 새롭게 전환해야 한다.

기획력에 대한 발상 전환에서 발상력이란 <표 3-2>에서 보듯이 착상, 아이디어 생산을 새롭게 한다는 뜻이다. 이때 우선 조립과 전체 틀에 관련된 구상력, 쓰기와 전달에 관련된 표현력에 역점을 둬야 한다. 또한 기초지식으로 틀을 짜고 편집할 때 테마자료 수집, 취재, 메모, 데이터 정리, 전체 구성에서 기존의 방식과는 달라야 한다. 이를 위하여 정보를 수집하는 발상도 지능정보사회 수준에 걸맞게 중요 정보소재, 내용, 전문가와 실행자를 투입해서 적절히 활용해야 한다.

〈표 3-2〉 창발적인 기획 접근

기존의 접근방식	창발적인 접근방식
혁신적 창의성	적응적 창의성
자생적 창조	생육된 창조
창조적 분열	창조적 융합
선형적 논리	융합적 논리
단일기능적 창조성	다기능적 창조성

이렇게 하여 기획서에는 기본적으로 기획 배경, 기획 명칭, 기획 전제(전제조건, 제약조건), 현상 분석(실태, 실태조사, 조사결과, 분석), 바람직한 모습이 앞부분에서 잘 드러나야 한다. 그리고 기획 목적과 목표, 기획 내용, 기획 전체구성(기획전체상, 구조, 틀, 스토리), 상세 기획(개별기획, 부분 상세기획, 패키지기획)들이 한눈에 보이고 기억하기 쉽게 만들어야 한다.

실제로 기획과정에서 창발성을 발휘하는 전략은 존재하는가? 이러한 전략으로 우선 고려할 점은 정책형성, 사업개발 과정에서 변형을 이끌어내고 창발적 접근을 해야 한다는 것이다. 이를 위해서는 사회문제의 집단적 인지와 견해가 다른 집단을 가담시켜 사회적 이슈를 도출해내야 한다. 그리고 이 이슈를 공공의제(public agenda)로 만들어, 활동주체들이 '이슈기업가적 행동'으로 나아가면서 동시에 혁신적인 정책을 형성한다.

또한, 포괄적 사업을 개발할 때 창발성을 발휘하는 방식을 도입해야 한다. 우선 목표를 설정할 때 사회적 욕구의 우선순위 결정(사회적 최적성의 선택), 목표의 명확화, 집단의견 반영, 참여와 토론을 거치면서 창발적인 사업을 도출해 낸다.

자원을 배분할 때도 분석방법, 전문지식, 세련된 방법으로 창발성을 발현해야 한다. 효과성 평가에서는 사업집행 상황을 지속 평가하고, 타당성 평가로 창의적인 혁신을 기해야 한다. 이러한 점들을 고려해서 새로운 사업을 개발할 때 창발적인 접근모형을 만들어 바꿔야 한다.

지속적 리더십

지금 사회 모든 분야에서 전환기적 특성과 마주하고 있다. 4차산업혁명기술과 코로나팬데믹의 영향으로 온라인 활동이 증가하여 지역의 커뮤니티에서 일어나는 많은 사회문화활동이 온라인 중심으로 전환되고 있다. 이로써 물리적 제약을 넘어 많은 사람들이 편리하도록 양질의 사회서비스를 제공해야 할 새로운 과제가 대두되었다. 로컬리티가 기본적으로 지속가능성을 중시하지만 지역특산품과 지역내 생산소비, 재생에너지 폐기물 재생같은 환경 기반의 지속가능성은 새롭게 대두되는 과제다. 기술의 발달과 활용, 정보화 수준, 투자와 소득의 격차 같은 다면적 격차도 과도기에 새롭게 등장하면서 지역사회 과제로 고착화될 우려도 있다. 이러한 환경 변화로 많은 지역주민들의 관심이나 사회적 수요가 자연스럽게 변하고 있어 앞으로 로컬리티에 기반한 정책의 중점과제로 자리할 것으로 생각한다.

이런 점은 지속발전에 영향을 미치고 있으며, 로컬리티 관점의 접근을 위한 리더십이 중요한 이유이기도 하다. 이런 점에서 보면 지역사회에서 로컬리티 관련정책을 지속적으로 추진하기 위해서는 연속적인 리더십으로 공동체를 강화해야 한다. 로컬리티를 위한 공동체 리더십은 또한 로컬리티를 육성하는 데 중요하다. 지역의 리더들은 이러한 가치에 중점을 두고 리더십을 발휘해야 한다.

여기에서 우선 주목할 점을 몇 가지 간추려 보면 다음과 같다. 기본적으로는 주민역량을 강화하여 지역사회 구성원이 적극 참여하도록 이끌어 가야 한다. 이러한 시민참여를 촉진하기 위해 이벤트, 포럼, 이니셔티브를 조직한다.

리더십의 방향은 지역 요구사항을 지역정부, 기타 조직에 대하여 지역이익을 대변하는 입장이다. 이를 위해 지역내 관련주체들의 협업을 촉진하는 데 리더십을 발휘해야 한다. 특히 지역기업, 비영리단체, 정부기관과 파트너십을 구축하여 지역사회 문제를 해결하는 데 동참하여 거버넌스를 구축하고 공진화하도록 활용한다.

또한 유의해야 할 점은 이런 리더십이 당연히 지속 가능성을 지원하도록 유지해야 한다는 점이다. 지역 수준에서 환경, 경제적 지속 가능성을 촉진하는 이니셔티브를 주도하고, 주민들이 지역내 자원, 서비스, 기회에 지속적으로 접근할 수 있도록 도와주는 방향으로 추진해야 한다.

결국 효과적인 지역사회 리더십은 결정과 행동이 지역사회의 가치와 우선순위에 부합하도록 함으로써 로컬리티를 더욱 강화할 수 있다. 로컬리티는 단기간에 형성되고 소멸되는 것이 아니다. 지역사회문화 모든 부분에 로컬리티가 함께 하도록 지속적 리더십을 바탕으로 로컬리티를 위한 공동체 리더십을 이어가야 한다.

3장 로컬리티 정책과 기획

2편 지역동력과 활력

4장 문화자원의 가치증진

5장 활력견인 인력과 네트워크

6장 지식공동체 학습활동

04장 | 문화자원의 가치증진

1. 자원의 지역가치 자산화

발굴과 활용

지역은 고령화, 낮은 출산율, 낮은 성장, 환경 파괴 같은 문제들 때문에 무기력해져 있다. 더구나 전환기를 맞아 재정이 부족하고 활력이 떨어져 미래조차 불안한 상황이다. 이 문제들은 복잡하게 얽혀있어 지자체의 힘만으로는 해결하기 어렵게 되어있다. 이런 상황에서 우선 지역 활성화를 불러일으킬 새로운 동력을 찾아내는 것이 시급하다. 지역에 전해 내려오는 자원을 발굴하여 자산으로 활용하고, 경제를 활성화하여 일자리를 만들어 지역사회 전체에 활기가 넘치게 해야 한다.

여기에서 자원이란 해당 지역주민들의 삶 속에서 존재하는 유형·무형의 모든 것들이다. 지역에서 생활하는 사람들의 삶에 다양하게 얽혀서 영향을 미치며 축적되어 온 문화다.

어떠한 문화자원을 발굴하고 어떻게 활용할까? 문화자원을 활용한다는 것은 쉽게 말해서 이용, 전용(轉用), 활용, 재생과 같은 여러 방식으로 새롭게 만들어 가는 것을 가리킨다.[17] 이렇듯이 다

---

17) 이용이라고 하는 것은 단순히 시설을 사용하는 것을 말하며, 적극적인가 소극적인가는 묻지 않는다. 전용이라는 것은 당초와 다른 용도, 기능으로 전환하는 것을 말한다. 활용이라는 것은 자원을 보다 적극적으로 이용하는 것으로서, 전용 비전용에 관계가 없다. 재생이라고 하는 것은 전용과 활용 등에 의해서 자원을 계속 새롭게 만들어 가는 것을 말한다.

양한 방법으로 기존의 지역문화자원을 활용해서 그 의미와 가치를 발견하고 키워가며 연장시켜 나간다. 다시 말하면, 지역 사회문화자원의 고유가치를 지키고, 로컬리티와 관련된 활동들을 펼치면서 로컬리티 가치를 증진시키고, 그 영향을 확대시킨다.

그런데 최근에는 지역경영에서 지속가능 발전목표(SDGs)에 기반을 둔 활용방식에 관심을 갖는다. 이는 기존의 경제성장 중심의 선형적인 발전에서 벗어나, 지역자원을 여러 단계에서 효율적으로 활용하면서 로컬리티와 부가가치를 극대화하는 전략이다. 지역사회의 문제들을 '순환형 경제'로 변환시키면서 지역문제로부터 환경문제에까지 포괄적으로 개선하는 접근이다. 최근 들어 미래지향적인 지속발전 생태계를 조성하는 데 기여하는 방식이라고 인식하며 선호하고 있다.

문화자원은 어떤 형태로 존재하는가? 문화자원은 지역에 전해 내려온 문화를 현대적인 문화예술로 표현하면서 이어간다. 그러므로 지역의 문화자원은 로컬리티를 나타내는 직간접적인 요소로 간주된다. 그리고 이들을 지역의 로컬리티활동이나 커뮤니티 활동에 활용한다.

지역의 전통문화는 로컬리티와 정체성에 크게 영향을 미치므로 사회문화적인 활용범위가 넓다. 여기에 포함되는 대상은 주로 유형문화재, 무형문화재, 역사적으로 유명한 건물, 사적, 천연기념물들이다. 그 밖에도, 근대 문화유산, 오래된 다리, 고분, 성터, 당산, 가옥, 절, 근대화 시기의 공공건물이나 시설, 학교건물, 교통시설, 산업시설, 알려진 유적, 발굴 중인 유적들이 모두 훌륭한 자원이다. 그밖에도 최근에는 인간의 어리석은 행동을 다시는 반복하지 말자고 기억하며 보존하는 '네거티브 유산'도 자원으로 보고 교육에 활용한다(이흥재, 2007).

문화유적지는 지역에 보편화된 자원인데 관광 소재(素材), 지역이미지 형성에 활용한다. 이를 유적고분, 옛 창고건물, 역사의 길, 전통산업공장을 보존하며 지역 브랜드로 만든다. 최근 과학기술 발달로 소멸 위기에 놓여 있는 근대과학, 산업유산 자원도 어떤 형태로든 문화유산으로 분류한다.

최근에 다시 관심을 받는 공예품은 전통적 기법, 기술과 지역의 원재료를 사용하면서 재생산되고 있다. 주로 면, 목기, 섬유공예, 칠기공예, 도자기공예, 석공예, 보석공예, 금속공예, 초자공예(硝子工藝:유리세공품, 구슬백, 인조진주), 초경공예(草莖工藝:옥수수피, 갈대, 갈포), 피혁공예, 지공예, 죽세공품, 화문석을 사용한다. 전통공예와 공예산업은 예술적 측면뿐 아니라, 직업적 측면에 활용이 가능하므로 로컬리티에 중요하다. 그리고 주로 전통 칼 생산, 도자기, 칠기공예, 한지, 세라믹 아트, 옻칠산업, 목공예, 명주베짜기 등 제작기술도 활용한다.

문화행사로서 향토축제, 예술제, 체육대회, 학술행사, 마을굿, 절기 때 하는 전통의식 행사, 역사적인 사건들이 중요하게 이어져 내려오고 있다. 그 밖에도 머드축제, 고인돌축제, 실경공연축제, 미술전과 비엔날레, 사진전, 조각예술제, 책 마을 만들기, 만화축제를 펼치고 있다.

지역의 문화예술시설 또한 중요한 자원인데, 박물관, 미술관, 기념관, 공연장, 자연사박물관, 짚풀박물관, 화전민가옥박물관, 과학박물관, 철도박물관이 해당된다. 이들은 뮤지컬공연장, 미술관,

사진전시관, 시문학관, 아동문학관, 시비(詩碑)공원, 기행문학관으로 활용된다.

생활문화 가운데 향토성 짙은 음료와 음식, 지역특성이 강한 섬유, 종이, 의복, 목기, 지역의 특유한 관혼상제 의식, 민속놀이, 다도(茶道), 무예, 격투기, 꽃꽂이 같은 것도 훌륭한 자원으로 활용한다. 그밖에 문화재, 언어, 지명, 전래되는 옛날이야기, 손으로 만든 작품, 어린이놀이도 모두 훌륭한 자원이다. 이를 활용하여 농악, 당산제, 풍어제, 풍년제, 기우제, 강강술래, 차전놀이, 줄다리기, 단오제를 펼치고 있다.

지역의 정체성에 영향을 미치는 인물로서 지역연고 영웅, 설화 인물, 전설 속의 인물, 근현대 예술인, 저명인의 생가나 고택도 자원으로 활용한다. 인물을 자원으로 활용하는 사례는 충무공, 홍길동, 흥부, 춘향, 논개, 이효석, 박경리 소설 속 무대처럼 다양하다.

지역에서 생겨난 사상도 중요한 자원인데 예를 들면, 종교, 전설과 설화, 민담, 민간신앙, 고대소설의 배경이 있다. 이를 바탕으로 민화의 마을만들기, 설화의 고향, 동화제, 유명인 기념관, 향토관으로 활용한다.

지역 농수산물과 관광자원으로 지역 특유의 농수산물, 꽃, 해산물, 지역 특산동물이 해당된다. 이를 활용하여 꽃과 정원박람회, 바다게 캐릭터로 쓴다. 또는 개도 상품으로 활용되는데 진도·임실(오수개)·에든버러·도쿄 시부야가 축제나 명소로 유명하다.

로컬리티 자산화

지역사회에서는 로컬리티에 기반해서 활력은 물론 미래동력으로 지역문화자원을 활용하려고 한다. 로컬리티 자산으로 갖는 문화자원의 기대가치는 매우 폭넓다.

지역에서 가장 크게 기대하는 것은 사회경제적으로 영향을 미쳐 지역사회의 역량과 경쟁력을 키워 나가기 위해 이를 활용하는 데 있다. 이를 기반으로 기술을 재교육하고, 노동자의 창의성과 기업가정신을 교육 학습시키려고 한다. 아울러 새로운 아이디어와 사고를 갖춰 전통산업 부분에서 적절히 활용하게 한다. 또한 지역의 사회문화에 대해서 긍정적인 영향을 미칠 것으로 기대한다. 그리하여 지역이 당면하고 있는 노동력 감축이나 환경 악화에 대응하고, 지역사회의 도덕가치를 높이며, 자유롭게 시장에 신규 진입하기를 기대한다.

아울러 침체된 지역의 활동을 벗어나 자원을 기반으로 신규 지역수요가 창출될 것으로 기대한다. 예를 들면 지역정보나 물리적 제약을 극복하고 새로운 비즈니스 기회를 연결하려고 한다. 공급 측면에서는 자원을 활용한 혁신적 제품이나 서비스 창출을 기대한다. 수요 측면에서는 산업에 파괴적인 혁신을 통해 새로운 가치를 창출하며, 서비스사업 수요가 생기거나, 서비스 발달에 따른 구체적 사업을 기대한다. 특히 최근의 전반적인 대량생산 사회에서 이뤄지는 획일적 서비스가 아닌 개별수요 맞춤생산 서비스에 대한 기대가 크다. 예를 들면, 개별화 의료, 맞춤 옷, 개별 이해맞춤 전통예능 교육들이다.

사회교육적인 효과에 대한 기대도 크다. 이는 주로 기존산업에 최신기술을 접목시킬 때 AI를 활용하는 방식과 관련이 된다. 또한, 숙련도나 필요에 맞춰서 학습교육 콘텐츠를 제공하는 어댑티브 러닝, 무대교육, 연습활동에도 맞춰 적용하는 교육에 도움이 된다. 학교예술교육, 사회문화교육, 온라인을 활용하는 글로벌 교육도 가능하므로, 이를 바탕으로 새로운 진출 기회를 찾는 데 활용할 수 있다.

지역자원을 활용하여 미래의 인력을 끌어들일 것으로 기대한다. 특히 일거리를 찾아야 하는 젊은 현지 인재를 활용하는 것이 부가가치를 높이는 데 도움이되며, 이로써 커뮤니티가 활성화될 가능성도 기대할 수 있다. 특히 해당지역 밖의 인재를 유입하고 고용하게 되면 지역의 새로운 매력요소가 될 수 있다. 다른 지역의 새로운 관점이나 사고방식을 받아들여 지속발전 활력의 창출을 끌어낼 수도 있다.

지역의 자원에 새로운 유통기술을 활용하여 특산품을 생산할 수도 있다. 또한 지명도가 낮은 지역특산품을 적극적으로 홍보하면서 지역브랜드로 만들거나, 현지기업끼리 연계하여 신규사업을 창출하고 지역기업 활력을 높이는 데 연결된다.

문화자원을 관광자원으로 활용하여 관광객을 유치하며 경제 활성화를 기대할 수 있어 대부분의 지역들이 적극 나선다. 관광객 유치를 위해 교통이나 환경을 정비하고, 자연환경이나 문화유산을 보전하는 과정에서 지역주민에게 새로운 서비스의 질을 높이는 부수효과도 기대할 수 있다.

로컬리티 자원 관리

로컬리티 자원으로 다양하게 활용하고 신기술 접목, 소비대상 확대, 유통 현대화로 자산화를 시도하면서 로컬리티 자원의 관리에 힘써야 한다. 특히, 아카이브와 정보화 구축이 선행되어야 한다. 지역자원의 활용을 위해서는 우선 중요한 자원을 찾아 보존하며 자산으로 관리해야 한다. 이를 위해서는 먼저 아카이브를 구축하고, 각종 방법으로 데이터베이스화하여 서비스하고 활용한다.

그렇다면 무엇을 어떤 내용과 방식으로 관리해야 할까? 전통문화와 문화유산은 로컬리티에 가장 기본적인 자원이므로 아카이브 구축에 신경써야 한다. 유산의 역사적 장소, 이름(과거명칭, 별칭 포함), 보호계획, 소유권, 자산의 성격(유적, 건물), 보존 상태와 외양을 명확하게 기록해 관리해야 한다.[18] 동산유산이나 물질문화는 주로 박물관 미술관의 소장품들이다. 이들은 소재지, 대상물 내용, 주위 환경, 소유권, 유래를 상세히 기록해두어야 한다.

문화사업은 주로 각종 문화예술활동과 관련된 통계지표로 관리할 수 있는데, 이는 프로그램, 지역경제 효과를 파악해야 한다. 공공 문화시설은 특수시설(화랑, 박물관, 도서관, 극장), 다목적 시설(공연장, 문예회관, 실외스튜디오), 야외시설로 구분하여 기록한다. 여기에서는 관리상태, 이용빈도, 이용목적을 기록해두어야 한다.

문화활동 조직에 대해서도 각 조직의 이름, 법인격, 접촉관계 세부내역(contact details), 조직목적, 구성원, 예산내역을 상세히 기록해야 한다. 지역의 종교단체는 지역사회 생활, 문화적 정체성, 사회적 가치관의 개발과 형성 역할에 매우 중요한 자료이다. 이들은 지역문화 비전이나 개발과도 밀접하게 관련되어 있다. 이에 대

---

18) 다른 문화자원에 비해서 지역의 문화유산은 제한된 자금, 법적 규제, 문화자원에 대한 가치인식 변화때문에 상대적으로 더 외면 받는 경향이 있다. 그러나 지속발전 목표에 비춰보면 문화유산은 소홀히 할 수 없다. 따라서 지자체보다 시민사회가 적극 참여하여 관리에 나서고, 유산관리에 필요한 기술, 사회경제적 생존 가능성, 정책적 영향력을 크게 키워야한다. 그리하여 전문교육으로 보존기술 역량을 구축하고, 보호관행을 공유하며, 관련기관들이 함께 문화유산 당국과 연결하는 실천커뮤니티를 만들어 보전활동을 강화해야 한다.

해서 문화활동 관련사항은 자료화해야 한다.

　　　주민이나 기획자 대상의 교육훈련도 교육프로그램 개발과 성장전략 구성에 중요하므로, 개발 희망사항, 현황, 수요, 교육훈련, 기술개발프로그램을 구성하는 항목을 조사해야 한다. 예를 들면, 교육의 명칭, 종류, 접촉관계 세부내역, 제공 수업유형, 문화수업 영역, 커리큘럼을 기록해야 한다.

　　　문화 및 환경관련 관광은 자연경관, 생활방식이 중요하다. 이들은 대상, 사업 이름, 접촉관계 세부내용, 사업 운영형태와 관심 영역, 활동 법인단체 세부명세, 자료 정보, 사업운영 사항을 데이터로 보관해 사업기획에 활용할 수 있도록 파악해야 한다.

　　　지역 축제나 페스티벌은 지역활력을 키우기 위해 예술가 작품 판매, 재능 활용, 문화유산확인 전시기회에 중요하다. 이들은 행사 이름과 장소, 접촉관계 세부 내역, 경영진, 법인 내용, 위치, 현장, 일정, 목적, 정체성, 타 행사 비교 가능 특수정보, 구성원, 참가자수, 매출액을 정보화해야 한다.

　　　근대유산 부문에는 근대 과학, 산업유산이 있는데 신기술 발달로 사라질 위기에 있어서 새로운 기준으로 문화유산으로 분류해야 한다. 예를 들어 영상 음반문화재에 해당되는 사진, 영화필름, 음반, 녹음테이프를 소홀히 다루지 않아야 한다. 이는 지역후계자 육성, 관련사업, 원재료 대책, 수요 개척, 품질 표시에 중요하게 활용된다. 여가장소(음식, 휴식)도 최근 중요한 자원으로 언급되는데 레스토랑, 음식점, 휴식공간의 이름, 장소, 유형, 질적 수준 자체평가, 좌석, 특성을 잘 파악해야 한다.

　　　그런데 로컬리티 관점으로 문화자원을 관리할 때 특별히 몇 가지 점에 주의해야 한다. 우선 지역문화와 역사를 존중할 줄 아는 기본마인드를 갖춰야 한다. 지역사회의 문화와 전통의 배경을 충분히 이해하고 존중하며, 부적절한 표현과 무한긍정적인 자랑을 이어가면 안 된다. 다른 지역에서 흔히 볼 수 있는 전형적인 방식을 베껴 쓰는 것은 피해야 한다. 또한 지역사회의 가치관과 습관, 역사적 사건과, 중요인물, 사회운동에 맞춰야 한다.

자원의 정확성과 신뢰성을 확보해야 한다. 원래의 정보와 데이터는 정확하고 신뢰할 수 있어야 하며, 잘못된 정보를 제공하거나 상상 속의 모습을 제공하면 혼란을 가져와 다른 자원정보조차 신뢰받지 못한다. 아울러 정치적인 편견을 제거하고 공정성을 유지하는 객관적인 자원정보 제공이 중요하다.

또한, 자원관리 단체의 수요에 적절히 대응할 수 있어야 한다. 특히 커뮤니케이션에 유의하고 협력이 원활해야 한다. 지역전문가, 이해관계자, 현지인들과 적극적으로 의사소통을 하고 논의를 지속해야 자원의 품질과 적합성을 향상시킬 수 있다. 이와 관련해서 피드백하면서 사용자 의견을 적극 받아들여 콘텐츠를 지역의 요구와 필요에 맞춰 개선해야 한다.[19]

2. 로컬리티 가치 제고

가치연계와 증식

지역문화 자원은 해당 지역에 존재하는 것 그 자체만으로도

---

19) 지역의 문화유산 정보는 문화권 단위로 관리하며 역사, 전통, 유물을 문화적 관점에서 고려하여 보존 활용함으로써 가능하다. 지속가능하고도 상황에 맞는 문화유산 정보를 보장하기 위해서 지역 활동주체인 주민, 행정, 언론, 문화기관이 협력해서 홍보해야 한다.

고유한 가치를 지닌다. 이는 지역생태계에서 생긴 가치로 사회가치와 충돌하면서 오랫동안 축적돼 온 것이다. 이 고유가치는 새로운 기술이나 사회환경 변화에 따라 사회경제가치 관점의 충돌도 생겨나므로 단순히 비교하기는 어려운 절대가치다.

지역문화 자원은 주민이나 관광객들은 물론 온라인 상에서도 서로 교류하며 새로운 표현기술로 다양하게 활용된다. 그 과정에서 소통, 새로운 해석, 재조명되면서 지역의 이미지와 결합하여 가치가 증식된다. 특히 새로운 소통관련 기술 발달로 지역문화 표현, 소통방식이 다양하게 발전하고 지역예술가들에게 자극을 주면서 자원의 가치를 증식시킨다.

지역문화 자원은 앞에서 논의하였듯이 지역의 역사나 문화적 변화에 따라 새로운 이미지를 갖거나 만들어 낸다. 지역의 이미지는 관광이나 로컬리티 가치를 높이며 또 다른 새로운 이미지를 창출하여 지역 재생과 활력을 가져오는 매개를 형성한다. 반면에 좋지 않은 이미지가 생겨나 역작용을 가져오는 사례도 있다.

지역문화 자원은 콘텐츠와 문화산업에 활용되어 지역의 부가가치를 높인다. 지역 경제와 산업, 지역사회의 교육학습을 위한 콘텐츠로 활용되는 문화자원의 가치는 최근에 높게 평가되고 있다. 농경정착 생활을 이어 오며, 각 지역에 퍼져있는 자원들이 콘텐츠로 가공되면서 글로벌 마켓 파워를 갖게 된 것이다. 이 때문에 지역들이 우리 문화의 뿌리가 되는 지역문화 자원의 부가가치에 큰 기대를 갖는다.

이처럼 지역의 문화예술 가치는 시대가치와 공간가치를 함께 반영하면서 발전해 와 지역에 자리잡고 있다. 지역의 문화자원이 콘텐츠로 바뀌면서 이러한 지역문화 가치들이 지속발전에 크게 영향을 미친다. 그리고 그 가치들은 지역여건에 맞게 활력을 높이는 데 활용된다.

가치의 증식

많은 지역들이 로컬리티 자원에 가치적 접근을 하여 지속발전 할 것을 기대한다. 이러한 가치증식이나 가치체증이 어떻게 가능할까. 지역의 문화적 가치는 고유가치, 이미지가치, 소통가치, 부가가치를 모두 아울러서 생겨나는 것들이다.

먼저, 지역문화 자원을 활용하는 문화향유자들이 여러 차례의 경험을 통해 가치들을 쌓아가는 '가치 층 쌓기' 과정에서 증식효과가 생겨난다. 예를 들면, 지역의 문화자원을 함께 즐기면서 개인적 관계를 증진시키는 기회로, 스트레스를 해소하는 치유적 가치(또는 영적 가치, 전이 가치)로, 교육적 가치로 활용하는 것이다. 여기에서 프로모션이나 향유자 스스로 의미를 발견하는 정도에 따라 차이가 있지만 가치증식이 일어나는 것이다.

그리고 지역문화 자원의 가치를 공유하는 활동, 다시 말하면 문화의 소통가치에 따라서 여러 사람이 공감하며 가치를 나눠 가지는 과정에서 또 새로운 가치발견과 가치증식이 생겨난다.

가치를 좀 더 적극적으로 공유하는 방식이 가치전달이다. 지역문화 자원의 고유한 가치, 시간의 가치, 비용의 가치를 함께 인식하고 그 범주 안에서 지역문화의 참값을 함께하는 활동과정에서 증식되는 것이다.

아울러 가치의 이동(변경)이 이뤄진다. 지역문화 자원을 향유하는 사람들은 새로운 상품이 나오면 이를 사용해보고 가치전달에 드는 투입(시간, 비용, 콘텐츠 인식)을 변경하게 된다. 다시 말하면, 이해와 소비의 우선순위를 바꾸고 새로운 경쟁자산과 어떻게 상호작용할 것인가를 고려해서 가치이동을 하게 된다.[20]

그런데 이러한 가치증식에는 그간의 경험에 비춰보면 몇 가지 전제조건이 따른다. 문화를 통한 가치증식의 전제조건들은 지역마다 환경에 따라 다른 성과를 가져오지만 일반적으로 지역문화자원은 주로 자연발생적인 경우에 이러한 논리가 적용된다. 새로운 기술의 유입이나 사상이 발생되어 전환기에 이르면 가치변화가 더 크게, 아니면 더 작게 영향을 미칠 수 있다. 그리고 문화자원의 산업화에 비합리적인 정치개입은 최소화되어야 한다. 정부와 민간과의 관계에서 신중해야 하는데 생산은 민간이 맡고, 정부는 지나친 상업논리의 억제나 부작용 방지에 집중하는 역할분담이 필요하다. 또한 이런 점에서 민간, 시민단체와 정부의 긴밀한 협력구조가 정착되어야 한다.

로컬리티 정책과 강하게 연계

전통문화 자원을 기반으로 하는 문화정책은 로컬리티 전략의 핵심으로 다른 정책에도 많은 영향을 미치며 서로 밀접한 관계를 갖는다.

문화자원에 관련된 정책들은 전통음악, 전통무용, 전통공예 같은 지역문화예술의 진흥과 현대화를 위한 지원과 육성에 중점을 둔다. 그리고 생활문화, 전통문화예술 교육기회를 확대하는 정책, 민속예술, 전통산업의 육성과 보급, 지역문화예술의 국제교류,

---

20) 이런 현상은 콘텐츠산업 소비자 대응전략을 수립하면서 비대면 소비변화가 늘어나는 추세에 비춰보아야 한다. 우선 문화소비 전(全) 과정에서 문화콘텐츠기술이 우선 적용되어 진행될 것으로 예상되기 때문에 소비자의 소비, 생산 공급, 생산자 - 소비자 상호작용, 상품전달 부분에 주목해야 한다. 특히 화상회의, 원격 데스크톱, 새 소셜플랫폼, 서비스의 디지털화, 비접촉 결제, 비즈니스 모델 디지털화, 공급망 디지털화가 늘어났다, 이는 문화관련 단체의 업무에도 적용될 것으로 보인다.

향토문화까지도 확산된다.

그런데 이 정책들의 추진 필요성은 인정되나 다른 정책들보다 우선순위에서 밀리고, 보전이나 활용에 비용이 많이 드는 속성적 한계가 있다. 따라서 지속적으로 투자하고, 보존을 위해 사회경제적 규제를 강화 또는 완화하는 조치가 필요하다. 낙관적인 관점에서 보면, 젊은 층의 관심과 창의적 접근이 늘어나고 차별적으로 수요가 증가하며 역할이 더 많아 질 것으로 전망된다.

이런 점에서 공공정책의 한계를 보완하도록 시민적 공공성 실현을 위한 파트너십을 유지하는 것이 바람직하다. 지역사회 전체에서 진행되고 있는 다양한 문화정책을 포괄하고 서로 협력관계를 유지해야 한다. 그리고 민간기업, 다양한 비영리단체, 시민이 자금·인력·기술을 서로 협력해야 효율적으로 이뤄진다. 또한 자발적 주민참여로 지역문화 네트워크화를 유도하는 데 초점을 두어야 한다. 무엇보다 중요한 점은 창조적, 실험적 활동이 늘어나도록 활동을 장려하고, 자원봉사활동도 장려해야 한다는 것이다. 그리고 공공정책이 맡아야 할 지역문화DB 구축, 디지털화, 콘텐츠화를 위한 원천자료를 확보 제공해야 한다.

전통문화 자원은 로컬리티 가치 부가 측면에서 가장 강력한 자원이다. 최근 지역들이 로컬리티를 기반으로 문화활동을 펼치는 문화자원 중에서 가장 인기가 높은 주제는 역시 많은 의미를 품고 있는 역사문화유산이다.

이러한 역사문화자원들은 전해 내려오면서 이미 유무형의 혜택을 주고 다양한 가치를 발생해 왔다. 이러한 가치는 건물, 나무, 거리가 갖는 가치, 그 자체만으로도 소중하다. 더구나 그러한 개별

시설들이 모여 있으면 그 장소가 더 큰 가치를 지닌다. 전통적인 역사문화지역에는 이러한 특징적인 풍경이나 분위기를 갖는 지구가 이미 구성되어 있다. 더 나아가 이러한 건물이나 장소는 지역 전체의 또 다른 맥락에서 더 큰 가치를 지닌다. 문화유적이 있는 거리를 활용하여 브랜드화 한 사례들도 있다.[21]

지역의 역사적 시가지나 상징물은 단순한 조형물만은 아니다. 이는 지역에 대한 이해를 쉽게 하는 사회심리에 바탕을 두고 지역개발과 사회적 의의를 갖는다. 그리고 경관을 형성하는 모델이 된다. 또한 역사적 자산은 단순한 보전 차원에서 한 발짝 더 나아가 지역의 참값을 높이는 데 활용함으로써 로컬리티가치에 덧붙여 부가가치를 증진시킬 수 있다.

역사문화의 거리 자원은 이렇듯 몇 가지의 목적을 포괄적으로 달성할 수 있는 유용한 지역개발 사업이다. 이 거리들은 지역문화의 표현기지로 활용된다. 골목이 갖는 스토리와 문화적 이미지를 소개하며 이벤트를 전개하여 지역문화의 발신기지로 활용한다. 그리고 새로운 여가문화의 공간으로 제공된다. 또한 산책코스를 개발하고 이동공간을 연출하며, 이야기꺼리가 있는 지역으로 만들어 주민들은 물론 통과여객들이 활용할 수 있도록 한다. 나아가 역사문화의 거리 개발, 자전거나 산책 도로의 개설, 새로운 실개천 만들기로 지역의 문화적 자원을 더 풍성하게 한다.

이렇듯 보편적이면서도 효과가 큰 지역역사문화 거리를 활용하여 주민들의 삶의 질을 높이고, 외지인들이 기억하는 방문지로 알리고 동시에 지역의 이미지도 좋게 한다.

21) 문화유적으로 지역활성화를 꾀한 일본 사가현의 요시노케마을은 공업단지 조성 중 우연히 유적을 발견하여 활용한 사례이다. 유적보존을 요구하는 여론에 따라 건물과 유적을 복원해 문화관광시설로 탈바꿈하여 많은 관광객이 모였다. 결과적으로 문화와 역사가 관광 레저와 융합하여 사람들을 불러 모은 것이다.

지역의 상표자산화

많은 지역들은 활력을 키우려고 자원을 지역브랜드로 구축하여 지속발전 거점으로 만들고 지역상표로 내세우며 경쟁하고 있다. 이 전략을 추진하려면 지역성과 사업성의 조화를 바탕으로 홍보전략을 잘 짜야 한다. 여기에는 많은 경비가 들고 단체활동을 펼쳐야 하는데 몇 가지 주목해야 할 점이 있다.

먼저, 사업에 가장 적합한 주제를 선정해야 한다. 역사문화자원 기반의 지역활성화에서는 어떤 주제를 걸고 추진할 지가 중요하다.

우선 가능성 높은 주제를 지역사회 안에서 개발하여 확충해야 한다. 그리고 역사문화자원을 최대한 발굴하고, 현대적 의미를 부여하며, 주민들이 애정을 갖도록 해야 한다. 이는 공공부문보다 비교우위가 있는 문화단체들이 나서서 해왔던 방식이지만, 새로운 시각에서 사업화하는 문제일 때는 더 신중히 검토해야한다.

주제는 고유성, 독창성을 살리고, 이를 '지역상표 자산'으로 활용할 만큼 지역상징성을 갖추어야 한다. 지역에 산재하여 있는 흔한 문화자원을 가지고 뻔한 문화행사로만 만들어 봐야 관심을 끌기는 쉽지 않다. 보다 개성있게 꾸미고, 차별화시켜 상표자산화를 추진해야 한다.

아울러 지역의 문화자원을 다른 문화자원과 결합시켜 시너지효과를 낼 수 있도록 한다. 역동적인 것과 정태적인 것, 원형과 변형, 국내외 비교가 가능한 것, 전통적인 것을 현대적으로 융합하면서 효과를 극대화 시킬 수 있다. 이런 점에서 민간의 다양한 역량이 결집하여 가능한 사업들을 스스로 찾아낼 필요가 있다.

참여주체의 네트워크화

　　　　지역 문화자원 가치 제고를 위한 사업에서 추진 주체 간의 역할분담과 문화협동 네트워크화가 중요하다. 사업규모가 큰 경우는 공공부문이 주민단체와 함께 노력하는 민관협동체를 구성해야 한다. 각종 문화관련 단체들이 협력모델을 창출하고, 주민이 참가하는 워크숍을 개최하여 자긍심을 키워야 한다.

　　　　지역 문화자원의 상표자산화는 지자체가 주도적으로 나서서 추진하는 경우가 많다. 특히 도시 개발정책이나 지역 보존계획에 맞춰 지자체와 협조하며 사업을 추진해야 한다.[22]

　　　　이러한 사업은 국가와 지방정부로부터 사업보조금을 받아 단체들이 네트워크를 이뤄 추진할 수 있다. 주로 보조금으로 자치단체들이 도로 인프라 정비, 보존지구 내의 오염원 이전, 주요 주택 보존, 문화유산 보존과 복원, 관광시설 건립을 추진하고 민간단체들은 협조나 감시활동을 하게 된다.

　　　　한편 전문가 시민단체들은 건축, 도시계획, 고고학, 문화재 보호 등에 관심있는 각 단체들과 학술회의를 개최하여 성과를 평가함으로써 기여할 수 있다.[23]

　　　　이런 일들은 커뮤니티 활동으로 연결시키면서 추진하는 것이 활력을 불러일으키는 데 도움이 된다. 그렇다면 어떻게 네크워크를 만들어 커뮤니티 활동을 이끌어 갈 것인가? 지역문화 자원을 지역 환경가꾸기에 활용할 수 있다. 지역환경과 조화로운 아름다운 공간으로 꾸미고, 경관 조성을 위해 문화적인 환경계획을 구성

---

22) 예를 들면, 총체적인 계획 속의 다른 분야와 협조, 토지이용의 정비, 도로 정비, 공업 정비(오염원 공장의 이전 계획), 관광사업 계획, 보존대상의 등급별 구분, 건물의 양식(높이, 색채, 양식 제한), 문화유산의 보호, 수리와 관련환경 보존에 유의해야 한다.

23) 중국은 역사문화도시 제도에 바탕을 두고 역사문화도시를 지정했다. 그 기준은 역사상 저명한 도시, 민족문화의 측면에서 가치가 큰 도시, 정치경제 사회 종합적인 면에서 역사상의 지위와 지명도가 높은 도시, 근대 혁명역사 상에서 중요한 도시와 같은 특징을 지닌 도시들이다. 중국의 지역들은 이렇듯 역사문화자원을 최대한 활용하고 있다.

한다. 이 과정에서 로컬리티 자원은 시민과 커뮤니티가 참여하는 공동체 가치를 더 높이게 된다. 사업을 추진하면서 자연스럽게 시민적 공공성을 높이는 파트너십이 만들어 진다. 지역사회 전체에 다양한 문화정책을 확산하기 위해 협력관계를 유지할 수밖에 없다. 구체적으로는 민간기업, 비영리단체, 시민이 문화활성화 목적을 위해, 자금·인력·기술 부문에서 협력하게 된다.

아울러 지역문화 네트워크화와 주민의 자발적인 참여를 유도해야 한다. 이를 위해 문화자원으로 다양한 창조활동을 지원하는 행정시스템과 주민참여 기회를 확대한다. 또한 참여한 행정담당자와 의회 의원들도 문화적 자치능력과 정책능력을 갖추게 된다. 이러한 활동과정에서 지역문화자원 정보를 적극 제공하는 서비스를 펼치고, 문화산업 발전도 자극한다.

지역이 보유하는 문화콘텐츠 원형은 '콘텐츠부족 시대'의 보물창고다. 지역자원은 글로벌 감각에서 관심이 높을 뿐만 아니라 전통문화를 통해 지역 인지도와 이미지를 높이고, 국가브랜드 전략으로 전통문화를 새 영역으로 내세워 활용하도록 한다. 그런데 전통문화의 속성상 보존 활용이나 높은 부가가치 상품으로 만드는 것이 그리 쉽지는 않다. 우선 비용이 많이 들고, 실제사업으로 추진할 기술승계 인력이 적어 계승도 쉽지 않다. 보존이라는 명분에 관련된 제도적 장치는 부담이자 규제로 작용하여 창조적 활용에 짐이 된다.

최근 문화기술이 비약적으로 발전하고 각종 편리한 소통기술 덕분에 문화자원의 가치전달이 쉬워지고 가치이동도 쉬워졌다. 자원의 콘텐츠화와 이런 기술융합으로 고부가가치화는 한결 용이해졌다.

기업가적 경영

지역의 공공기관이나 민간단체들은 문화자원을 콘텐츠로 개발하고 산업의 성과에 관심이 많은데 그 과정을 가볍게 생각하는 경향이 있다. 그러나 부가가치를 높이는 것은 문화자원을 단지 관리하는 수준을 넘어서서 가치를 덧붙이는 것이므로 기업가정신으로 접근해야 한다. 일반 자원이나 산업과는 다른 특징이 있기 때문에 관료적 발상이나 규제 일변도의 행정적 접근은 위험하다.

그러므로 가치 제고와 미래전략을 결합하는 정책으로 접근하면서 기존 과제를 해결한다. 지역 문화자원에 접근할 때는 우선 전통의 보전과 정체성 살리기를 거쳐, 보존과 관리기술 최적화, 로컬리티와 부가가치 활용, 가치 증진을 위한 문화경제적 접근으로 추진한다. 이러한 접근을 위해서 산업화 마인드, 정보화, 협동적 학제연구, 유산가치 측정과 가치이동 명확화를 함께 추진해야한다. 또한, 지역 문화유산자원의 가치 제고와 미래전략을 위해서 문화유산 경영 플랫폼, 경영유형별 특징을 살려 유형별 전략을 개발한다(정상철 외, 2023).

정보화를 하려면 문화유산 개념과 체계를 유형문화유산, 무형문화유산과 민속문화유산, 기념물로 재분류하여 세부적으로 확보하고, 통계 프레임과 통계 승인을 거쳐서 빅데이터시대에 적용 가능하도록 체계화해야 한다. 또한 융·복합 프로젝트로 활성화하기 위해 지식정보체계, 저작권 체계, 인력체계, 융합환경과 R&D 랩을 적극 활용해야 한다. 또한 지역사회 환경 변화에 따라 전환기에 대두될 새로운 문제에도 대응해야 한다. 다시 말하면, 재난, 위기관리, 정보서비스, 디지털 아카이브 같은 과제를 국가와 지자체가 협력하여 추진하는 것이 바람직하다. 민간주체의 경우는 별도의 단체를 결성하거나, 제3섹터 방식을 생각할 수 있다. 자치역량이 높은 시민단체가 중심이 되고 국가, 지자체, 경제단체, 민간기업, 시민이 역할을 분담하여 추진하는 방식으로 전개한다.[24]

이때 사업뿐만 아니라 소프트웨어에도 비중을 두어야 한다. 예를 들면, 공동디자인을 통한 역사거리 안내표시, 로고, 심볼 마크, 디자인 매뉴얼 제작, 안내표시를 정비해야 한다. 이벤트와 캠페인, 홍보, 안내센터 운영, 새로운 축제개발, 아름다운 주변 환경 조성, 지역교류나 해외교류 추진도 여기에 해당된다.[25]

3. 고부가가치화 전략

정책믹스

지역의 문화자원은 인간의 자유로운 창조활동을 통해서 혁신적이고 유연한 고부가가치 산업으로 발전하는 추세이다. 이때 기반정책을 함께 묶어서 효율적으로 뒷받침해야 한다. 우선 창조성을 이끌어 가는 대학, 연구기관, 공연장, 도서관 같은 문화시설을 활용해야 한다. 또한, 문화관련 제도를 개선하여 중소기업 활성화, 신규창업 용이화, 비영리단체 활성화로 '창조마당'을 풍부하게 해야 한다. 이러한 정책지원은 장기적으로 콘텐츠산업이 지역경제 활

---

24) 이때 단체는 이와 관련해서 사업계획의 마무리, 각종 사업에 관한 사업자 간의 조정, 국가 등에 진정, 회원단체의 확보와 교류, 계획 전반에 관한 홍보활동, 공동홍보 등을 추진한다. 사업예산은 회원단체의 회비, 홍보협찬금, 수탁조사비 등이 주 수입원이다.

25) 여기에는 지역이미지에 영향을 미치는 식당, 토산물 판매점, 주차장 운영자들이 자발적으로 참여하고 혜택을 받게 하는 것이 좋은 전략이다.

26) 도시재생과 연결시켜 도시를 조성하는 도시들에서 시작되어 유행처럼 번졌다. 이들은 주로 문화산업단지를 조성함으로써 지역의 경쟁력을 높이는 방식으로 사업을 추진했다. 예를 들면 영국 글라스고우(문화관광), 버밍햄(미디어지대), 쉐필드(영상과 대중음악지대), 미국 실리콘앨리(Silicon Alley, 미디어단지)와 같은 지역들이 성공한 사례로 평가 받았다. 그 뒤를 이어서 낙후된 지역의 문화적 재생사업도 전개했다. 예를 들면 파리 그랑드프로젝트, 빌바오 구겐하임미술관 유치, 듀스부르크 티센제철소 개발, 런던 사우스와 개발(테이트 모던), 게이츠헤드(발틱미술관)에서 성공을 거두었다. 창의적 자원을 통한 도시성장력 제고에 기여한 사례로는 일본 요코하마 Bank1929 Project, 일본 가나자와 시민예술촌, 북경 다산쯔 798, 싱가폴의 에스플라네이드, 캐나다 창의도시네트워크가 오랫동안 관심을 받았다.

성화, 다양한 사회문제의 자율적 해결을 뒷받침하는 디딤돌이 된다. 이처럼 지역의 문화자원을 지역정책과 믹스하여 사업효과를 높이는 것이 자원정책의 트렌드처럼 되었다.[26]

또한 문화자원을 활용한 정책믹스로 도심재생에 힘을 보태고, 비슷비슷한 성격을 지닌 공동체에 로컬리티와 아이덴티티를 부여했다. 그 결과 지역활력을 가져오고 전통과 지역역사의 재활성화, 예술가와 문화활동가를 통한 도시공간 재활성화에도 기여했다. 그리고 특히 도시지역에서는 문화예술적인 도시하부구조 형성, 도시미학과 매력의 증진이라는 큰 발전 토대를 만든다.

이처럼 문화자원을 활용한 정책믹스로 지역재생은 기존의 산업적 활용(문화산업육성, 관광마케팅)에서 창의성 제고(도시에 대한 다양한 상상, 예술가 유입, 삶의 질 창출)로 이어가면서 지역에 부가가치를 더하게 되었다. 그리하여 지역의 고유 문화가치 증진, 지역경제와 관광객 증가, 고용 창출, 지역이미지 가치 개선이라는 증식효과를 거둔 것으로 평가받고 있다.

이 같은 믹스 과정에서 정책화와 '횡단융합화'도 긍정적으로 확산되고 있다. 이런 정책화와 융합화가 성공을 거둔 배경은 지자체의 전략과 의지가 가장 중요했고, 전략적 육성업종을 선정하고 집적화한 전략이 주효한 때문이다. 지역을 재개발하고 활용할 때 문화자원과 산업기반을 적절히 활용한 것도 성공요인의 하나이다. 이처럼 좋은 평가를 받는 이유는 시민, 기업, 기관, 관련자 참여와 파트너십, 접근성 증대에 있다. 그리고 지속적 재원 확보, 안정적 수익, 성공사례와 이미지 브랜드화들이 복합적으로 정책믹스의 효과를 극대화시켰다고 본다.

횡단융합화의 관점에서 다시 본다면 문화자원, 콘텐츠의 한계를 보완하여 활용했고, 콘텐츠 재구성력이 훌륭했으며, 문화원형을 가공하는 방법이 세련되었다고 본다. 산업과 융합시킬 때는 관련기업의 요구를 적절히 반영하고, 문화산업적 활용을 장려했다는 점이 두드러진다.

횡단융합은 이처럼 '사회문제 해결형' 전략의 실험적 적용에서 성과를 거두었다. 문화자원과 정책을 연계시킨 횡단융합은 '개방형 융합'과는 믹스대상에 차이가 있다. 개방형 융합이란 내 외부 자원 간의 융합에 중점을 두게 되지만, 횡단형 융합은 사물과 사물, 인간과 기계, 생산과 소비를 폭넓게 융합하는 활동으로 전개된다. 이를 비유적으로 표현하면 단순한 자원상태로 방치되어 있던 '죽음의 골짜기'에서 콘텐츠로 나아가는 다양한 융합적 '기쁨의 언덕'으로 뻗어가는 것이다.

다만, 지역에서 융합을 위한 전략이 쉽지는 않기 때문에 중장기적으로 역량결집 생태계를 구축하는 노력을 꾸준히 전개해야 한다. 다시 말하면, 민간역량 활용, 정부 역할, 전문인재, 정부서비스의 질을 꾸준히 격상시키면서 극대화해야 한다.

콘텐츠화

지역의 문화자원을 문화콘텐츠로 만들 때는 수요와 기업의 요구를 반영하고 활용한다. 문화콘텐츠 산업은 지식기반 산업으로서 일반 제조업과는 차이가 있다. 기본적으로 창의성을 바탕으로 높은 부가가치를 창출하고, '줄줄이 효과'(window effect)를 통해 무한한 수요를 창출할 수 있다. 산업이지만 네트워크효과가 선명하며 문화상품이 미디어 콘텐츠와 결합하여 다양한 통로가 생긴다. 또한, 이익을 창출하며 네트워크에 연결하여 수확 체증으로 나아간다는 것이 특징이자 장점이다. 문화자원을 가공한 문화상품은 수요자가 원하는 본질적인 가치를 함유하게 된다는 점도 특징의 하나이다. 그런 점 때문에 지역에서 문화자원을 콘텐츠로 개발하면서 기대하는 바가 다양하고 클 수 밖에 없다.

다만, 문화자원 콘텐츠화를 추진할 때는 당연히 기업가적 경영전략이 필요하다. 전략 추진의 전제인 활용목적을 확실히 하고 접근하며, 리소스의 목적을 명확히 해야 한다. 그것이 무엇을 달성하고 누구에게 유용한지도 명확히 파악해야한다. 그리고 자원의 내용, 자원 정보를 논리적으로 정리하고 체계적으로 정리해야하며, 적절하게 구조화하고 범주화하는 과정이 필요하다.

결국, 활용자원의 목표와 잠재고객을 분명히 해서 맞춤전략으로 나가야 한다. 콘텐츠의 수용자를 고려하여 요구사항에 맞는 콘텐츠를 만들고 구성해야 하기 때문이다. 이때문에 자원을 적절한 형식으로 변환하여 콘텐츠 형식을 갖추고, 사용자 중심의 텍스트, 이미지, 콘텐츠의 특성에 따라 적절한 자원을 선택한다.

또한 문화자원을 효과적으로 접근하고 관리하기 위해서 사회기술과 문화기술을 접목하여 DB, 클라우드 스토리지, 콘텐츠관리 시스템을 갖춰야 한다. 그리고 이는 항상 변경될 수 있으므로 업데이트하고 유지 보수해야 한다. 이때 소비자의 관점이 중요하므로 의견을 수집하여 콘텐츠를 개선하는 데 도움을 주고, 콘텐츠의 보안, 사용 편의성을 고려하여 사용자 경험을 향상시키는 탐색, 평가를 지속적으로 추진해야 한다.

지역문화 자원을 콘텐츠로 활용하려면 우선 문화콘텐츠의 형식을 맞추어야 한다. 문화자원은 보통 영상물, 방송, 음반, 게임, 애니메이션, 캐릭터, 만화, 모바일 콘텐츠로 구현된다. 또한 공연, 축제, 테마파크 같은 엔터테인먼트 방식으로 활용한다. 이것이 문화산업으로 나아가면 지식, 교육, 건축, 무용, 문학, 공예, 미술, 음악 장르로 표현된다.

이러한 표현형식을 갖추기 위해서는 CT기술을 접목하여 문화콘텐츠, 예술창작, 생활문화산업으로 구축한다. 보편적인 대중문화콘텐츠로 널리 활용하기 위해서는 적극적인 향유계층인 대중을 지향하고, 그들의 참여와 창작활동에 연결해야 한다. 덧붙여 지역문화적 속성인 문화정체성 강화, 문화의 고유가치 전환, 부가가치 창출, 낮은 문화 할인(cultural discount)을 살려서 콘텐츠 외형을 갖춘다. 그리고 콘텐츠 가치인 정보상품, 저작권 주장, 문화와 경제의 유기적 관계의 특징을 고루 갖춰야 한다.

또한, 지역의 문화자원을 기반으로 하는 콘텐츠의 한계를 보완하기 위해 콘텐츠 재구성력을 더 확보해야 한다. 그리고, 문화원형을 가공하는 방법도 세련되어야하며 여기에 지역문화의 고유가치 의미를 담아야 한다.

고려할 점들

지역자원을 바탕으로 콘텐츠를 제작 생산하고, 자산으로 키우기 위해서는 경영관점에서 고려해야 한다. 예를 들면, 특별한 기획안을 마련하고, 서사적 역량을 강화하고, 멀티유스로 나아가며 소비자의 관심을 살리면서 산업으로 자리잡도록 체계적인 과정을 거쳐야 한다. 그런데 콘텐츠 제작은 사실상 벤처형 소규모기업 중심으로 많이 이뤄지고, 대중 소비재시장보다는 틈새시장에서 활발하다는 점을 특별히 주목해야 한다.

더구나 지역의 문화자원을 활용하는 것이므로 지역별 특화에 유의해야한다. 흔히 이점을 소홀히 다루고 있는데, 시장규모를 고려하여 조절하고, 기업의 여건에 유의하고, 글로벌시장 진출 문제를 함께 고려해야 한다. 결국 문화자원 콘텐츠를 산업으로 경영하려면, 지역의 콘텐츠원형 발견이나 기획과정에서 부터 산업화를 위해 특화해야 한다. 제작을 할 때도 서비스나 소비의 확충을 고려해서 융합환경 수요에 대응하는 제작을 이뤄야 한다. 경영에 필요한 저작권이나 법적 문제도 관련법에 주의를 기울여 법적 리스크를 피해야 한다. 아울러 개인정보 보호법을 준수하고 정보 수집과 처리에 대해 적절히 조치해야 한다.

앞에서 말한 융합산업적 특징을 극대화하기 위하여 융합형 콘텐츠산업 생태계를 구축해야 한다. 이를 위해 플랫폼과 콘텐츠의 동시 융합을 이뤄야 한다. 또한 협력을 바탕으로 하지만 단순한 협력과 경쟁을 넘어서서 복잡한 협력적 경쟁(co-competition)과 공진화(co-evolution)로 나아가는 생태계를 갖춰야 지속발전이 가능하다. 그리고 개별기업 전략을 넘어서 전체 가치생태계(value ecology)를 고려한 전략으로 나아가야 한다.

장기적으로 콘텐츠산업 발전을 이루기 위해서는 콘텐츠 - 플랫폼 - 네트워크 - 디바이스 같은 가치사슬을 총괄하는 생태계 구축전략으로 나아가야 한다. 이러한 성장모형을 모색함으로써 지역발전 효과를 극대화하는 데 도움이 될 수 있다. 지역의 인구 소멸이나 전문인력 유출때문에 창의인력 고용규모가 감소하는 사회문제를 극복하는 성장모형을 살리기 위해서라도 장르별로 특화된 경쟁력 정책이 필요하다. 지역에서 적정한 규모로 창의노동의 질을 제고하여 '좋은 일거리(decent work)'로 만들고, 고학력 청년실업, 중견기업의 육성을 이뤄내면서 지역의 지속발전을 이루도록 하는 접근도 필요하다.[27]

지역의 문화콘텐츠 기업들은 현실적으로 대부분 1인창조기업 형태여서 될 수 있으면 협동조합 형식의 산업경영 방식을 도입하는 것도 검토할만하다.

4차산업혁명과 코로나19팬데믹을 거친 전환기에 지역자원을 활용한 콘텐츠산업의 경영에서 기업 여건과 경쟁력 현황은 크게 바뀌고 있다. 요소별로 여건을 살펴보면 지역 수준에서는 전반적으로 미흡하지만, 먼저 기업경영에서 투입부문(인력, 설비) 경쟁력은 보통 수준이다. 생산과정(개발, 생산, 마케팅) 역량은 비교적 저조한 수준이다. 한편 외부여건(정책과 제도, 국제시장, 투자)은 상대적으로 우리나라 기업들에 유리한 입장이다. 또한 경영환경을 살펴보면, 콘텐츠 국제교류는 양호하고, 영화투자 펀드는 보통 정도 수준이다. 정책 주도와 조정에 있어서는 주로 중앙이 주도하고, 자치단체는 재정 투자가 미흡한 수준에서 아직 벗어나지 못하고 있다.

이러한 여건 속에서 활동하는 기업 가운데 중견중소기업들이 CT산업의 특성에 부합한 점에 주목해야 한다. 다시 말하면, 중견중소기업은 높은 기술개발 생산성, 기술개발 혁신동기, 다양한

---

27) 이런 점에서 관광도시 인접의 지식산업도시로 정보공유 가능(프랑스 소피아 앙티 폴리스), 공공민간 연계 협동으로 다양한 장르를 추진(셰필드), 예술과 금융지원으로 인터넷 콘텐츠, 전자출판, 뉴미디어로 성공(맨해튼 실리콘 밸리)한 사례들이 있다.

소비자 선호 충족으로 맞춤상품을 개발하는 데 유리하다. 또한, 빠른 감각적 의사결정 능력을 갖추고 있기 때문에 지역의 콘텐츠산업 개발 경영에 비교적 유리한 입장이다.

그래도, 지원정책과 경영전략에서 면밀하게 검토하며 접근해야 할 점이 많다. 우선 기업활동에 중요한 창업자금은 주로 지원을 받아서 활용하는 수준이고, 신규시장에 진입하는 문제는 설비나 투자부담 없이 진입장벽이 낮은 인기분야에 진출하도록 유도하고 있다. 생산에 필요한 기술 개발은 CT기술개발(미디어창작, 시각, 청각, 미디어시스템), 콘텐츠 운영관리 기술에 투자하는 자금을 지원 받는 실정이다. 그리고 중요한 산학협동, 정책협력은 지방자치단체와 비교적 원활하게 이뤄지고 있다. 아무리 지역입지 때문에 경쟁력이 불리하다 해도 운용제도나 기술 활용면에서는 크게 나쁘지는 않다고 본다.

연계 활용과 산업화

지역문화 자원을 활용해서 고부가가치화를 추진할 때 기본적으로 지역의 요구를 외면하지 말고 될 수 있으면 맞춰야 한다. 부가가치를 높이도록 접근하는 것은 일차적으로 산업화로 추진한다는 것인데, 지역들은 지역자원의 로컬리티를 최대한 존중하면서 산업화를 동시에 추진하기를 바란다. 따라서 로컬리티에 관련한 지역의 특정 요구와 관심을 충족시킬 자료를 사용하며, 주민들의 관심 주제와 문제를 발굴해야 한다. 그리고 지역 언어와 문화에 맞게 자원을 현지화하는 것이 중요하다. 번역을 할 경우에는 '문화적 할인'을 고려해서 본래가치가 덜 훼손되도록 해야 한다.

지역의 문화콘텐츠 산업은 지역자원의 문화적 가치를 극대화시키는 중요한 접근전략이다. 지방시대와 디지털경제 시대의 장점을 살려줄 수 있도록 문화콘텐츠산업 클러스터를 만들어 문화산업 코어 클러스터와 문화산업의 벨류체인 장르별 연관 클러스터 생태계로 구성된다. 문화산업 코어 클러스터에는 기초예술, 문화예술, 전통예술, 디자인, 연극, 뮤지컬, 춤, 음악, 박물관, 미술관 산업을 포함한다. 또한, 지역 내 문화산업 연관 클러스터는 미디어산업의 장르를 모두 망라한다. 이런 연관산업으로 주민들은 문화향유, 즐거움, 행복의 가치를 나눈다. 또 나아가 주민들의 삶의 지혜, 방법론, 인식의 틀, 통찰력과 같은 창조적 가치를 향유하게 된다. 이때 기업은 개인의 창조성의 발현, 전략 기획을 살려 양질의 콘텐츠로 구현하며, 미디어의 복제와 지적재산권 라이센싱을 보장하도록 해야 한다.

재정이나 인력이 부족한 지역에서는 가치 증식을 위한 네트워크전략이 우선 필요하다. 그러므로 자원에 관한 지식 확보를 위해 인문학, 예술, 기술, 전통문화, 경영같은 다양한 분야에 걸쳐 공동연구를 하는 것이 바람직하다. 이를 위해서는 연구소나 정책사업도 필요하지만, 지역 내 관련기관을 네트워크화 해야 한다. 네트워크화는 민간부문에서 자발적으로 추진하기가 쉽지 않기 때문에 정부가 주도적으로 구축하는 것이 효율적이다. 그리고 산학연이 서로 연계하여 대학은 정보와 지식, 원천기술, 아이디어와 소재들을 산업계에 제공하고, 업계는 이를 적극 활용하여 문화콘텐츠로 개발한다.

또한 전략적인 관점에서 문화산업의 핵심 경쟁력 기반인 문화콘텐츠 가치창조를 맥락적으로 연결할 때 창조가치적 체인을 강화하는 것이 유리하다. 주목할 점은 창조경영, 연관산업 통찰력, 콘텐츠 전략기획 역량이다. 이에 덧붙여, 클러스터 네트워크, 제작 파이프라인의 조화를 통한 부가가치화를 실현하는 것도 중요하다. 문화콘텐츠 전략기획이란 문화를 통한 지역가치 창출전략이며 문화콘텐츠 전략기획 역량을 강화하기 위해 크리에이티브 전략, 비즈니스 전략, 마케팅 전략, 프로듀싱 전략을 강화하는 것이다.

콘텐츠 산업과 다른 산업장르 간 연계활동도 중요하다. 이를 위해서는 문화콘텐츠산업의 라이센싱 비즈니스를 활성화하고 가치사슬 구조도 강화하는 것이 바람직하다. 아울러 저작권 기반의 유통체계를 구축하며 디지털 컨버전스에 따른 유무선 융합, 방·통 융합, 온라인과 오프라인의 융합에 맞춰 산업화 기틀을 다져야 한다.

이처럼 지역의 자원을 문화콘텐츠 산업으로 육성하는 데는 고려해야 할 점이 많다. 그 만큼 어렵다는 말이므로 중앙 - 지방 - 기업간 협력체계를 구축하여 운용하는 데 적극 편승해야 한다. 중앙정부는 지역활력을 키우고 산업을 육성하도록 초기단계에서 지역과 함께 하드웨어 투자, 인력 개발, 투자 유치에 협력해야 한다. 지자체는 정치적 변화에 무관하게 지속적으로 지원해야 하며, 문화산업 협력체계는 지역의 투자펀드 조성까지도 함께해야 한다.

실감기술 융합

최근에 비약적으로 발전한 CT기술과 4차산업혁명기술의 영향으로 콘텐츠시장의 창작 경쟁력과 고부가가치화는 결정적으로 중요해졌다. 이 전환기적 변화를 중요하게 인식해야 한다. 그 특징 중 가장 주목할 점은 문화콘텐츠 시장경쟁력 확보과정이 4차산업혁명기술 이전과 달라졌다는 점이다.

4차산업혁명기술 이전에는 기술 투자 ⇨ 신기술 개발 ⇨ 생산 적용 ⇨ 수익 창출의 과정으로 나아가는 '단순선형적인 방식'이었다. 그러나 현재는 '복합 순환구조'로 바뀌었다. 다시 말하면, 신규 서비스 기획 ⇨ 관련기술 융합 ⇨ 서비스플랫폼 개발 ⇨ 콘텐츠시장 공유 ⇨ 데이터 축적 ⇨ 부가가치 재활용의 방식으로 바뀐 것이다. 이와 관련해서 콘텐츠기술의 융복합, 확실한 킬러기술을 갖춰서 시장을 구축하게 된 것이다.

이제 기술적 전략은 단순한 기술 개발과 활용에 그치지 않고 다양한 사회문화가치와 어떻게 결합하는가에 상당부분 의존하게 되었다. 기본적으로 창조성을 얼마만큼 발휘할 것인가, 그리고 지역사회에서 지역문화 콘텐츠의 사회학적 의미구조를 갖출 것인가 하는 점이 두드러지게 되었다. 이를 구현하기 위한 개인의 창의성이 중요하지만, 크게는 실감기술의 개발과 활용 덕분이다. 문화자원이 갖는 사회적 가치라고 하는 상징적, 기호적 의미를 콘텐츠에 체화시켜낸 기술융합 전략이 주효한 것이다.

이러한 전환기 상황에서 지속가능을 위해 몇 가지 과제들에 추가로 역점을 두어야 할 것이다. 우선 4차산업혁명기술 기반 융합은 어느 분야에서 소비자에게 실감나게 다가갈 기술로 활용하여 문화전략적 성과를 크게 낼까하는 점이다. 아울러 자원 융합을 내외부 개방형 융합, 횡단 융합으로 나눌 수 있다면, 앞으로 실감기술의 전략적 선택은 어느 방식이 바람직할 것인가. 그리고 한참 유행 중인 멀티미디어 실감예술 창작에서 문화공학을 어떻게 전략적으로 접목하여 활용할 것인가 하는 것이 과제로 남아있다.

그리고 4차산업혁명기술을 실감 창작에 적용하기 위한 연관기술 자체를 최대한 개발해야 한다. 좀 더 구체적으로 보면 앞에서 언급한 문화자원 데이터자본을 어떻게 융합할 것인가도 고민해야 한다. 그 논리구조는 기본적으로 현실에서 생산된 데이터와 가상 연결하고 시스템적으로 문제를 해결하는 구조가 바람직하다. 이들은 이른바 최근에 활발히 전개되는 데이터 혁명, 데이터 자본주의에서 기대하는 성과인 것이다. 기대성과의 핵심은 디지털 플랫폼과 이를 바탕으로 이뤄지는 새로운 관계 창조이다. 그리고 데이터 자본활동이 제대로 이뤄지도록 데이터를 관리하고 데이터 신뢰를 높이도록 해야 한다.

또한 문화자원을 바탕으로 하는 만큼 문화전략적 활용에 도움이 될 '지능형 서비스'를 제공해야 하고, 정보 수준과 개발을 고도화하며, 단계적 가치창출과 데이터 사회자산화를 위한 전문인력을 확보하도록 해야 한다.

최근에 문화콘텐츠에서 다루기 시작한 실감형 콘텐츠 개발의 문화경영 전략적 가치를 높이기 위한 활동은 기회를 높여가면 훨씬 실감콘텐츠에 도움이 될것이다. 이를 위해 창작물의 실감을 고도화하고, 이를 지역문화 자원의 콘텐츠화에서 실현해야 한다.

이에 합당한 새로운 장르를 개발하고 그런 역할을 할 수 있도록 문화시설의 역할을 재설정하는 문제까지 정책으로 다뤄야 한다.

끝으로 블록 체인과 문화콘텐츠산업 융합의 실익을 극대화하도록 중시해야 한다. 이를 실현하여 신뢰구축 비용을 절감하고, 플랫폼 기반 확장성을 극대화하며, 지적재산권 거래에 불편함이 없도록 해야 한다. 이에 덧붙여 문화예술 공공DB를 구축하고, 가상화폐 접목의 실익을 극대화해야 한다. 문화콘텐츠 산업의 특성을 오롯이 살리기 위해 창작자가 경영자를 겸해도 문제가 없을 정도의 수준으로 '스마트계약의 건강성'을 유지하는 데도 주목해야 한다.

05장 활력견인 인력과 네트워크

1. 지역사회 활성화와 인력

감축사회의 인구

인구총량이 줄어들고 있는 지역사회는 지금 전환기를 맞아 여러 분야에 좋지 않은 영향을 미치고 있다. 경제적으로 일정 수준의 생산성을 유지하고, 지속적으로 발전해야 활력을 유지하게 되므로 지역으로서는 걱정되는 부분이다. 그런데 활력증진이 시급하다는 사실에 공감은 하지만 재정지원만으로 해결하기는 쉽지 않다. 이제 지역의 인구정책도 투입에 따른 총량효과에만 집착하기보다는 종합적인 사회문화정책으로 접근할 필요가 있다.

그동안 인구 논의는 지역경제와 주민복지 분야에 중점을 두고, 높은 공공성이나 합리성 기준에 따랐다. 공공정책 관점을 중요한 수단으로 간주했고, 공공성 규범을 중요한 이념형으로 만들어서 정책에 적용했다. 그러다 보니 지역 인구정책의 기둥 역할을 하는 공공활동을 넓히고 확보하는데 우선을 두었다.

전환기를 맞는 지금도 이러한 접근은 만능정책인가? 공공성 기준에 몰입하게 되면 '강력한 힘이나 다수의 의견이 옳은 것'으로 간주된다. 가끔 '휩모리 정책'이 휩쓸고 지나가면서 현실문제 진단이나 대안 개발에 왜곡되게 작용할 때가 있다. 높은 공공성 기준이 지역에서는 더 크게 영향을 미친다. 만일 공동체주의자의 편향된 인식이 주도하거나, 지배권력의 의견을 공공정의라고 할 경우 정책과정 합리성 확보에 실패하기 쉽다.

그러므로 전환기의 위기상황을 생각한다면 정책전환이 추상적이나 거대담론에 그칠 수 있으므로 정치적인 접근은 신중해야 한다. 전환기와 지역 현실적합성(적절성)을 함께 고려해서 인구정책을 개발하고, 지속발전 가능한 정책에 중점을 두는 논의가 필요하다.

그동안 사회적 가치를 배분하는 기조로 '포용적 지역복지' 개념이 적용되어 왔다. 마치 포퓰리즘처럼 보일 정도였는데도 공공성 실패요인이 작용해서 적실성이 부족한 정책방향으로 평가받고, 공동시동에 이르지 못하고 있다.[28]

이런 점에서 지역의 인구정책도 새로운 접근이 필요하다. 전환기, 그리고 지역이라는 시간·공간적 특성을 고려해 본다면, 지역의 인구전략은 적절한 대안을 개발해 보완하는 것이 바람직하다. 이제는 공공개념을 '공유개념'으로 확장시켜 논리적으로 검토할 필요가 생겼다. 공유개념을 기반으로 한 공동인식을 실천적 공공성론으로 보고, 보다 더 현실 적합한 정책을 개발하는 것이다.

지역 인구소멸에 이르는 지속발전의 어려움은 이처럼 공공성 논리와 당위성으로 접근해서 해결하기 어려운 부분이 서로 얽혀 있다고 본다. 지역인구 문제가 더 이상 경제 관점이나 재정투입 대비 효과에 함몰되어 실용적 추진보다 명분적 접근에 집착하면

---

28) 사회적 적실성을 도외시한 채 공공논리와 포퓰리즘이 횡행한 예를 들면, 문화누리카드 정책은 복지성향을 내세우다 보니 정책목적에서 빗나가고 있고, 중앙정부의 문화도시정책이 지역 개성을 사라지게 만드는 측면이 생기고 있다.

대안 개발이 힘들다. 경제정책 접근 한계를 넘기 위해 '관계인구 개념'을 도입하거나, 수도권 분산정책으로 접근도 하지만 그마저도 별로 도움이 안되는 것이 현실이다.

퍼실리테이터 관점

인구문제는 국가의 미래전략이므로 중앙정부 관점이 주도했었는데 이는 지자체 재정이나 정책역량이 부족했기 때문이다. 이제 지자체가 인구문제에 '퍼실리테이터적 역할'을 가져야 한다.[29]

바람직한 인구전략은 지자체가 주민들이나 당사자가 스스로 인구정책에 대한 해답을 찾아가도록 조력해 주는 입장이 더 바람직하다. 쌍방향 소통과 합의를 존중하며 어디까지나 지역활성화를 이끌어 내는 전략으로 사용해야 한다. 그런 점에서 지역활력을 위한 인구정책은 지자체가 퍼실리테이터 역할을 하고 공공성 확보를 위한 새로운 리더십에 접목해야 한다. 이러한 퍼실리테이터 역할은 특히 기획하는 단계에서 중요하다.

지역은 인구 과소화, 저출산, 노령화가 쌍끌이로 겹쳐지면서 활력 없이 무기력한 모습을 보인다. 이때문에 당연히 지역을 활성화시켜야 할 활동인력, 지원인력, 분야별 전문가들도 감소되고 있다.

이런 걸림돌에 대해서 어떻게 사회문화정책으로 대응해야 할까? 미래의 지역 문화가치를 따라 유입되는 인력은 사회활력을 유지하는 생태계 구축에 중요하다. 그러므로 지역활력을 위해 문화활동의 부가가치 효과를 극대화하고, 사회문화 진흥에 재투자하고 선순환을 창출할 생태계를 구축해야 한다. 현대사회는 문화가 미래를 창출하는 힘이고 경제와 생활을 활기차게 하므로 생활 속

---

29) 퍼실리테이터는 원래 집단회의 때 효과적으로 목적을 달성하도록 진행 과정에서 참여를 유도하고 양질의 성과 도출을 도와주는 진행자를 말한다. 퍼실리테이터는 자기주장이나 답을 제공하지 않고, 지식을 전달하는 강의자도 아니며, 개인코치도 아니다. 참여자들이 스스로 정답을 찾아가도록 과정을 설계하고 진행을 돕는다. 창의적인 방법을 찾거나, 다양한 의견이 있을 때, 도출된 결정에 공동인식이 필요할 때 성과를 거둘 수 있다.
공공주체가 퍼실리테이터 역할을 함으로서 목적을 달성하는 효과적인 과정을 설계하고, 참여를 유도하는 데 도움이 된다. 실제 추진하는 데는 구체적으로 수평관계를 중시하며 조력하고 조정하며 쌍방향 소통을 지원하고, 권한과 책임을 정리하는 역할을 한다. 구성원들의 신뢰와 합의가 필요할 때나 산출 성과가 불명확하여 재설계가 필요할 때 효율적이다. 공공이 퍼실리테이터 역할을 할 때 프로세스에 중점을 두면 상호작용 지원방법 검토, 합의도출 촉진, 효과적인 의사결정과 책임감을 공유하는 장점이 있다.

에 다양한 문화가 함께하는 사회로 만들어 새로운 문화와 더불어 '살고 싶은 지역'으로 바꿔가야 한다.

이런 점에서 지역사회문화 부가가치를 높이는 것도 도움이 되므로 지역 자원과 자산을 집적화하여 창조자와 전통산업과 같은 다른 업종과 교류한다. 그리고, 첨단기술과 융합하는 데 필요한 전문인력을 적정수준에서 확보해야 하고, 활력창출을 위해 자치기반의 견인 인력층 구축이 필요하다. 나아가 환경변화에 대응할 다양한 분야에 문화융합이 이뤄지는 현실에 관심을 갖는 새로운 인력을 양성해야 한다.

또한 문화거점이나 접점마다 문화행정 담당인력, 예를 들면, 제작자, 기술자, 실연가들 같은 전문역량 있는 인재와 문화경영 인재가 필요하다. 이들이 사회문화 현장과 행정을 연결하여 추진하는 역량을 발휘하도록 전문인재로 확보해 두어야한다. 그동안 창조활동가 중심으로 지원해 왔지만 이제는 '관계유지와 활력확산 담당자'도 중시해야 한다. 그들이 지역사회 창의력을 매개하고 사회 활력을 증진시키는 역할을 한다.

그러므로 실리적인 역할은 코디네이터, 크리에이티브 리더, 소셜 디자이너가 담당하게 된다. 그리고 자치 기반의 형성과 지속 활동을 위한 협력활동 네트워크를 위한 인력층을 구축하는 데 필요한 문화코디네이터 역할이 우선 중요하다. 이들은 환경변화에 따라 융화 융합하고 현실에 맞춰 다양한 분야와 문화예술 접목이 가능하도록 양성하고 전문화해야 한다.

지역사회의 다문화 진입과 지역인구에 대한 관점이나 전략도 바뀌어야 한다. 지방도시나 대도시 모두 다 이제 다인종사회, 다문화사회로 접어들고 있다. 우리나라도 다문화사회로 진입하였으며, 지역에서 글로벌 관점으로 이주민들 대상의 정책 적실성을 신중하게 추진해야 할 때가 되었다.

인구와 인력

지역에 사는 사람들의 특성에 맞게 사회적 여건을 조성하고, 다채롭고 여유 있는 공간을 만들어 제공해야 한다. 문화활동은 소비, 레저, 창조 기회를 제공하기 때문에, 경제주체로서 느끼는 만족과는 다르다. 주로 작은 규모의 음악회나 공연 공간, 갤러리, 나이트 클럽을 중심으로 관련단체와 상업적 기업들이 협업할 기회를 만들어 주는 데 주력해야 한다.

사회활력 정책의 기조를 인구와 인력에 바탕을 둘 때 주목할 점은 무엇인가? 이를 문화적으로 접근할 때는 거시적인 정책에 해당하므로 이원적 접근이 바람직하다. 하나는 사회문제 해결형 문화정책이고, 또 다른 하나는 일상생활 예술정책으로 가는 것이다. 이때 후자에 치우쳐 추진하는 것을 지양해야 하므로 기존의 지원중심, 엘리트중심, 가시적 사업 중심에서 벗어나야 한다. 그리고 지역 도약의 에너지를 창출하며, 주민 삶의 에너지로 쓸 문화예술을 함께 추진하도록 유사정책과 차별화하는 데 유의해야 한다.

무기력한 인구감소 지역에서 지역활력을 견인할 인력은 어떤 조건을 갖춰야 할까? 지역활력은 복잡한 요인들로 이뤄지므로 우선 창조성, 기술지식, 현안 전문성, 관리경영인의 자질이 필요하다. 이때 창발 전문인력은 문화개발계획 실현과 활력 제고를 위해 지역에서 정보기술 디자이너, 건축가, 예술가, 작가, 변호사 같은 지식기반 전문가집단들을 확보해야 한다. 이런 사람들은 삶의 질과 생활편의시설에 관련되고, 창발적 활동을 기대하며, 지역 소비경제의 성장을 자극한다.

이들은 무엇보다도 지역매력에 관심을 갖고 있고, 지자체나 기업들의 다기능적 편의시설을 적극 활용하며, 역사문화유적, 문화예술 공간, 오락시설에서 중요한 역할을 한다. 고도집약적 성장시대에는 사회기반시설 구축에 중점을 두고 지역활력을 키우는 양적 확보전략으로 기업 유치에 나섰다. 그러나 삶의 질을 우선으로 생각하는 시대가 되면서 환경, 문화예술, 역사가 고루 갖춰진 지역으로 자본, 기업, 인력이 모여든다. 더구나 재택근무가 보편화된 시대에 맞춰 지역의 '의미 가치'를 존중하고 안락한 삶을 추구하며 거주 지역공간을 선택하는 전문가들의 수요를 잘 충족시켜야 우수 전문인력을 확보하는 데 유리하다.

그런 점에서, 사회활력 키우기 문화정책에는 일반적인 지역문화정책과 차별되는 몇 가지 세부프로젝트를 포괄하여 추진해야 성과를 거둘 수 있다. 예를 들면, 지역매력을 돋우고 유지하도록 콘텐츠, 문화관광, 문화자원 자산, 로컬리티 자원, 여가관광지가 필요하다.

그리고 살고 싶고 방문하고 싶은 지역으로 바뀌도록 '공간 매력'을 살려 방문객이 늘어나고 자연스럽게 공간이 활력을 갖게 지역브랜딩, 낡은 중심지 시설을 활용한 지역재생을 일으켜야 한다.[30]

사회활력을 키우는 전략으로서 '건강하고 맑고 밝은 사회'를

---

30) 지역의 브랜딩은 지역 특정산업, 전통, 문화, 커뮤니케이션, 가치관, 주민행동, 외부 이주자, 특산품, 서비스같은 요소들이 좌우한다. 특색있는 지역브랜드를 만들어 가려면 이 요소 가운데 소비자의 신뢰나 평가, 지역주민의 애착, 상품의 부가가치와 독창성을 살펴서 추진해야 한다.

지향하면서 안심 안전과 치안, 지역이미지 구축, 사회적 자본 구축, 소수층 돌봄(마이너리티에 대한 사회적 포섭)을 고려해야 한다.

또한 지역공동체의 뿌리인 개인과 테마공동체의 활력을 키우는 데는 개인적인 고립감(존재력 정체성), 소외감, 과대 스트레스 해소, 고령자 의료비, 젊은 인구 유입이 필요하다. 공동체 활동, 표현력을 늘리는 소통활력을 위해 창조력, 소통활력, 소수층 돌봄과 같은 접근도 세부적으로 챙겨야 한다.

이러한 접근전략으로 지역이 활기차게 움직이고, 그 과정에서 거둬들인 경제적 이익은 저임금 소득층에 이전되어 지역의 행복 총량이 커질 것으로 기대한다. 그러나 자칫 잘못하면 특정 계층에게만 집중된 제한된 경제발전 프로그램이 될 수가 있으므로 주의해야 한다. 위축되는 지역의 주민들을 먹여 살릴 창발적 인재가 필요하다. 그래서 지역에서는 창발적 전문가(Creativity Leader) 양성을 위한 전략을 펼치고 있다. 예를 들면 상하이의 창조시스템 건설 10대 전략, 영국의 부처간 통합지원시스템, 프랑스의 비정규직 근로자 예술인력, 공연인력, 예술인 고용지원 같은 창의적 전문화 전략이다. 그 밖에도 개인들은 '자기화' 과정 학습, 사회적 전문화 교육(인문학, 주변 분야)에서 '창조성+α'로 학습한다. 그 결과 지역혁신에서 주도적인 역할을 하고, 창의성을 제품과 서비스로 구현하며, 창조적 성과물을 지역에 내놓을 수 있는 각 분야 전문가들이 소중한 역할을 지역에 쏟아놓게 된다.

적정인구 유지

로컬리티는 지역공동체의 인구나 자치역량과 밀접하게 관련될 수 있으므로 묶어서 살펴보아야 한다. 인구는 지역을 유지하는 기본요소로서 일정 수준을 지속할 수 있어야 한다. 이들이 자기 지역에서 지속적으로 거주 가능하도록 하는 데 중점을 두고 이를 정책적으로 추진해야 한다. 지역사회 내 인구증가를 유지하려면 주민생활에 도움이 되는 이런 서비스를 안정적으로 지원하고, 또한 지역의 역량과 균형을 유지할 수 있도록 해야 할 것이다.

지역인구는 지역사회의 로컬리티를 지키는 필수요소이기 때문에 적정수준을 유지할 필요가 있다. 안정적으로 인구를 유지하면 지역사회의 고유한 정체성과 문화를 보존하는 데 당연히 도움이 된다. 전환기에는 적정인구가 깨지거나, 바람직하지 않은 요인으로 급격히 증가하거나, 외부인의 유입으로 지역 전통이 희석되거나 침식될 수도 있다.

또한 지역사회는 적정인구를 유지하면서 결속을 유지할 수 있다. 지역인구의 규모와 다양성은 사회적 결속과 지역사회의 협력 능력에 영향을 미친다. 화합과 포용성을 촉진하고, 여러 지역발전 요소들 사이의 균형을 맞추는 것이 지역사회의 기본목표이기 때문이다.

로컬리티는 추구하는 목표와 접근방식이 다양하다. 인구관련 전략도 특정 지역주의 운동이나 공동체의 특정 맥락과 가치에 따라 다를 수 있다.

로컬리티를 위해서 지역사회의 인력은 어떤 가치를 갖는가? 여기에서 사회적 인력이란 지역 이니셔티브, 사업, 대의명분을 촉진하고 지원하는 데 전념하는 공동체나 지역 내에서 집단으로 노력하는 인적 자원을 뜻한다. 여기에는 지역사회와 경제를 강화하기 위해 함께 일하는 자원봉사자, 활동가, 지역사회 조직가, 주민이 포함된다.

로컬리티 맥락의 인구전략

지역활성화를 위해서는 로컬리티관련 인재를 어떻게 활용할지 적극 고려해야 한다. 우선 기본적으로는 주민들이 지역 의사결정 과정과 지역사회 프로젝트에 적극적으로 참여하도록 장려해야 한다. 이를 바탕으로 지역경제를 활성화하기 위해 지역기업을 홍보하고 후원하며, 참여네트워크를 강화한다. 이때 네트워킹은 주민과 조직이 자원을 협력하고 공유할 수 있는 플랫폼이 중요하다.

지역사회는 환경보전이나 교육을 추진하면서 지역의 명분을 강화하는 참여조직을 설립하거나 지원해야 한다. 그밖에도 지역사회 현안을 해결하는 지역 프로젝트나 계획을 위해 자원봉사자를 동원한다. 그리고 지역이익과 지속 가능성을 우선시하는 정책, 이니셔티브를 옹호하는 활동단체들을 네트워크화 하는 것이 효율적이다.

이러한 활동을 하는 과정에 자연스럽게 사회가 활력을 갖추고, 지역사회의 자립심, 회복력, 전반적인 웰빙이 향상되는 동시에 참여 네트워크 구성원들이 지역에 대한 소속감과 자부심을 키울 수 있다.

급격히 감소된 지역인구 문제로, 지자체들은 이제 지역소멸 걱정을 벗어나고 생산인력 부족문제를 해소하기 위해 외국인 근로자 유입 현실화 방안이 불가피 하다. 지역기업들은 현장수요 인력, 기술인력 확보 경쟁을 할 때, 지역에 실제로 거주할 주민 확보를 함께 고심한다. 지금같은 추세로 간다면 결국, 근로취업을 위한 이민은 늘어날 것이며 더 다양한 형태로 펼쳐질 것이다. 특히 여성취업과 결혼으로 이주여성 인구가 늘어날 것으로 예상된다.

외국인 근로자 이주가 가속화되는 추세에 따라 지역에서는 현재는 물론 미래 지역활력에 도움이 될 인력을 확보해야 한다. 이민자들도 활동기회와 삶의 질을 보고, 살 지역을 판단하며 미래가 보장되는 지역에 살려고 한다. 외국인 이민자들은 나름대로 직업기술이 있으므로 지역 입장에서는 생산 안정과 활력유지에 도움이 된다.

이주민 활동에서 주목할 점은 외국인 근로자들이 지역이나 지방도시 사이를 왔다 갔다 하면서 일한다는 점이다. 도시는 자연스럽게 기술이민자가 모여들고, 농어촌에는 단순근로자가 주로 유입한다. 이주민들이 늘어나면 지역은 세금 수입이 늘어나고 지역정책에 긍정적·부정적 영향을 줄 수 있기 때문에 주목해서 유치해야 할 것이다.

인구문제는 정치적으로 접근하는 경향이 적지 않다. 정치인들은 대중의 지지를 받으려고 임금과 근로자 문제를 제시하면서, 적극적인 이주전략을 제시하거나 실천하려고 한다. 이제는 기업과 젊은 기술자를 의식해서 진정성 있는 정책을 고심해야 한다. 이제 지역도 글로벌 브랜드를 구축하고, 진정으로 살기좋은 지역으로 발전되어 근로자들의 생활조건이 개선되도록 인력정책의 기조를 바로잡아야 한다. 한편, 농촌지역 인력부족을 해소하려고 지역특성에

맞춰 인센티브전략을 개발하여 집행하는 지역이 늘어나고 있다.[31]

2. 지역사회 문화활력 전문가

활력견인 코디네이터

지역문화정책에서 활성자 인력은 왜 중요한가? 지금같은 전환기 현실에서는 활성화를 주도하는 역할을 바탕으로 감축과 위축에서 벗어날 계기를 만들어 줄 것으로 기대하기 때문이다.

그렇다면 지역활력을 북돋우는 데 도움이 될 사람들은 누구일까? 이에 필요한 전문인력으로 사회문화활력 전문가, 사회문화 전반의 창의적 전문가, 창발적 리더, 혁신확산 활동가들을 우선 생각할 수 있다. 다양한 지역사회 변화 가운데 이러한 사람들이 지역활력을 일으키는 데 성공한 경험들이 있었다. 위축을 벗어나 활력을 이끌어 낼 전문인력을 지역이 확보하고 양성해야 한다. 해당지역이 당면문제의 특성에 맞는 전문가를 확보하면서 그들에게 활성자 역할을 기대할 수 있다.

지역창작자들은 지역인재의 확보, 양성 방안에서 어떤 문제점을 안고 있는가? 흔히 정책에서는 그들을 창작전문가라기 보다는 지역에서 활동하는 생활인의 한 부류로 보고있다는 점이 아쉽다. 코로나19펜데믹으로 지역침체가 지속될 때 가장 늦게 수혜를 받은 직종이 바로 문화예술 활동가였다. 사회문화예술 인력의 사회적 포용은 매우 심각한 문제였다. 따라서 이들을 중심으로 사회회

31) 도쿄근처 지역에서는 이사 온 가족에게 자녀 한 명당 7,600달러를 지급하고 재택근무 기회를 확대하자 인구가 다소 늘었다. 미국 버몬트주는 근로자 재배치 인센티브 프로그램(Worker Relocation Incentive Program)을 만들어 주택과 경제개발 프로그램을 병행하여(7,500달러 보조금 제공) 근로자 유치성과를 거두기도 했다. 또한 주택을 제공하여 도심 재생을 추진하는 이주장려 정책(이탈리아 북부 피에몬테와 중부 토스카나 지방), EU포스트코로나19 복구기금을 사용해서 지역 적정인구 30%를 유지하는 정책(스페인 농촌인구 감소대책)도 펼치고 있다. 여러 나라들은 이런 조치와 원격근무 전환정책을 병행해서 농촌지역에 인구유입 기회를 만들고, 포용성 있는 미래전략으로 글로벌 인력 확보를 위해 노력하고 있다.

복력을 키우기 위해서는 먼저 사회에서 이들에 대한 인식이 바뀌어야 한다.

문화예술 소비는 가계소득 탄력성이 강해서 경제가 좋으면 문화활동이 늘어나고 경제가 취약해지면 외면을 받는다. 전환기 지역사회에서 문화예술 활동, 상품, 서비스는 물론 창작 매개유통 과정도 비용이 많이 들고 생산 공정이 더 불안정해질 수 있다. 특히 전반적 여건이 부족한 데 따라 생기는 리스크는 더 많다. 더구나 낮은 숙련도, 비대면 활동의 불가피성 때문에 전환기에 더 취약할 수 있다. 문화예술 관련인력들의 노동취업 불안정, 저임금 무일자리로 전체 예술인력이 감소되지나 않을까 우려할 정도에 이르렀다. 이런 인력환경에 대하여 기술향상, 훈련 가속화로 소득불평등을 최소화할 수 있는 포괄적 프로그램과 대책으로 활력을 줄 필요가 있다.

그동안 지역사회 활성화를 위한 인력수급을 계획적으로 추진한 적이 있는가? 아마도 이런 문제에 대한 공통인식조차 드물었을 것이다. 그동안은 좋은 정책을 만들고 재정을 투입하면 적절하게 성과를 낼 수 있다고 하는 생각이 지배적이었다. 그러나 이제 전환기적 상황에서는 달리 접근해야 한다. 혁신 확산을 위한 정책이나 기획은 기획역량과 지역전문성을 갖춰 추진해야 한다. 그런데 이런 문화기획자나 혁신기획자가 지역에서 살아가기가 어려운 것이 현실이다. 활력을 주도할 입장에 있는 문화코디네이터가 제 역량을 발휘할 여건이 갖추어지지 않기 때문이다. 또한 사회문화인력의 네트워크화 구축이나 활성화를 추진하는 별도의 전략도 없었다. 지역에서 문화기획자로 살아가기가 어렵다는 표면적인 이유보다

여건이 갖춰지지 않은 것이 더 큰 문제이다.

코디네이터와 기획자

지역의 사회문화 활성화와 관련해서 중심적인 역할을 담당할 직종이나 인력수요가 중요한데, 어떤 직종이 시급한가.

첫째, 지역문화 활성화와 관련해서 문화활동 전면에서 활약할 코디네이터가 중요하다. 이들은 문화예술을 통해 다른 사람들을 연결시키고, 다른 분야와 문화예술을 이어주며, 전문적인 문화활동을 펼치는 직종에 종사한다. 코디네이터는 소속단체의 조직을 관리하고, 조직 외의 사람들과 연계하며, 사업을 기획 조정하는 역할을 하는데, 이런 점에서 지역문화매개자와 비슷하다.

이런 코디네이터는 남다른 자질이 필요하다. 특히 커뮤니케이션, 현장관리, 경영능력, 주변을 감싸고 연결시키는 힘, 문화예술의 사회적 역할을 극대화시키는 역량이 중요하다. 실제로 이들은 지역이벤트와 프로그램을 계획하고 실행하는 전문가로서 행사일정 관리, 예산, 자원봉사 관리 능력을 갖추고 주민들과 접점을 넓히도록 한다.

그런데 코디네이터가 현실적으로 활동을 하는데 제약이나 문제점도 있다. 예를 들면, 고용이나 대우가 불안정하고, 코디네이터의 독자적인 역할을 부여하기가 어렵다. 그리고 중요성에 대한 인식에 차이가 있으며, 순환보직 때문에 전문가로 자리잡기도 어렵다. 그러므로 처음부터 코디네이터 역할을 할 거점활동 전문가를 별도로 키워야 한다. 코디네이터의 육성 확보를 위해서는 먼저 가시적 활동이 가능하도록 지역 안에서 적절한 코디네이터의 역할을 분석하여 설정해야 한다. 활동조직 내에서 위상을 만들어 주고 적합한 역할을 줘야한다.

둘째, 문화기획 활동가가 중요하다. 지역 문화기획 전문가가 부족하고 그들의 일거리가 지속 보장되기 어려운 현실 때문에 점차 그 활동이 줄어드는 추세이다.

지역문화행사와 이벤트 기획자는 이벤트를 기획하고, 예산을 관리하며, 실행 계획을 수립하고 집행하여 지역활력을 불러 일으킨다. 문화활동 마케팅으로 교류와 참여를 이끌어내는 역할을 담당하는 이들은, 이벤트나 프로젝트 홍보, 타겟 잠재고객 전략을 수립하며 활력을 높인다.

또한 지역의 문화사업 프로젝트 매니저가 중요하다. 이들은 프로젝트 계획, 진행, 리소스 관리, 팀 협력을 리드하는 역할을 하며, 특화프로그램 운영 지원, 소통, 교류프로그램 기획과 프로젝트를 총괄한다. 또한 프로젝트 아카이빙 활동을 담당하는 이들은 문화공간을 발굴하고 문화콘텐츠 현장을 조사하며, 온라인 플랫폼을 통한 프로젝트 아카이빙 활동을 펼쳐 로컬리티를 지속 강화한다.

예술감독은 지역문화예술 프로젝트의 방향과 창의적인 요소를 지도하고 품질을 보장하는 데 중요한 역할을 한다. 커뮤니케이션 담당자도 기획가와 호흡을 맞춰 커뮤니케이션, 스폰서, 자원봉사, 커뮤니티와의 협력을 유지한다. 이런 기획활동들은 모두 다 문화행사와 프로젝트를 성공시키는 데 첫 출발점이자 핵심으로서 중요하다. 문화기획은 사업 성격상 다양성을 존중하고 다른 배경을 가진 사람들과 협력하여 활성화 노력을 해야 한다.

코디네이터와 기획자가 활동하는데 사회문화 활동범위가

넓으므로 협력을 위해 예술가, 아트디렉터가 필요하다. 이들은 예술활동, 박물관, 갤러리 운영자들과 긴밀하게 연관되어 활동하는 데 공연·전시를 기획하고 문화예술을 지역사회에 소개하여 활력을 유지하는 역할을 한다.

문화활동에 관한 프로모터 역할을 하는 지역문화 홍보, 소셜 미디어 활용, 정보 발신, 로컬리티 제고 활동가들도 기여하고 있다. 그 밖에도 교육, 상담자, 교육기관과 커뮤니티 근무자들도 문화배경이 다른 사람들을 돕고 문화적 문제에 참여하면서 지역활력에 기여하고 있다.

이와 더불어 문화활력을 이끌어 낼 일반 활동가들의 역할도 중요하다. 지역사회의 문화활동 리더로서 지역문제 파악, 해결방안 제시, 주민결집력 제고역량을 높이는 활동을 펼친다. 또한 지역의 사회문화부문 자원봉사자들은 개인 시간과 기술을 무료로 제공하고 지역프로젝트를 지원하며, 내외부 활동을 전개한다.

또한 외부소통 역량이 있는 인력은 지역문제를 외부에 전달하여 협력을 이끌어 내고 활력을 높이는 데 기여할 수 있다. 사회문화 활동에 관련된 기업가들도 고용 기회를 제공하면서 사회문화 활동을 지원한다. 지역의 문화성을 기업가치로 실현하고, 지역감성을 상품으로 연결시키면서 로컬리티를 높이는 데 기여한다.

창조성 리더

지역사회 문화활동이 지속해서 추진되고 주민참여가 늘어

나면서 지역활력이 서서히 싹트게 된다. 이런 활동을 이끌어 가려면 지역 내외 사람들과 원활하게 커뮤니케이션하여 지역사회를 충분히 이해해야 한다. 지역과 커뮤니티의 문화와 역사과제에 대한 깊은 이해, 지역특성 존중, 적절한 접근법과 발굴에 관한 기반지식을 갖고, 지역사랑 마인드가 충만해야 한다. 또한 여러 단체나 참여자들과의 사이에서 협력하고 리더십을 발휘할 역량을 갖춰야 한다. 지역 프로젝트나 활동을 이끌고, 다른 회원이나 단체와 협력할 수 있는 능력, 리더십, 기술과 팀워크 역량을 고루 갖춰야 한다.

특히 지역사회 문제에 접근하는 데 필요한 문제발견, 진단, 해결 능력과 창의적이고 효과적인 솔루션을 개발하는 능력이 요구된다. 아울러 그 창의성을 주민이나 단체를 대상으로 교육하고, 창의성 개발활동을 전개해야 한다. 창의성을 바탕으로 협업으로 활동하는 데 필요한 유연성과 적응력을 갖춰, 수요가 달라지면 유연하게 대응해야하고, 새 아이디어를 내고 접근할 수 있는 역량을 갖춰야 하기 때문이다. 또한, 지역의 지속가능성을 믿고 이에 대한 신념이나 의식이 충만해야 한다. 다시 말하면, 지역의 자원과 환경을 배려하고 활동이 지속가능하다고 생각하는 능력이 두드러져야 창의성이 싹틀 수 있다.

창조성 리더 양성

지역활력을 이끌어 가는 지역리더들은 창발적 인재로 거듭나야 한다. 이들을 '창발인재'라 부를 수 있는데, 이들은 세상의 규율과 속박을 벗어나, 창의적이고 자발적인 사고를 통해 새로운 것을 만들어 낸다. 그러므로 창발인재는 자신이 속해 있는 사회의 기회의 제약 속에서 혁신적 사고를 실천할 수 있어야 한다. 그러므로 창조인재 요건으로는 실천력과 더불어 자신의 생각에 실현가능성을 고려하는 포용력을 갖춰야 한다. 이들이 사회적으로 존중받는 이유는 창조적 결과로 사회에 기여하고 존경이라고 하는 보상을 받기 때문이다. 자원이 적은 지역사회에서 이들의 존재는 더 두드러지게 나타나고 큰 영향을 준다. 그러므로 그가 어떤 일을 얼마나 많이 하느냐 보다 어떻게 일을 하느냐가 더 중요하다.

지역의 창조성 리더들은 어떤 특징을 지니고 있을까. 창조성을 이끌어 가는 이들은 구성원들이 의미 있는 새로운 것을 창출하도록 이끌어 가는 일에 종사한다. 물론 그들은 자신이 스스로 창조적인 활동가이기도 하다. 예를 들면, 과학자, 대학교수, 시인이나 소설가, 예술가, 디자이너, 건축가 들이 여기에 해당된다. 좀 더 크게 보면 이들은 해당 지역에서 동 시대의 사상적 지도자들이다. 그들이 몸담고 있는 활동영역은 주로 창작, 지식정보, 문화예술기획, 사회과학 연구원, 여론 주도층이다. 그 밖에도 사회활동 실무차원에서 금융서비스, 법률, 경영지식 분야에서 두드러진 사람들이다.

이들은 자신이 창조적 활동을 하면서 동시에 지역사회 전반에 '창조성 분위기'를 퍼지게 하고 창발인재를 키워낸다. 활력을 이끌어 낼 창발인재는 일반적인 사회교육과 다른 차원으로 접근하고 양성해야 한다. 먼저 교육프로그램을 수요에 맞춰야 하는데, 학교와 교육기관이 문화예술 교육프로그램을 제공하되 특히 젊은 세대가 관심을 갖는 내용과 방법으로 구성해야 한다. 교육을 위해서는 우선 지역 전문가와 아티스트가 워크숍이나 교육을 담당하고, 기술을 공유하며, 새로운 재능을 발견하게 해야 한다. 여기에서 기본활동인

자원봉사에 대한 주민 참여기회를 늘려 제공해야 한다. 또한 사업의 지속발전을 위해서는 멘토십 프로그램을 개발하여 경험이 풍부한 문화활동 인재가 젊은 인재들을 지도하고 키워내야 한다.

이들이 창발성을 키울때는 별도의 학습방식으로 접근해야 한다. 지역사회의 지속성을 유지하기 위해서 전문교육을 받는 인재가 아닌 지역주민들에 대해서도 교육학습기회를 제공해야 한다. 여기에서 보편적인 소통과 감수성을 교육하고 이를 바탕으로 '문화의 힘'을 발휘하게 한다. 특히 표현, 커뮤니케이션, 체험기회를 만들어 줌으로서 창의적 인력자원을 개발하는 성과를 거둘 수 있다.

지역사회는 지식의 축적과 활용을 바탕으로 지속적으로 발전한다. 그러므로, 창조리더의 뛰어난 창발적 성향이 지역사회를 늘 깨어있게 하고 발전시키는 데 크게 영향을 미친다. 이를 위해 지역문화 자원과 콘텐츠를 교육콘텐츠화하여 학습자료로 활용한다. 이런 활동들은 개방성, 다양성과 상관관계가 있고, 지역경제성장에 영향을 미친다. 그런 점에서 창발인재가 부가가치를 창출할 수 있는 직무는 문화콘텐츠산업에 있다. 또한 지역 안에서 문화활동량이 많아지고, 문화시설 이용을 고도화하며, 문화행사를 개발하고 체계적으로 추진함으로써 다양한 인력자원을 창발적 인재로 거듭 태어나게 한다. 문화콘텐츠를 교육콘텐츠로 활용함으로써 사회문화활동 정규·비정규 교육에서 실질적 로컬리티 효과를 거둘 수도 있다.

아울러 성인 대상의 창발성 학습을 늘려 지역 내 주민이나 단체들에 '성숙 사회화에 필요한 문화와 지식'도 제공한다. 또한, 사회변화에 뒤처지지 않도록 지능정보활동에 필요한 학습기회를 공급하여 한 차원 높은 지능정보사회 활동인력으로 성장하게 한다. 이로써 지식정보화 사회의 핵심지식이 될 '암묵적 지식'을 쌓고, 스스로 지식사회에 대비할 여건을 만들어 준다.

3. 전문인력 네트워크

구축

사회문화 전문직 인력수요에 맞춰 인력을 지속유지하고 확보하는 전략의 하나로서 네트워크를 구축하는 것이 바람직하다. 전환기를 지나면서 지역사회 전반의 일자리에서 문화부문 전문직 확보전략이 어떻게 변화하는지 주목해야 한다. 단기적으로는 고도화, 체계화로 효율성을 유지하면서, 사회와 전문직 사이에 전문직 학위, 기술직 규제, 공공성 권리의무와 같은 '계약적 타협'이 유지되고 있다. 그러나 중기적으로는 전문가 대체가 불가피하며, 변화가 지속되면서 점차 사회문화 전문직 확산이 보편화된다. 그런데도 장기적으로는 새롭고 더 나은 방법으로 공유됨에 따라서 사회문화 전문직이 해체될 수도 있다고 본다.

문화예술 활동가만 보면 고급인력 지향성이 확산되고, 기술과 수요에 적합하게 보상을 받는 고급인력이 늘어나면서 일자리 양극화(job polarization)로 이어질 수도 있다. 또한 지역사회 활력으로 좁혀서 보면, 문화기술이 인간의 창의력을 능가하는 현상(singularity)때문에 자동화가 가능한 일거리는 증가하며, 그럴수록 '창의적 전문가' 수요도 늘어날 것이다.

창의성 인력들은 기능과 응용으로 이뤄진 기존의 '숙련된 전문가'와는 다르게 접근하는 직업군이다. 문제를 찾아 새롭게 정의하고, 새로운 가치와 관계(사람, 사물, 기술과의 관계) 창출이 가능하며, 규격화되지 않은 성장 확장이 가능한 역할을 만들어 간다. 결국 사회문화부문 전문직으로 창의적 디지털 역량(digital capability)과 더불어 지능사회에 적합한 '맞춤인성'(개방, 디지털사고, 상호신뢰, 협력)까지 갖춘 파트너 수요로 늘어나게 된다.

지역사회에서 왜 인력 네트워크가 중요할까? 일단 지역인력이 절대 부족한 상태이므로 신규 수요증가에 대응하기 위해 필요하다. 인력 네트워크는 지역사회 문화활동에서 참여자의 중도이탈을 방지하고, 주민과 교류를 지속유지하며, 사업성과의 공유를 하는 데 매우 중요하다.

지역수요를 반영해서 다양한 지역문화 인력을 확보하려면 관련단체와 네트워크를 통해서 인력을 확보하는 방법이 바람직하다. 또한 기존에 다양하게 존재하는 전문가 매칭과 컨설팅을 바탕으로 자기주도적 프로젝트 진행에도 도움을 받을 수 있다. 특화된 인력을 충분히 양성하기 어려운 현실을 고려한 전략이다.

또한, 지역 내외의 타 기관과 교류하면서 지역워크숍을 운영하는 데도 도움이 된다. 아울러 문화인력을 행정권 기준으로 각자 확보하는 데 드는 비용을 줄여, 문화권 단위로 구축하고 이를 전국 단위로 촘촘하게 연결시켜 효율화하는 방안도 바람직하다. 결국 지역의 활성화와 로컬리티에 관련된 전문인력은 관련인력들의 네트워크를 구축하여 활용하는 방안이 효율적이다.

그렇다면 구체적으로 인력네트워크 구축방안을 지역실정에 맞게 어떻게 구축해야 할까? 이를 위해서 네트워크 활동관련 기본소양을 갖추고 지역문화와 전통을 존중하는 마인드를 심어주고, 워크숍과 교육프로그램을 개최하여 지역 젊은이들에게 문화활동과 예술에 관한 기술을 교육하는 것이 바람직하다. 또한 커뮤니티 아티스트의 리더십 프로그램으로 지역 아티스트에게 리더십과 프로젝트 관리기술을 가르치고 지역프로젝트를 지원해야 한다. 아울러 문화교류 프로그램을 강화하여 추진하도록 지역 내외의 다른 문화를 소개하고, 교류를 촉진하는 프로그램을 개최해, 다양성에 대한 이해를 장려해야 한다.

이런 네트워크를 유지하는 활동 주체는 주로 지역 미술관과 문화시설이 적합하며, 여기에서 전시공간과 워크숍, 아티스트와 문화활동 장소를 제공한다. 또한 네트워크의 한 축을 담당 할 학교와 협력하기 위하여 대학 등과 제휴하여 학교 커리큘럼에 문화활동과 예술을 교육한다.

이러한 전반적인 활동에서 지역커뮤니티 참여를 장려해야 한다. 지역커뮤니티 회원을 확보하여 참여시키고, 아이디어와 파트너십을 활용하여 프로그램을 개발하는 것이다.

대학과 지역문화

지역대학은 지역문화를 승계하는 시스템으로서 높은 위상을 지니고 있다. 애덤 스미스(A. Smith)도 대학비판론과 대학평가론을 함께 다루면서 대학의 위치를 지역사회적 분업체계 속의 한 단위로 보고 있다. 이는 지역사회에 중요한 인프라로서 대학, 교육시스템을 공공재 또는 지역사회적 통합수단으로 기대한 것이다.

지역대학은 지역의 미래지식 터전으로서 문화적 역할이나 방향이 뚜렷하다. 다시 말하면 대학은 창의성 제고, 창의적 구현, 열린 리더십, 혁신적 사고의 핵심 요체로서 지역발전의 디딤돌이 되는 활동 주체이다. 이렇듯 미래사회를 견인하기 위해서 교육설계, 멀티미디어 제작, 데이터 분석과 같은 필요한 학습관련 기술을 개발 또는 도입하여 교육하고 있다. 학교의 구성원인 학생이나 교수들도 자신의 교육프로그램이 미래사회에 적합하게 활용된다는 생각을 갖고 미래인력에게 에너지를 부여한다.

대학교육은 지속발전 가능한 지역사회의 견인차가 되기 위해서 창조와 재창조를 거듭하고 있다. 특히 청년 일자리문제, 지역 무기력화, 창발적 지역생태계 구축에 대응하여 지역사회와 대학의 연계성을 강화해야 한다. 전환기에 급격히 발전하는 디지털 연결, 온라인 학습으로 젊은이들의 기회를 늘리는 것이 과제이다. 교육기술도 구식 커리큘럼이 아닌 소프트 스킬, 취약한 커뮤니티 해소, 디지털 연결 및 학습으로 대폭 전환되어야 한다.

이런 점에서 지역에 중요한 인력을 배출하고, 일자리와 관련해서 문화자원을 콘텐츠화하기 위한 연계융합 전략이 중요하다. 이는 어디까지나 지역의 미래를 고려한 대학과 지역자원의 협력방식이다. 이를 위해서 대학이 더 적극적으로 지역사회 활동에 참여해야 한다. 우선 인문학, 예술, 기술, 전통문화, 경영같은 다양한 분야의 학제적인 공동연구를 위해서는 연구소나 정책사업도 필요하지만, 관련기관들을 네트워크화해야 한다. 네트워크화는 민간부문에서 자발적으로 이루어지기가 쉽지 않기 때문에 지자체가 주도적으로 역할을 하는 것이 바람직하다.

산학연 상호간의 연계도 체계적으로 이루어져야 한다. 대학은 지역산업계에 정보와 지식, 원천기술, 아이디어와 소재 등을 제공하고, 업계는 이를 문화콘텐츠로 개발하여 상품화한다. 이를 위해 과학과 예술의 창조성을 지탱하는 대학이나 연구기관, 공연장, 도서관같은 문화시설을 활용하도록 한다. 보다 중요한 것은 문화관련 중소기업을 활성화하고 신규 창업할 수 있도록 하며, 비영리단체들을 활성화하여 '창조의 마당'을 풍부하게 만들어 줘야한다.

문화예술대학의 지역활동

지역의 문화예술 전공자들이 지역문화 활동에 적극 참여하면서 창조적인 에너지를 만들어 내고 있다. 대학교수는 교육연구에 충실하고, 젊은 예술가를 양성 배출하고 있다. 최근에는 좀더 전문적인 기술교육으로 창작 연주의 학술적 연구를 통한 예술학 연구, 연합학문 공동연구 추진, 디지털정보를 포함한 예술종합아카이브 구축에도 힘을 쏟고 미래에 대비하고 있다.

전환기를 맞아서 지역과 예술대학은 좀 더 전략적 네트워크를 만들어야 한다. 예술대학은 예술이 갖는 힘을 지역 내외에 표출시켜 지역사회 공헌에 나서야한다. 지역에 뿌리내린 전통예술과 예능의 전수, 지역학 관점에서 문화예술 연구, 지역 특정 예술의 기법 연구에 힘써야한다. 로컬리티전문 인재의 육성, 지역문화유산 보존활동, 다른 지역이나 국가들과 예술을 교류해야 한다.

지역이 지식공동체로 바뀌는 추세에 맞춰 대학과 지자체가 협동하여 문화예술 사업을 추진해야한다. 아울러 지역 어린이나 주민에게 예술교육이나 체험활동을 전개하고, 대학이 지역환경과 생명공동체 증진에 기여하도록 정비해야한다. 특히 이제는 탄소배출 삭감, 에너지절약 같은 환경정책을 추진하며 지역사회안전안심에 관련한 청조적 예술활동으로 협력해야 한다.

좀 더 적극적으로, 영국 교육기능부(Dept. for Education and Skills) 같은

> 데서는 예술대학에서 기업가 능력계획 증진, 개인의 기업가적 역량 향성에 초점을 맞추어 소기업 창업과정에 대한 이해를 높이는 방안을 연구하고 교육시킨다.

또한, 지역대학은 지역사회에 필요한 창발리더 양성·맞춤일거리 교육으로 지역이 지속발전을 담보한다. 이에 맞춰 당연히 사회문화 부문 전문인력을 공급하는 지역대학 시스템도 창의성, 창의적 구현, 열린 리더십, 혁신적 사고를 키우도록 미래지향적 역할로 바꿔야 한다. 사회문화서비스 활동에 필요한 교육설계, 멀티미디어 제작, 데이터 분석을 학습하여 접목시켜야 한다.

아울러 지역사회를 지속적으로 이끌어 갈 역량있는 인재를 확보하기 위해서 교육학습 기술의 재창조, 디지털 연결, 온라인 학습으로 세계 젊은이들의 기회 확대, 웹기술 교육, 소프트 스킬, 취약한 커뮤니티 해소, 디지털 연결 학습을 강화해야 한다.

06장 지식공동체 학습활동

1. 공동체 교육 학습과 실천

공동체 학습의 공동인식

코로나19팬데믹 때 지역사회에서 공동체활동은 지역활력을 키우는 데 큰 역할을 했다. 코로나 대응을 위해서 의료접종, 약품구입, 감염자발생 정보를 자발적으로 알려주는 단체들이 생겨나 주민들에게 용기를 주었다.

공동체는 어떤 가치를 갖고 활동하면서 지역을 활성화시키는가? 전문 테마공동체는 지역정책을 보완하고, 전환기 사회문제에 대응하며 지역을 이끌어 간다. 또한 로컬리티 가치를 키우고, 지역활력을 증진하며, 주민 개인행복을 늘리는 데에 기여한다.

문화정책은 지역사회를 활기차게 하고, 지속적으로 문화예술 생태계를 발전시킨다. 그런데 이러한 정책이 의도한 대로 순기능 효과만을 가져오지는 않는다. 기대하지 않았던 역기능을 가져와 지역사회 발전의 걸림돌이 되기도 하는데, 이를 '정책의 역진성'이라고 한다.

지역에서 주민들이 문화를 소비하는 즐거움을 누리기도 그리 만만하지만은 않다. 개인의 문화소비가 어려운 이유는 무엇인가? 이론적으로는 교육(A. Toffler), 가계소득(Gary Becker), 문화자본(P. Bourdieu) 때문이라고 지적하고 있다. 현실적으로는 사회문화체험 학습기회가 적은 것이 결정적 요인이라고 본다.

이 때문에 정책이나 어느 활동주체의 노력만으로 짧은 기간 안에 해결되기는 어렵다. 오랫동안에 걸쳐 지역사회가 통합적으로 접근하는 대책이 필요하다. 다시 말하면 가정, 학교, 사회가 주체가 되어 교육학습 참여기회를 확산시켜야 한다. 구체적으로는 지역사회 전반에 걸쳐서 교육학습이 필요하며, 감상자 개발, 매체에 대한 메타 커뮤니케이션(meta-communication)까지 확대시키는 것이 바람직하다.

이렇듯 지역사회에서 주민들에게 문화활동 참여기회를 만들어 주고, 사회자본 증진을 통해서 그 결과에 대한 평등을 실현하는 것은 정책만으로는 한계가 있다. 아울러 다면적 사회문화 격차에 대한 대응도 지역사회를 돌보는 공동체 문화활동으로 함께 살펴야 한다.

지역사회가 지속발전하는 데 걸림돌이 되는 문화정책 상의 문제는, 관행적으로 정책을 운용하다보니 '정책효과의 역진성' 문제가 생겨났기 때문이다. 이는 어떤 방식으로든 해소되어야 하며, '공진화성을 제고'시키도록 지역문화 공동체들의 활동으로 극복하는 것이 바람직하다. 구체적으로 참여와 학습, 예술체험 학습, 소외계층 개인행복 축적, 문화테라피 정책, 사회적 배제 사회적 포용, 장애자 대책(barrier free, able art), 해설이 있는 음악회, 창조적 파트너십(creative partnership)프로그램들이 역진성을 해소하는 데 도움을 주고 있다. 아울러 문화예술 이용권이 실질적인 도움을 주는데, 이런 활동들은 마침내 지역사회의 질을 높이는 데 기여한다.[32]

사회활력 증진

로컬리티는 지역공동체의 중요성과 자기주도성을 강조하는 공동체 가치, 논리와 밀접하게 관련되어 있다. 그러므로 공동체는 지속가능성 철학을 공유하면서 지역문화, 자원, 경제에 초점을 맞춰가면서 활동한다. 아울러 지역산업에 영향을 미치는 글로벌 공급망에 대한 의존도를 줄이고, 지역생산을 촉진하며, 지역환경에 미치는 영향을 줄이는 데 기여한다.

한편, 지역공동체는 지역의 문화적 정체성에 대한 인식을 공유하고, 촉진하려고 노력한다. 뿐만 아니라, 글로벌화와 다국적기업 확산으로 생기는 문화와 공동체의 균질화에도 대응한다. 이 때문에 공동체활동 가운데서 지역전통, 언어 및 유산에 대하여 인력을 전문화하고 활동시간을 많이 배정한다.

공동체활동 참여자들은 지역사회의 다른 활동들에도 적극 참여하는 경향이 있다. 참여자들은 이를 바탕으로 사회적 관계를 구축하면서 소속감과 행복감을 키울 수 있다. 아울러 '장소 감각' 다시 말하면 특정 장소와 그 장소의 독특한 감성에 대하여 강력한 연계성을 갖게 된다. 이로써 사람들은 종종 주변 환경의 익숙함과 편안함에서 기쁨을 누리며 스트레스도 감소된다. 지역공동체에 소속되면 글로벌 환경조직 속에서 일하며 받는 스트레스가 줄어드는 경향이 있다. 소규모 커뮤니티는 느린 속도의 삶과 낮은 경쟁으로 개인만족을 더 많이 확보할 수 있다.

---

32) 이 제도는 소외계층들이 문화예술뿐만 아니라 스포츠, 관광분야에 참여하여 즐길 기회를 늘려주는 데 주 목적이 있다. 그런데 운용과정에서 소외지원의 문화복지와는 차별화할 필요가 있고, 활용권 시장(voucher market)의 문제 때문에 왜곡될 여지도 있어 주의해야 한다.

공동체활동은 개인과 주변 환경에 직접 영향을 미칠 수 있도록 폭넓은 권한을 갖는다. 지역문제에 대한 자발적이고 책임있는 이런 선택의지와 통제력은 더 큰 목적 달성으로 이어진다. 또한 강력한 지역네트워크의 지원을 받으면서 활동탄력성을 가질 수 있다. 공동체활동에서 개인선호도와 상황에 따라서 보다 글로벌한 관점을 선호하는 사람들도 있다. 공동체는 이처럼 자율적 권한과 책임을 갖고 활동하며, 분권화에 따라 권한과 의사결정이 더 작고 관리하기 쉬운 단위에 분산된다. 공동체활동을 하면서 개인은 삶에 관심을 더 갖게 되고 직접적으로 영향을 미치는 결정을 스스로 내릴 권한을 키워간다.

한편, 지역공동체들은 사회자본을 중시한다. 로컬리티는 사회자본과 지역사회 관계의 중요성을 존중하며, 사회적 지원을 제공하고 소속감을 키운다.

이러한 특성을 갖는 테마공동체에 참여하는 사람들은 결국 지역 활성화를 위해 다양하게 활동한다. 여기서 지역문화예술 활동에 참여하는 방식은 지역예술이나 예술가를 지원하고, 문화시설을 운영하며, 박물관행사에 참석하는 것이 대부분이다. 나아가서 지역사회 청소행사, 도움이 필요한 사람에게 음식 나누기, 커뮤니티 이벤트, 거리박람회, 문화축제, 예술행사, 전시회, 음악공연에도 참여한다. 보다 실질적인 활동으로는 지역 스포츠단체, 피트니스그룹 활동으로 건강한 라이프 스타일을 이어가며, 지역역사 보존 공유행사에 참여하거나, 관광객에게 명소를 소개하면서 지역사회를 알리고 활력을 일으키는 데 도움을 준다.

공동체 참여자들은 자발적으로 지역환경 보존을 위한 사업을 주도(나무심기, 재활용 프로그램, 환경 프로젝트)하거나 전문가나 장인이 진행하는 워크숍 참석, 비영리단체에 자원봉사를 하며 기부하는 사례도 많다.

또한, 전문적인 테마공동체는 문제현안 공유프로그램을 개발하면서 문제해결 커뮤니티로 솔루션 브레인 스토밍과 포럼을 운영한다. 상호협력 차원에서 학교나 교육 프로그램에 자원봉사하고, 공유 프로그램(도구, 도서, 리소스를 공유하는 프로그램), 식료품, 에너지 또는 기타 서비스를 위한 지역사회 소유 협동조합 참여, 지역 기업가와 사업주가 서로 협력하는 네트워킹 이벤트에도 참여한다.

보다 적극적으로는 지역생산품을 직거래하는 활동으로서 거래장터 현지 농산물 구매, 대형가맹점 아닌 지역소재 기업에서 쇼핑하기, 주민 스스로 식량재배하는 커뮤니티 정원활동 늘리기, 지역 농산물을 정기적으로 공급하는 활동도 펼치고 있다.

공동체활동 가치를 높이는 이러한 활동들은 지역활력과 지역가치의 변화에 크게 기여한다. 사회적 결속력 강화, 공동체 브랜드 개발과 차별화, 지역공동체에 대한 소속감과 긍지를 갖게 한다.

이런 활동은 결국 지역공동체 전체를 긍정적으로 변화시키는 데 기여한다. 예를 들면, 공적인 대화를 늘리고, 창의성에 바탕을 둔 공동체를 육성하며, 건강한 공동체 행위를 개발하고, 공동체의 활동을 위한 강력한 동기를 부여하게 된다.

공동체 개인복지에 기여

테마공동체 활동에 참여하면서 개인의 행복과 복지 증진에 도움을 받는 경우는 주변에서 흔히 볼 수 있다. 테마공동체 활동은 삶의 질을 강화시키고, 문화적 결속을 강화한다. 또한, 문화예술에 바탕을 둔 건강한 라이프스타일과 외부활동 견인, 평생학습 증진, 저소득계층과 취약계층에 대한 예술소비 기회를 제공한다.

특히 개인과 청소년을 포용하는 효과적인 복지수단으로도 제공된다. 청소년들에게 새로운 분야에서 학습할 기회를 갖고 회복력과 자기존중력을 형성하게 해준다. 나아가 성인으로 커나가는 과정에 직업능력 개발, 리더십 개발, 공동체 안에서 긍정적인 변화를 맞게된다.

개인 참여는 맞춤형 사회문화활동 솔루션을 찾는데 실제로 도움이 된다. 지역사회 문제를 해결하고 국가 수준에서 해결되기 쉽지 않은 특정 사항과 과제를 해결하는 경험도 쌓는다. 그러나 무엇보다도 개인이 지역사회에 소속감을 갖고, 사회참여 보람을 느끼게 된다. 아울러 지역공동체 소속원으로서 책임성, 지자체 접근기회, 의사결정의 투명성을 높이며, 시스템에 대한 신뢰도와 사회적 책임성을 스스로 부여하게 된다.

그런데 개인참여로 행복을 증진시키는 데는 개인복지에 대한 공동체의 영향이 갖는 잠재적 단점에 유의해야 한다. 지역사회의 자원 제약으로 어려움을 겪을 때는 불평등을 악화시킬 수 있어 피해를 보게 된다. 로컬리티를 지나치게 강조하다 보면 단편화로 이어질 수 있고, 지역경계를 초월하는 더 광범위한 사회적 문제를 해결하기 위한 조정노력이 줄어들 수도 있다. 나아가 지역 내 의사결정은 노력이 중복되거나, 특정지역 우선순위로 중요문제를 무시하는 비효율성도 발생할 수도 있다.

실천공동체 참여

지역사회에서 실천공동체란 지역문제에 실질적으로 대응하기 위해 문제해결 대응책을 개발하는 커뮤니티를 말한다. 지역사회의 공식조직과는 관계없이 어떤 문제를 다루려는 테마나 목적을 위해 주체적으로 모인 집단인 셈이다. 지역에서 생동하는 문화는 '지역 그 자체'이므로 경제, 교육, 기술, 복지분야 공동체들이 문화를 분리시키지 말고 함께 고려해야 지역활력을 창출하는 데 도움이 된다

지역의 실천공동체는 학문적으로 정립된 개념은 아니며 지역사회 문제에 대응하기 위해 생겨나, 지역문제에 대하여 지역 전반이 공동으로 인식하고 해결에 나서는 공동체라는 관점에서 저자가 제시하여 논의하려는 것이다. 이런 활동은 공동체가 서로를 이해하도록 촉진하고, 단체적인 협동을 가져온다. 그리고, 전환기 변화에 대한 대응력을 증진시키며, 실수요 전문인력을 양성하는 효과까지 기대할 수 있어 지역활력 증진에 중요하다.

지역사회 활동가들은 실천공동체를 통해 현장지식을 공유함으로써 사회적 과제에 대한 깊은 지식을 갖고 폭넓게 노하우를 이해하게 된다. 앞서가는 지식에 관련된 공통기반을 확립하여 자발적으로 또 다른 테마공동체를 구체적으로 만들어가게 된다. 이런 활동을 바탕으로 결국 지역사회 문제에 대한 '인지공동체'로 바뀌며 로컬리티와 활력을 증진시켜 나간다.

실천공동체는 이렇게 자기의 활동영역, 커뮤니티 구조, 실천적인 활동을 전제로 하여 운영한다. 여기에서 영역이란 일차적으로

는 문제가 발생하여 영향을 미치고 있는 지역공간을 말한다. 한편 또 다른 관점에서는 구성원들이 서로 관심을 두고 있는 특정 테마 영역의 지식을 말한다. 어떤 테마나 사물에 대한 공통의 흥미와 관심을 가지고 있으면서, 그것에 의해 연결되어 있는 집단이다. 따라서 활동영역을 분명히 해야 실천공동체 활동이 명확해 진다.

실천공동체는 대개 공통영역의 관심사에 대한 회의나 토론 활동으로 서로 연결되며, 신뢰에 근거한 호혜적 관계를 유지한다. 또한, 실천공동체는 함께 공유하고 유지하는 특정지식을 갖고 있다. 여기에 참여하는 사람들은 실천행동가이기 때문에, 참여하는 것 자체가 실천하는 것이다. 따라서 실천공동체의 가치를 조직으로 가치로 전환할 수 있도록 구조화하는 것이 중요하다.[33]

이런 실천공동체 활동을 하면 지역사회와 참여자는 서로 어떤 이점과 혜택을 갖게 될까? 실천공동체는 우선 지역의 문화를 양성한다. 서로 돕는 문화협동을 거두고, 더 합리적으로 추진되도록 하고, 제대로 배우며 지역 전체에 활용하려는 협력 분위기가 길러진다.

아울러 실천공동체는 학습을 하면서 다른 기술과 지식을 배우거나 현재 특정 영역 현장에서 일어나는 문제 해결의 새로운 목적을 갖게 된다. 평소와 다른 환경에서, 또는 실패해도 크게 문제되지 않는 환경에서 학습과 실행을 할 수 있다. 따라서 새로운 관점이나 사고를 자유롭게 시도할 수 있다.

공동체 가치의 실천

실천공동체에서는 평소와는 다른 견해·방법·사고방식으로

---

33) 예를 들어, 지역의 청년창업을 실천하기 위해 지원프로그램과 멘토십을 강화해야 한다. 특히 스타트업을 지원하며, 청년창업자들이 지역에 공헌할 수 있도록 네트워킹 이벤트를 자주 마련하고, 리더십교육을 하며, 커뮤니티 참여를 강화한다. 그리하여 지역커뮤니티와 협력하여 멘토십활동으로 지역 전체의 고용에 도움이 되도록 지원하는 것이다. 그 결과 지역사회 전체의 협력, 현지 리더십이나 교육기관, 기업이 협력하여 실현할 수 있는 실천공동체에 적극 참여하는 기회가 늘어난다.

문제에 대응할 수 있다. 이 과정에서 새로운 방법이나 사례가 태어난다. 이때 혁신이나 대응능력 증진, 문제 해결로 이어지는 경우도 있어 공동체 가치 실천과 혁신의 확산을 가져온다.

실천공동체를 운영하는 동안에 참여자들의 지역사회 귀속의식은 더 높아진다. 다양한 부문이나 계층으로부터 구성원이 모이므로 새로운 인적 네트워크, 새로운 인지공동체 의식으로 연결된다. 기존의 조직적 경계를 넘어서 서로 일하기 쉬운 환경을 만들 수도 있고, 인맥이 넓어져 네트워크화에도 유리하다.

이러한 실천공동체를 만들고 운영하면서 발전지향적인 관점을 갖는 것이 중요하다. 공동체가 발전할 수 있도록, 사전에 설계하고, 공동인식에서 흔들리지 않고, 구성원의 흥미나 관심을 지속적으로 유지해야 한다.

공동체 안에서는 공적인 공간과 사적인 공간이 함께 운영되는 경우가 있다. 특히 사회연결망이 다양해진 요즘에는 테마공동체 안에서도 개인단위로 SNS활동을 하거나, 소규모 온라인 커뮤니티에서 활동, 생활 영역이나 직장동료끼리 만나는 경우가 있다. 그런데 여기에서 더 창의적이고 긍정적인 변화가 일어날 수도 있어 주목해야 한다. 이처럼 테마공동체 내에 서로 자제하면서 공적인 공간과 사적인 공간을 만드는 것이 실천성을 높이게 된다.

실천공동체는 대담한 기획을 도입하거나, 토론이나 행동과정에서도 도전적인 발상을 도입할 수 있다. 이때 참여활동자의 탐구심이나 호기심이 커지며 실질적인 솔루션을 만들어 낼 수 있다. 여기에서 더 나아가 지역사회에 창의력과 생산성을 확산시키게 된다. 지역 내에서 집단지성이 발동하면 사회적 창의성 증진으로 연결된다. 그리고 창조력 향상은 사회적 생산성 제고로 연결된다.

문제가 되는 테마에 한정된 실천공동체는 기본적으로 그 목적에 충실하게 운용되지만, 사회문화적으로 부가적인 효과를 거둘 것으로 기대한다. 지역문화예술이 미치는 파급영향을 키우며, 사회적인 수용조건을 조절해 준다. 예를 들면, 여성의 문화활동과 남녀공동 참여사회의 문화정책에 긍정적인 효과를 가져온다. 아울러 재난이나 사건에 따른 사회통합적 정책융합을 이끌어 낸다. 또한 실질과제를 해결하는 과정에서 문화행사나 문화시설에서 추진하는 공동체활동은 사회문화적 영향을 키워 가 그에 지역활성화를 거두게 된다. 예술경영 관점에 국한해 보면 접근성을 확대시키고 신규 수요나 관객개발에 긍정적으로 영향을 미친다.[34]

고도지식정보에 접근

지식정보가 고도화된 지능정보시대에 지역의 테마공동체도 고도화를 지향하면서 활동해야 한다. 우선 공동체활동 참여와 지역활성화가 밀접하게 연계하여 성과를 내도록 의도적으로 관계를 유지해야 한다. 기본적으로는 공동체 참여로 개인행복을 실질적으로 충족시킬 수 있어야 공동체 파트너십을 적절하게 형성하게 된다. 그리고 기존의 시민참여와 달리 디지털시대에 알맞은 참여방식에 익숙하도록 해야 한다.

---

34) 여기서 접근성 확대는 소극적인 의미에서는 정체성 유지, 지역문화유산이나 문화생활을 향유할 수 있게 하는 것이다. 한편 적극적으로는 그 결과, 보다 많은 소비자의 창출을 가져올 수 있도록 하는 것이다. 많은 대중들이 문화매체에 쉽게 접근할 수 있게 하고, 이로써 지역의 문화창조력을 이어가는 근간이 되도록 순회전시회 지원, 공연장 운영, 각종 페스티벌이나 이벤트 연출을 지원하는 활동이다.

> **실천공동체가 문제해결에 접근하는 방식**
>
> 지식정보사회에서 실천공동체에 대한 접근도 역시 시대변화에 따라 새로운 시각으로 다가가야 한다. 예를 들면, 문제 인지에서 활동까지 복잡한 문제 해결에 도움이 되는 나름의 방식을 찾아내야 한다. 비판적 사고, 창의성, 감성지식, 판단과 의사결정, 서비스 지향성, 협상력, 인지 유연성(cognitive flexibility)을 갖춰야 하며, 인력관리와 상호협력에 유의해야 한다. 다시 말하면 유연한 사고력 향상을 위해 문화예술 감수성을 키우는 사회문화 학습이 필요하고, 새로운 가치 창조를 위해 융합과 연결, 협업과 공유에 유의하는 시대정신을 활용해야 한다.

지역공동체 활동은 자발적 활동과 다르게 공동체 의사결정 방식에 따르므로, 개인의 자기계발, 풍요한 문화예술, 단순한 지적 자극을 만족하기 보다는, 문화공동체로 발전시키는데 목적을 둔다. 자발적 참여로 행복을 나누는 단체활동이지만 문화예술 수요와 공급에 매개역할을 하는 편이 더 적절하다. 따라서 이러한 활동은 자발적 활동->공동체 활동->창작자로 전환된다. 아울러 참여방식도 다양해서 '예술가+주민', '공공단체+주민단체', '코디네이터+주민', '행정+큐레이터+주민' 과 같이 매우 다양한 모습으로 전개하게 된다.

이에 덧붙여 지역공동체가 혁신생태계로 나아가려면 R&D 역량을 늘릴 연구센터, 연구개발 담당 대학과 협력하는 것이 중요하다. 그리고 지역문제 해결에 활용할 재정으로 연구지원, 초기재정과 벤처캐피털을 적극 활용하도록 해야 한다. 아울러 지적재산권, 고용량 인터넷, 교육과 기술, 기업가정신, ICT 인프라를 갖춰야 한다. 이로써 지역이 글로벌 가치체인 혁신과 참여능력을 가져올 정도로 투자 매력지로 거듭나야한다.

2. 테마학습공동체 활동

문제대응 실천

사회발전 과정에서 생겨난 지역문제는 복잡하므로 많은 활동주체들이 참여해 '전략적 포지션'을 어디에 둘 것인가를 정하고 대응해야 한다. 예를 들어 환경테마공동체라면 환경의 지속가능성, 지역환경 돌봄으로 자연과 긴밀하게 연결하는 것을 중시하는 방향으로 활동해야 한다.

그리고 설정한 추진좌표에 맞춰 지향점을 인식하고 공감대를 형성하여 대응하는 것이 바람직하다. 이같이 나아갈 목표, 좌표, 절차에 관련된 사항을 '영역 지식'(domain knowledge)이라고 한다. 이를 공동체 안에서 함께 공동인식하고 공동시동하는 순서로 진행하며 대응한다.

이처럼 대응전략은 공동인식에서 출발하고 자연스럽게 인지공동체를 형성하여 공동시동, 공동창발로 이어지게 된다. 이를 개인차원에서 진행하기 보다는 공동체 학습과 체험으로 명확히 하고 가시화하여 대응패턴을 마련해야 한다(이흥재, 2018).

개인소비자와 달리 공동체가 주체가 되는 활동은 확실히 이같은 관계 증진을 학습하면서 자기를 계발하고 평생학습을 실천하는 과정을 거친다. 이런 과정이 계속되면 지역기반 사회자본이 증진되고, 공동체 문화협동도 늘어나며, '사회돌봄 문화정책' 실현에까지 이르게 된다. 전환기에 사회문제에 대하여 대응하려면 특별히 지역수요에 대한 공감이 넓어져야 되며, 공동체인식이 선행되어

야 부드럽게 실천된다.[35]

인지에서 대응까지

지역문제를 자력으로 인지하고 대응하는 공동체 활동과정 자체만으로도 지역사회에는 긍정적 에너지가 퍼져 나간다. 전에 겪어보기 힘들었고 불안하지만 그 위기에서 벗어나면 사회가 한 단계 높게 안정된다. 세기적인 전환기라 할지라도, 이렇게 양적인 확대보다는 창발적이고 신중하게 접근하여 미래지향적으로 나아가는 공동체가 만들어지게 된다.[36]

지역사회, 지자체 행정, 공동체들이 지역의 힘으로 지역문제를 해결해야 하는 것으로 정확하게 인식하는 인지공동체 활동을 바탕으로 대응 파트너십을 구축하게 된다. 지역사회 문제에 대한 자발적인 공동체적 접근은 앞으로 더 많이 다양하게 생겨날 것이다. 이런 자주적인 공동체 문제해결 노력에 힘입어 지역은 새로운 에너지를 뿜어낼 수 있게 된다.

공동체 활동과정에 파트너십이 이뤄지고 새로운 활동방식으로 발전되는 경향이 더 많아질 것이다. 지역에서 파트너십 활동은 집단적 강점을 활용하여 공통과제를 해결하고 문제해결에 도움되는 가교를 구축하는 활동이다. 지역사회 파트너십으로 지역의 주도사업, 의사결정, 지속가능한 개발에 힘을 실어주고 지원하는 것이다. 이때 참여자는 지방정부, 지역사회조직, 기업, 주민들이다. 이러한 활동의 목표는 지역사회의 목소리를 강화하고 자립을 촉진하여 중요한 주민문제를 파트너십 정신으로 해결한다.

이 과정에서 지식과 자원의 공유가 일어나며, 지방정부, 비영

---

35) 자세한 것은 8장을 참조

36) 이는 그동안 줄기차게 진행되어 오던 자본주의의 장점을 새로운 관점에서 사회발전의 한계로 인식하면서 극복 대안을 모색하려는 것이다. 더구나 글로벌 추세라 할지라도 미국이나 유럽의 리더십만 의존하지는 않겠다는 글로벌 공동체활동들이 늘어났다. 전환기를 거치면서 공동체들은 힘의 크기와 영향력 변화를 학습하고, 자신의 힘으로 사회문제에 대응하고 해결해야한다는 자강의식이 생긴 것이다.

리단체, 기업의 자원과 전문지식을 모아 지역사회에 도움이 되는 프로젝트에 시간, 인력, 자금을 지원하는 지역문화 활동력이 생겨난다.

공동체 구성원들은 중요회의, 커뮤니티 포럼, 자문위원회에 참여하면서 지역의 의사결정 과정에 적극 참여한다. 이로써 지역문제 의사결정 과정의 투명성을 보장하고 이해관계자 행동과 약속에 대해 책임을 갖도록 하는 것이다. 보다 실질적으로는 맑고 밝은 지역사회 활동에 참여하는 파트너로서 삶의 질을 향상시키는 책임있는 프로젝트에 참여하는 것이다. 생활문제(공원, 주택, 교육, 의료)개선 필요사항을 스스로 파악하고 해결하는 이니셔티브 활동이 대표적인 사례이다.

이런 활동과정에서 커뮤니티 리더십이 중요하다. 이 리더십은 지자체가 먼저 공동체 역할을 설정하고, 참여시켜, 평가 가능한 영향 데이터를 수집하는 '구조화된 프로세스'를 마련해주는 데서부터 시작한다. 그리고 이를 위해 프로젝트관리에 커뮤니티가 참여하는 방법으로 이어간다. 그동안은 지역사회 참여를 관리할 시스템적 프로세스를 마련하는 데 익숙하지 못했다. 또한, 공동체에 참여하려는 정부나 기업, 단체, 개인의 능력, 헌신이 부족했다. 공동체활동 참여 총량에 대한 부담, 지역사회 관계 관리, 프로젝트 일정, 서비스 설계, 갈등 해결, 사회 심리적 대응 같은 융합적인 기술을 통합하는 프로세스 역량이 부족했기 때문이다.

이런 점에서 지역사회 활동에 생산적으로 참여하기 위해서 공동체 리더들이 의미있게 변화를 이끌어야 한다. 이때 파트너십을 유지하더라도 정부, 비영리기관, 대학 같은 외부집단이 들어와 주도하면 구성원들 사이에 저항과 불신이 생긴다. 지역사회 지도자와 주민의 자발성을 최우선에 두고 지역의 목소리를 바탕으로 이끌어 가는 것이 바람직하다.

아울러 참여 장벽을 제거해야한다. 금전 · 시간 · 물류 장벽을 최소화하면서 참여하고 공동체 구성원들이 자신의 실제 경험을 공유할 수 있는 기회를 제공해야 한다. 구성원은 많은 책임을 지는데도 대개 무급인데, 소액이나마 식비, 교통비, 보육비를 지원하면 더 책임있게 참여할 수 있다.

그리고 앞에서 논의한 지역의 사회문화자원을 최대한 활용해야 한다. 다양한 경험과 네트워크를 갖춘 팀이 프로젝트 관리자 역할을 하면서 문제해결에 도움이 되는 다양한 리소스에 연결하기가 유리하기 때문이다.

주민주도로 지역활력

공동체에 참여하는 주민들은 참여하면서 로컬리티를 촉진하는 의견을 제시 하게 된다. 지자체 회의, 의회, 포럼에 참석하여 문제점과 의견을 제시하거나 자문위원회의 특정 주제에 대해 조언할 수 있다. 테마별로 지역사회의 협회나 단체에 참여하여 사회 개선에 초점을 맞추며 기여한다. 그리고, 자원봉사 참여로 관심과 가치에 맞는 프로젝트와 계획에서 자기 역량을 펼친다. 또한 공청회에 참여하여 토지이용, 예산책정, 구역지정 문제에 구체적으로 의견을 표명하게 된다. 참여하는 테마나 대상활동은 사회에 새로 생겨난 고령화, 기후, 힐빙 같은 문제를 다룬다.[37]

이러한 시민활동 프로그램은 일일이 예시하기 어려울 정도로 많아 지역활성화를 위한 활동에 다양한 사례들을 참조할 수 있

[37] 실제로 코로나19 환경에서의 문화소비 실태가 어떻게 바뀌고 있는가를 탐구하는 다양한 시민주도형 솔루션 사례찾기를 학습하고 나서, 코로나블루시대의 심리적 방역대책을 제시한 사례도 있다.

다. 또는 공공공간을 개선하여 공원, 휴양지, 커뮤니티 센터에서 활기 넘치는 모임같은 가벼운 테마를 다루기도 한다. 지역사회 특성을 반영한 행사, 축제로 지역 문화, 전통, 역사를 보존하고 기념하는 주제로 운영하는 경우도 많다. 또한 지속가능한 환경과 경제관행 개선을 위해 지역사회 정원, 재생에너지 전략, 폐기물 감소프로그램 운영같은 주제를 다룬 경우가 돋보인다. 지역경제 개발을 위한 기업가정신 육성, 중소기업 지원, 일자리 창출로 외부기업 의존도를 줄이는 등 다소 어렵지만 실질적인 문제에 접근하기도 한다. 이런 공동체 학습에서는 외부의 이익보다 지역사회의 이익과 복지를 우선시하는 지역 차원의 정책을 개발하여 지자체에 요구하는 방식으로 성과를 거두기도 한다.

지속발전 학습

주민들은 지역사회의 지속발전을 절실하게 기대하므로, 문화개발에 관련된 지식을 함양하고 공동체 과제를 개발하는 '지역 문화개발' 학습에 많은 관심을 갖는다.

문화개발이라는 것은 개인의 생활방식이나 생활문화로부터 지역의 문화자원이나 문화예술활동까지 다양한 변화를 일으키는 포괄적인 활동이다.

문화활동가들은 '개발'이라는 말 때문에 이에 대하여 거부감을 갖는다. 자연스럽게 발전하는 것도 아니고, 더구나 특정 활동 또는 인프라 마련을 곧바로 개발이라고 보기 어렵기 때문이다. 그렇다면 어떤 분야의 어떤 활동을 바꾸자는 것일까.

문화개발전략을 활동대상과 전개구역을 기준으로 필요한 지식이 무엇인지 정리해 보면 <표 6-1>와 같다. 이러한 것들은 학습공동체의 기본적 활동으로서 지역 전반에 활력을 일으키는 효과를 가져오는 지식이다.

<표 6-1> 문화개발 활동 관련 지식

	개인	생활권역	마을권역	지자체
예술활동	직업적 전문가 개인 취미	예술의 거리 문화시설	문화마을 만들기 문화시설	지역문화예술 진흥 문화시설
생활문화	직업적 전문가 개인취미	지역자원 활용	지역특성산업	지자체의 문화산업정책 민간기업, 단체
개인의 삶	개인 삶의 질	지역환경 복지	지역환경 관광, 복지	민간부문 지자체 정책 주민 생활문화
전략	자기 계발	마을 만들기	지역진흥	지자체 정책

일반적으로 문화개발과 관련된 문화교양을 중심으로 하는 공동체 학습에서는 지식사회 구성원의 창작활동, 참여활동, 교양 개발에 주력한다. 이와 관련해서 국가에서 예술교육을 국가정책으로 간주하고, 비판의식과 취향학습 강화, 아마추어 예술활동 참여를 장려하는 경우가 있다. 또는 지역단위에 사회학습시스템을 구축하고, 스포츠 문화여가 취미 자원봉사활동에 참여하도록 한다.

이러한 활동은 궁극적으로 휴먼웨어를 넓혀 참여를 늘리고, 브레인 웨어를 개발하여 인력자원을 만들어 가며 정책적으로 생활문화를 폭넓게 전개한다. 이러한 공동체 학습활동으로 결국 문화의 '사회적 순환'을 높이게 되어 지역을 활기 넘치게 한다.

이때 지역에서는 지역 문화자원을 소재로 활용하는 것이 바람직하다. 예를 들면, 지역활력 관점에서 지역 내 친근한 소재로 지역유물 정비, 공공문화시설, 지역전통예능으로 지역의 사회자본 구축, 청소년 문제, 찾아가는 문화활동을 융합하여 전개한다.

그리고 지역 문화시설이나 교육프로그램에 병행하여 공연, 문화강좌, 전시를 협동 추진하는 경우가 많다. 우리 인생의 전반기는 대개 학교교육에서 지식정보를 획득하지만, 사회에 나와서는 문화시설에서 평생에 걸쳐 문화관련 교양을 보완하며 시간을 보낸다. 이때 문화시설과 각종 사회단체가 협동하여 지역 내 문화교양을 보급할 기회를 갖는다.

그 밖에도 개인들은 최근 각종 이러닝(e-learning) 시설을 활용하여 교육을 펼친다. 최근에 교육이 활성화되면서 국가와 개인 수요에 맞춰 사회문화 시설이나 기관이 프로그램을 개발하는 데 나서고 있다. 그리고 인간발달과 문화교육 과정을 실제로 가정, 학교, 사회교육을 통합하여 추진한다. 또한 급속한 지능정보의 발달에 따라 기술발달, 교육수요 변화에 맞도록 제도나 방법을 지속 개선해야 한다.

역에서 소홀히 하고 있지만 정말 귀한 것은 예술가들이 제공하는 청소년교육 활동이다. 학교에서는 '교육' 방식으로 추진하고, 사회에서는 '학습' 방식으로 추진하는 것이 올바른 지식습득 방식이다. 그래서 학교예술교육은 가급적 예술체험 방식으로 전개해야 한다. 또한 사회에서 예술가들이 직접 추진하는 교육학습은 예술가가 교사와 함께 워크숍 방식으로 추진하는 것이 바람직하다. 청소년들을 대상으로 하는 교육학습 공동체는 청소년 창의성 학습, 특정 부문에 대한 집중적·개별적 학습, 건강한 시민으로 성장하는데 필요한 학습, 사회 자본을 구축하는 방식에 대한 지식 습득이 중요하다. 이는 다시 말하면 청소년들이 사회생활에 필요한 소통, 감수성, 성취도, 사회생활력, 사회인 기초능력, 노동 직업의식 형성에 관련된 지식정보들이다. 이의 추진은 우선 학교 밖의 환경을 조성하고, 청소년센터 활동, 종교시설(향교, 서원, 절, 교회)에서 담당하는 것이 바람직하다(이흥재, 2002).

창발성 학습

　　　　지역사회가 지속발전하려면 시민 창발성이 뒷받침되어야 한다. 이를 위해서 미래지향적인 창발성 전도사(creativity leader) 양성과정을 지속적으로 반복해야 한다. 또한 일반시민들에게도 단순한 문제 대응을 넘어서는 '발견적 문제해결자'로서 필요한 학습을 해야 한다. 다시 말하면 일반주민들도 창발 전문가를 지향하는 학습공동체 활동을 해야한다는 것이다.

　　　　단순한 교양이나 취미활동과는 별도로 창조적 전문학습을 하는 공동체활동으로 지역에서 주민들의 창발성 학습을 기술시대와 인문시대에 맞춰 추진하는 것이다. 교육학에서는 창발 인재를 양성하기는 어렵다는 견해도 있다. 그렇지만, 창의적 전문가로 가는 주민들의 훈련은 가능하고 필요하다. 이는 기존지식을 자기화하고, 새로운 지식으로 연결하며, 새로운 문제를 발견하는 방법, 기존지식과 차이를 자기 인식하는 방식으로 전개하면 된다. 여기서 '발견적 문제해결'이란 그간의 삶의 과정에서 축적된 경험적 데이터를 가장 잘 설명할 논리를 창안하고 수정하면서 탐구할 과제를 설정하는 '자기화 과정'을 말한다.

지역문제를 창의적으로 접근할 전문가가 되기 위한 자기화 학습은 지역사회에 누적된 문제 해결을 위한 미래지향적인 다목적 활동이다. 다시 말하면, 미래에 계속 출현할 새로운 문제에 접근하는 태도를 학습하고 결정하는 데서 출발한다. 이를 위해 기존의 한계를 넘어서는 창발적 접근과 창의적 전문가 역량을 넘어서는 창발적 접근을 학습해야 한다.

창발성 교육학습에서는 어떤 점을 중요하게 다뤄야 할까. 여기에서는 먼저 '모험 즐기기' 과정으로서 높은 차원의 문제 발견과 그에 따른 위험을 감수하는 경험을 하는 것이 좋다. 창발적 전문성 향상을 위해서는 꼭 필요한 창의적 목표, 성취 경험, 문제해결의 체계화, 공동작업 활동을 점진적으로 학습하는 것이 좋다. 이렇듯 창발성 향상을 일상화하는 꾸준한 노력이 필요하다.

이러한 학습에서는 맛보기 세션, 경험담 제공, 단기프로그램 개발로 자기화를 이어가야한다. 여기에서 소요비용, 접근성, 자신감, 강사수준을 신중히 고려해야한다.[38]

지역사회와 관련기관에서는 이러한 학습여건과 분위기를 만들어 주어야 한다. 다시 말하면 적절한 시간과 장소, 창의력을 존중 조직과 분위기, 전문화 교육장소 제공, 자원확보, 창의인력에 대한 보상(명예, 존경심)을 제도화해야 한다.

이러한 학습 기회를 제공하는 기관들은 활동현장을 넓히고, 프로그램을 다양하게 개설하고, 손쉬운 정보접근 기회를 열어 주어야 한다. 그리고 지식을 체계화하는 작업으로서 새로운 방식과 기존 방식의 구분방법 제시, 전달을 위한 표현방법 개발, 몰입과 학습 훈련방법, 문화소비 기회 확보를 제공해야 한다.

---

38) 감수성을 자극해서 창의력을 늘리는 방법에 대하여 미하이 칙센트미하이는 <창의성의 즐거움>에서 예술적 감수성과 창의력을 연결하는 고리로서 암묵적 지식, 긍정적 경험, 예술 체험, 개방적 태도, 마니아적 끈질김, 양면적 인격형성(좌뇌와 우뇌), 융합과 영역 파괴가 필요하다고 강조하고 있다.

3. 로컬크리에이터 교육학습

기술공동체 교육학습

로컬크리에이터는 기업가 정신과 전문기술을 바탕으로 활동하는 특징을 지닌다. 이들은 비록 지역에서 생산하고 판매하고 있더라도 기업이기 때문에 그 운영 바탕을 이루는 것은 기업가정신이며, 여기에는 기업마인드, 경영기술이 전방위적으로 필요하다. 따라서 로컬크리에이터는 최근에 활용되는 첨단적인 기술, 기존사업의 전통을 승계하는 데 필요한 기술을 학습하는 공동체활동에 적극 참여하는 것이 바람직하다. 그리고 로컬리티의 특징, 지역사회적 장점들을 중요하게 인식하면서 활동한다. 이러한 활동을 위해서 지역문화단체들은 로컬크리에이터들에게 공동체 워크숍과 교육프로그램을 마련하여 제공해야 한다. 아울러 지역거버넌스, 의사결정에 참여하는 데 필요한 지식과 기술도 학습해야 한다.

로컬 크리에이터에게 기본적으로 필요한 것은 기업마인드와 경영기술 학습이다. 로컬크리에이터가 지역사회문화의 고유가치를 망각한 채 수익가치에만 매몰될 경우 지역사회의 활력 제고에 기여하지 못한다 지역과 주민과 기업이 함께 사회에 공헌하고 지역 활력을 일으키도록 기업가정신을 살리되 문화공동체 정신을 융합해야 한다. 또한 경제와 지역문화의 밀접한 관계를 고려하고, 다양한 기술진보와 새로운 소통기술을 융합해 사회활력으로 연결시켜야 한다.[39]

로컬 크리에이터는 문화를 통해서 지역사회를 경작하고 새

39) 로컬 크리에이터가 적절한 지원을 받지 못하면 의지가 꺾이고 에너지를 낭비할 수 있다. 그리고 지역사회와 연계가 부족하면 효과적인 프로젝트를 전개하기도 어렵다. 그 밖에도 자금부족이나 지역요구에 적합한 활동을 맞추기가 쉽지 않다. 로컬크리에이터의 참여를 늘리기 위해서는 적절한 지원체제와 지역 전체적인 협력이 중요하다.

로운 씨앗을 뿌려주고, 스스로는 활동의 질을 높여간다. 이렇게 하여 지역에 뿌리를 내리는 기업은 비록 시장은 좁고 부가가치는 적을지라도 지역사회를 활기차게 한다. 그리하여 장기적인 관점으로는 사회 전체에 풍요와 활력을 일으켜 로컬 크리에이터가 지역사회 내 존재가치를 키우고 지속적으로 발전을 일궈낸다. '경영마인드'를 갖는다는 것은 기업이 이윤이나 추구와 함께 지역을 이끌어 가는 선행 투자활동으로 경영하는 것을 말한다. 로컬 크리에이터들의 문화활동은 지역과의 소통활동이라 볼 수 있고, 이를 기업전략으로 간주하는 것을 말한다.

　　로컬 크리에이터의 생산활동은 기업이 이미지나 신뢰를 높이고 종사자들의 의식을 향상시키며 지속성장에 도움이 될 기업마인드를 형성하면서 지역사회와 동행하게 된다. 또한 로컬 크리에이터 활동은 지역사회에 이윤을 환원하면서 지역 정체성과 지역이미지를 좋게 만들어 가는 측면도 있다. 반드시 문화적인 사업이 아니더라도 그 자체가 기업이 가진 고유성이 지역사회적 자원으로서 존중을 받게 된다. 상품이나 서비스의 성과를 수치로 나타내 보이는 것을 넘어서 지역시장이나 주민들과의 관계에서 공진화를 실천하는 활동으로 인식된다. 따라서 경영적 관점을 지속하면서 자기 회사의 이념, 사업, 이미지를 담은 기본방침이나 프로그램과 지역문화의 조화를 꾀할 필요가 있다.

　　로컬 크리에이터는 경영마인드와 지역사회에 대한 기여를 깊이 생각해야 한다. 고품질의 상품과 서비스, 그리고 환경보전이나 정보, 인권, 개인정보 관련법을 준수하는 활동까지 펼친다. 이렇게 하여 사회공헌활동을 지속하고 더 큰 새로운 지역사회 가치를 제시하면서 시장을 만들어 가는, 더 큰 전략적 활동으로 이어진다. 여기에서 사회공헌활동은 가급적 문화성, 사회성을 바탕으로 깔고 경영성을 확충하는 방식으로 전개하면서 공동체성을 높이게 될 것이다.

기본적으로 그 지역출신 로컬 크리에이터들은 학교와 사회화 과정에서 지역학습 과정을 거치고 실제로 프로젝트와 직간접 연계시켜서 지역문화 자원이나 활동을 이해하고 있다. 지역에서 활동하는 로컬크리에이터야 말로 그 지역의 전문인력이기 때문에 지역문화에 대한 이해가 선행되도록 학습할 기회를 확보하는 것이 전략적으로 필요하다. 설사 문화와 관련이 없는 사업자들일 지라도 창조적 사고능력(creatively self-reflexive)을 키워주는 일은 업무 중심의 지역생활문화 활동 참여만으로도 계발이 가능하다. 결국, 로컬 크리에이터들은 지역문화에 관련된 실전학습(learning by doing)으로 지역사회와 아름답게 공진화하게 된다.

크리에이터 대상 신기술 학습

지역에서 활동하는 크리에이터는 글로벌 문화기술산업 활동 증가를 기회로 활용할 수 있어야 한다. 로컬 크리에이터들에게는 특히 전환기에 나타난 신기술 학습이 절대 필요하다. 우선 문화사업이나 문화활동에 종사하는 사업체가 기술응용력이 뒤지면 산업화나 글로벌화로 나아가는 데 지장이 된다. 특히 비대면 콘텐츠 관련 디바이스 기기를 선호하는 전환기 이후 경향을 놓치지 않아야 한다.

로컬 크리에이터들은 엔터테인먼트 관련 홈 엔터테인먼트

소비, 모바일게임, OTT소비 급증, ARVR사용 콘텐츠 수요에 맞추어 필요한 기술을 우선 갖춰야 한다. 또한 최근 인기있는 온라인 도박, 스포츠 토토 같은 온라인 사행산업은 가상화폐 활용과 부작용에 대응하는 지식을 학습해야 한다. 코로나19 팬더믹 이후 TV스튜디오는 쇼비즈니스로 변환되고, 방송도 엔터테인먼트 프로그램 전문기술을 도입하여 로컬크리에이터 활동에 영향을 미치고 있다.

> **로컬크리에이터 활동별로 필요한 기술**
>
> 신기술 가운데서 보편화된 것들을 활용해 실감 문화예술로 승화시켜야 한다. 예를 들면, 실시간 현장 생동감을 주는 실감중계 서비스 기술을 활용해야 한다. 또한, 드론기반 GIS구축, 3D 영상화 기술에도 대응해야 한다. 지역활동에 도움이 될 GIS시스템을 활용하여 지역생활에 필요한 지리정보시스템을 컴퓨터 데이터로 변환하여 효율적으로 사용하고, 관광지를 3D서비스로 안내해야 한다. 그 밖에도 콘텐츠 생산에 있어서 딥 페이크 탐지기술 발달로 위험에 대응하고, 특히 인공지능이나 안면 매핑(facial mapping)기술을 활용한 가짜영상에 대처해야 한다. 나아가, 디지털 트윈, 증강기술, 협동로봇 발달에 따라 섬세한 기술을 적절하게 활용해야 하며, 화상회의 기술인증, 접속, 위조 판별, 화상정보 암호화 기술을 갖춰야 한다.

로컬 크리에이터는 기술을 활용하여 온라인 모금을 하고, 온라인 플랫폼으로 지역사회 프로젝트, 학교나 자선 단체를 돕는 모금행사와 크라우드 펀딩을 추진할 수 있다.

로컬 크리에이터는 지역산업에 관련된 데이터를 확보하고, 온라인 리소스를 사용하여 지역의 각종 데이터를 수집하고 공유하여 기업경영에도 도움을 준다. 지역기업은 지역 전자정부에 참여하고, 지자체 웹사이트에서 제공하는 온라인 상담, 설문조사 또는 피드백 메커니즘에 참여하여 자기의 의견도 제시한다. 이런 디지털

기술을 지역비즈니스에 적극 활용하여 주민들이 주문, 온라인쇼핑에 활용하도록 도움을 받는다.

로컬 크리에이터를 대상으로 하는 신기술 교육은 체험중심 창의성, 협동을 이끌어 내고 크리에이티브 리더를 재교육하는 데 도움을 준다. 기업대상 사회교육, 창조적 파트너십에 관련해서 상황에 맞게 다양한 리더십 교육을 전개한다.

최근에는 그 교육방법도 바뀌어 AI를 활용, 숙련도나 필요에 맞춰 학습교육 콘텐츠를 제공하는 어댑티브 러닝이 가능하다. 공연사업에서도 무대교육, 연습 러닝에도 맞춤 적용이 가능하며, 아울러 예술가들이 지역 내 학교예술교육이나 사회문화교육에서 온라인 활용도 가능하다.

지식공동체 워크숍

지역의 사회문화활동은 지역경제 성장뿐만 아니라 사회적 불균형을 해소하고, 재분배 정책과 시민참여를 늘려서 전체적인 생활수준을 끌어올리는 데 기여한다. 이때 민간부문으로부터 환경 영향 부담금, 적정한 주택가격, 대중교통 지원, 개발권의 조건으로 높은 세율을 부과하여 지역주민의 형평성을 위한 세련된 전략을 활용한다. 더 나아가서 주민들의 균형 잡힌 예술 접근과 참여를 확대하고, 혜택을 받지 못하는 주민을 대상으로 문화생활 활성화를 추구한다. 또한 주민 대상의 예술교육을 지원하고, 빈 건물을 지역 문화공간으로 리모델링하며, 지역 문화유산과 문화에 관심을 자극할 수 있는 프로그램도 개발한다. 이와 관련해서 소외계층은 문화기관의 도움을 받고 저소득층에 관심 있는 테마공동체를 직접 만들기도 한다. 고령 주민, 저소득층, 소외계층, 신체장애자를 대상으로 하여 보조, 할인, 지원 방식으로 지식공동체 활동을 펼친다.

시민교양, 사회기술 워크숍

문화시민의 교양학습은 기존의 방식을 벗어나 지역을 활기차게 할 수 있도록 새로운 환경적응 능력을 키우고 상상력과 호기심을 늘리는 데 주목한다. 이를 위해서 융복합과 통섭 이해, 다른 문화 이해와 관용심 기르기, 미디어 리터러시 훈련, 느슨하게 연계된 조직(loosely coupled organization)에 적응하기 훈련이 필요하다.

지역활력 증진을 위해서 시민교양 학습공동체를 운영할 때는 그 목표를 명확히 재정립해야 한다. 단지 만들어진 프로그램에 참가하는 수동적 입장의 기회증진을 벗어나 공동체 학습 수요와 내용에 맞게 외부 전문가와 자주 커뮤니케이션 하면서 구축하도록 목표를 바꾸며 대응해야 한다.

또한 학습활동을 추진하는 공동체는 시민역량에 맞게 전문인력과 운영전략을 갖춰야 한다. 활동을 이끌어 갈 시민단체 지원과 조성, 시민참여 기획, 시민간 교류, 시민문화단체 네트워크, 시민예술자원봉사자 육성, 시민 기술스탭 양성이 필요하다.

시민 학습활동을 위해서는 활동기회(발표, 교류, 학습) 마련, 지식정보 제공과 같은 소프트웨어가 필요하다. 아울러 발표장소, 시설의 복합이용, 생활문화시설 같은 하드웨어도 마련해야 한다. 이러한 활동을 지속적으로 추진하여 시민 아닌 인간본위로 방향을 설정하고, 개개인의 문화적 권리를 보장하며, 시민자치 중심에서 개인자율로 나아가도록 해야한다(이흥재, 2012).

또한 전환기를 맞아 사회문화활동의 하나인 지역 공공성 학습을 해야 한다. 현대사회에 필요한 지역공공 활동 적응력을 높이는 교육학습은 기본적으로 시민참여, 풀뿌리 이니셔티브에 대해 주로 교육한다. 이를 위해서 먼저 지자체의의 구조, 역할, 책임을 시민들이 이해하도록 교육한다. 그리고 지역 예산, 세금, 재정 의사결정에 대해서도 학습해야 한다.

지역사회 문제에 대한 대응 또는 해결을 위해서는 시민들에게 주택, 인프라, 공공안전 기술을 활용하는 학습도 필요하다. 아울러 최근에 자주 문제시되는 커뮤니티 내 갈등 해결(이웃 간 분쟁, 공개회의때 의견 차이)을 위해 소통학습을 하는 것이 바람직하다.

여기서 또 하나 중요한 것은, 지역공동체에서 사회기술을 적극 활용하도록 해야 한다는 점이다. 그런 점에서 소셜미디어 사용과 같은 현대 의사소통 기술을 갖춰가도록 교육하는 것이 효율적이다. 아울러 지역의 공적인 선출직 공무원 과의 의사소통, 지역정책에 영향을 미치는 기술, 커뮤니티 네트워킹, 비영리단체나 사회지도자와 연결하는 방식도 알게 해야 한다. 이런 시민 기술(civic technology)로 대중의견 수렴, 온라인 플랫폼 개방형 데이터 이니셔티브, 시민참여와 투명성 향상 관련기술을 익숙하게 활용하도록 학습시켜야 한다. 또한 이러한 활동을 함께 할 커뮤니티 포럼을 만들어 지역문제에 대한 참여와 토론을 촉진하며, 피드백이나 전용 포럼 소프트웨어와 같은 플랫폼을 사용케 한다. 건설적 환경을 유지하기 위해서는 운영규칙을 명확히 만들어 유지해야 성과를 기대할 수 있다.

워크숍 참여

지역주민들의 교양교육을 위한 학습기회에 주민들이 피동적으로 참여만하면 자칫 매너리즘에 빠져 지속 유지가 어려울 수도 있다. 따라서 보다 자발적인 참여활동을 위해서 지식공동체 워크숍 형태로 운영하는 것이 더 효율적이다. 더구나 지역사회를 홍보하고 강화하는 토론과 활동에 주민들을 참여시키면, 지역의 긍정적 변화를 위한 촉매제로 활용될 수가 있어 활력 증진에도 도움이 된다.

공동체 워크숍을 효과적으로 운영하기 위해서는 전략적으로 접근해야 한다. 먼저 운영 목적과 주제를 명확히 하여 기업활동, 사회기반 시설 개선, 시민참여에까지 연결되도록 한다. 이때 다루고 싶은 특정 주제를 결정하고, 발표나 대화방식의 토론활동의 워크숍 의제를 개발한다. 참가자는 소규모 워킹그룹으로 나누어 특정 주제나 계획에 집중시키며, 지역 전문가나 지역사회 지도자를 초대하는 것이 흥미를 유발시키는 데 도움이 된다.

또한, 지역 미디어, 소셜 네트워크, 사회단체를 통해 홍보하고, 참석자에게 지역 비즈니스 디렉토리, 지속가능한 관행, 유인물과 정보를 제공해야 한다.

워크숍이 끝난 뒤에는 후속 회의, 태스크 포스 구성, 생성된 아이디어 기반의 주도사업 개발, 워크숍 결과 평가같은 정리작업을 잊지 말아야 한다. 또한 주민들이 워크숍을 계기로 결집할 수 있도록 지역주민 커뮤니티 센터를 적극 활용해 주민들을 하나로 모아 다양한 활동의 허브로 만들어야 한다. 여기에서 회의, 사교모임, 교육프로그램, 피트니스 강습을 곁들이면 더 효과적이다. 나아가 자금, 위치, 커뮤니티 의견, 지역 조직과의 파트너십을 충분히 고려하여 공동체의식을 지속 유지하도록 해야 한다.

이러한 워크숍에서는 주민들이 새롭게 관심을 갖는 디지털 기술 학습을 운영하여 흥미를 유발하는 것이 전략적으로 도움이 된다. 디지털도구와 플랫폼을 사용한 시민참여 형식으로 이뤄지는 이러한 전략은 또한 결속력을 키우는 데 도움이 된다.

디지털 시민은 소셜미디어, 블로그, 온라인 포럼으로 지역문제에 대한 인식을 높이고 정보를 공유하며 사회변화를 긍정적으로 이끌어 간다. 또한 현실문제를 공유하며 격려한다. 온라인 플랫폼과 앱에서 지역 자원봉사 기회를 찾고, 비영리단체와 연결하고, 지역사회 지원을 위한 기술을 제공할 수도 있다. 또한 관심사, 이벤트관련 온라인 그룹, 포럼, 소셜미디어 참여, 웹 회의나 세미나, 지역 뉴스 웹사이트에서 토론에 참여하여 담론을 촉진하도록 한다.

3편 매력사회 디자인

7장 사회기술기반 지능사회

8장 사회자본 가득 안심사회

9장 건강행복의 인본사회

07장 사회기술 기반 지능사회

1. 소통역량 증대

소통원활

사회기술을 활용하면 지역 내외에서 소통이 전반적으로 원활해 진다. 더불어 여러 분야에 활력을 키울 수 있는데, 무엇보다도 공동체성 강화, 지역의 사회문화성 강화에 도움이 될 것으로 기대한다. 의도적으로 사회기술을 적용하여 지역매력을 증진시키도록 노력하면 지속발전 성과를 기대할 수 있다.

지역공동체를 강화하는 데는 참여, 협력, 권한 부여가 필수적인데, 사회기술을 이러한 도구로 적절하게 활용한다. 개인이 자신의 커뮤니티에 적극 참여할 수 있도록 도움을 주고, 결국 지역공동체가 강화되고, 탄력적이고, 활기 넘치는 지역사회 환경으로 바뀐다.

이를 위해 지역에서는 소셜 네트워크를 넓혀가면서 특정 동네나 커뮤니티 안의 사람들을 연결하는 온라인 플랫폼이나 앱을 만든다. 이러한 플랫폼으로 정보를 공유하고, 일거리를 만들고, 지역 소속감을 구축한다. 또한 지역에서 사업을 추진하면서 필요한 크라우드 펀딩, 크라우드 소싱 플랫폼을 사용하도록 도움을 준다.

이로써 지역 예술사업, 지역개선활동 같은 과제 추진에 필요한 자금을 조달하고 지원해 준다.

지역주민들은 디지털 시민으로서 지역 의사결정 과정에 쉽게 참여할 수 있게 된다. 최근에는 이를 위해 디지털 마을회관, 설문조사, 온라인 투표를 한다. 또한 커뮤니티 포럼을 열어 주민들이 아이디어를 교환하고, 지역문제를 논의하고, 해결책을 위해 협력할 수 있다.

주민센터를 대체하는 가상주민센터를 운용하여 구성원이 쉽게 접근하고, 워크숍에 참석하며, 지역조직과 연결할 수 있는 가상공간을 구축한다. 그리고 매핑 기술을 사용하여 주민들이 공원, 기업, 공공 서비스 같은 지역자원을 식별하고 지역 탐색을 하도록 커뮤니티 매핑을 구축한다.

또한 지역뉴스나 정보허브 역할을 하여 재난이나 위기관리에 활용한다. 지역뉴스, 행사 웹사이트나 앱을 개발하여 주민들에게 지역에서 일어나는 일에 대한 정보를 제공한다. 그 밖에도 이웃 관찰 앱(Neighborhood Watch Apps)을 개발하여 주민들이 사건을 신고하고, 지역의 법집행 기관과 소통할 수 있도록 하여 동네 안전과 보안을 강화하는 디지털 도구로 유용하게 활용하는 사례도 늘고 있다.

주민들이 기술에 친숙해지고 좀 더 발전하게 되면 기술을 공유하는 플랫폼도 다양하게 진화한다. 주민들이 자신의 기술과 전문지식을 지역사회의 다른 사람들과 공유할 수 있는 플랫폼을 만들어 상호지원 문화를 조성한다. 예를 들어, 지역 마켓 플레이스 앱으로 특정지역 내에서 상품과 서비스를 구매, 판매, 거래하기 위한 디지털 플랫폼을 만들어 지역기업을 장려하고 대기업에 대한 의존도를 줄인다. 더 나아가, 사회기술을 활용하여 폐기물 감소, 에너지 절약, 지역내 친환경기업 지원에 대한 정보 공유로, 청정지역사회와 지속가능한 지역환경 친화적 관행을 장려한다.

공동체 강화

사회기술은 로컬리티를 강화하는 데도 적절히 활용되어, 개인이 지역사회 또는 지역과의 연결을 강화하는 데 도움이 된다. 이런 기술은 아직 널리 논의되거나 개발되지 않았지만 잠재적인 아이디어와 전략으로 검토할 만하다. 기술을 통해 로컬리티를 효과적으로 강화하려면, 설계나 개발하는 과정에 지역 커뮤니티를 참여시켜 제작된 사회기술 도구가 주민들의 특정한 요구나 선호에 부합하도록 개발해야한다.

사회기술은 지역의 자원을 조사 활용하는 데 도움이 된다. 해당 지역의 문화, 역사, 인물을 강조하는 기사, 비디오, 팟캐스트 등으로 지역콘텐츠를 선발한다. 그리고 콘텐츠를 웹사이트, 앱, 소셜 미디어를 통해 배포하거나 홍보한다. 또한 이러한 콘텐츠를 증강현실 투어에 활용한다. 지역 랜드마크를 가이드하는 투어를 제공하는 증강현실 앱으로 역사나 문화를 보여주는 재미있는 교육자료로도 사용한다. 뿐만 아니라 지역의 역사문화를 교육하도록 지역사, 전통에 특성을 둔 교육 앱을 개발하여 주민 또는 새로 이주한 주민들이 지역문화를 더 잘 이해하고 수용하는 데 도움이 될 수 있다. 이를 기반으로 지역게임을 만들어 지역 명소, 숨겨진 보석, 유적지에 대한 탐험을 장려하는 '게임화 된 경험'을 제공한다. 좀 더 재미있게 역사물 찾기, 퀴즈게임, 지역지식 홍보프로그램을 포함할 수 있다. 또한 디지털 스토리텔링 플랫폼을 구축하여 주민들이 지역사회와 관련된 개인적인 이야기, 경험, 추억을 공유하도록 한다.

이처럼 정체성 강화를 위한 사회기술로서 지역미디어를 적절히 활용하는 것이 가장 강력한 전략이다.

최근에 활발히 사용하는 X(Facebook), Twitter, Instagram과 같은 소셜 미디어 플랫폼에서 해당 지역행사나 활동에 대한 업데이트를 공유하는 지역그룹 페이지나 계정을 활용한다. 물론 오랫동안 친숙한 지역 TV, 라디오 방송국으로 커뮤니티 활동, 뉴스전용 세그먼트나 쇼를 활용하는 것은 당연하다. 좀 더 세부적으로 지역행사 달력이나 해당지역에 초점을 맞춘 행사목록 웹사이트를 온라인으로 제공한다. 이때는 이웃, 친구, 직장 동료에게 매체나 행사에 대한 추천을 적극 요청한다.

사회성 강화

각종 디지털기술 활성화에 힘입어 지역주민들도 개방사회의 참맛을 즐기고 있다. 그에 맞춰 역량있는 주민으로 활동하기 위해서 이미 지역성 인지능력을 향상시키고 있다. 더 나아가 로컬리티 강화를 위한 메타인지능력 강화기술도 갖춰야 한다. 여기서 지역성 인지능력을 향상시키는 기술이란 지역 공동체나 문화를 제대로 이해하고 지역에 기여하는 활동을 향상시키는 역량과 전략을 말한다. 그리고 이를 통해서 메타인지능력을 강화하면 개인이 지역사회에 더욱 개방적이고 사회와 공감하며 효과적인 참여자로 커간다.

지역사회에서 사회성 강화기술은 지역문화 교육플랫폼, 언어학습 앱, 지역지식 데이터베이스, 지역사회 참여 앱, 정신건강 앱, 지역문제 해결 플랫폼 들에 유용하게 쓰인다. 이러한 사회기술은 특정 지역상황에서 개인의 고유한 요구와 관심을 충족하도록 개인화될 수도 있다. 또한, 이를 통해 활용수준을 높이고 지역사회와 더 깊이 연결하도록 만들어 갈수 있다.

이 때문에 로컬리티를 강화하기 위한 메타인지능력 강화기술이 함께 해야 한다. 이 기술은 개인이 자신의 사고과정, 편견, 문화적 관점에 대한 더 깊은 이해에 대한 개발을 도와주도록 점점 진화되고 있다. 그리하여 로컬리티를 촉진하는 귀중한 도구가 될 수 있다.

여기에는 자기성찰이나 인지편견 교육이 우선 중요하다. 주민이나 사용자가 자신의 사고패턴을 정기적으로 성찰하고, 이것이 어떻게 현지 문화로부터 영향을 받는지 판단하도록 권장한다. 이로써 사용자가 지역사회를 인식하고 상호작용하는 방식에서 나타날 수 있는 인지편견을 인식하고 완화하는 데도 도움을 준다. 좀 더 심도 있게 마음관리나 명상 앱으로 자기 인식이나 감정을 조절 또는 개선하고, 피드백 평가도구로 지역사회 구성원으로서 가져야 할 능력을 키우고 성장을 촉진한다.[40]

'맑고 밝은 지역사회'로 발전하려면, 적극적으로 지역사회성 강화를 위한 윤리강화 기술도 개발 활용해야 한다. 사회윤리 증진을 위한 사회기술은 윤리적 행동, 지역사회 참여, 지역사회 내 소속감을 촉진하고 향상시키는 기술솔루션을 개발하고 구현시키는 활동이다. 이러한 기술은 지역공동체와 경제를 우선시하고 지원하는 데 중요한 역할을 할 수 있다. 예를 들면, 지역이익과 가치가 위

---

40) 코로나19팬데믹 환경에서 유튜브 소비경향을 보면, 사람들이 자신을 돌보는 셀프 헬프소비가 늘기 시작했다는 점이 두드러진다. 예를 들어, 나를 돌보는 영상으로 요가, 집, 운동, 요리청취 활동이 늘어났다. 콘서트 온라인 대체에 따른 '라이브 스트리밍'도 특히 급증했다. 그에 따라 장르도 다양화되고, 동영상 종류나 규모도 확대되었다. 결국 자기 관심사, 새로운 장르를 찾는 경향이 늘어나고 새롭게 진화되는 중이다.

협받는 상황에서 윤리적 의사결정 지침을 제공하는 시스템, 현지화된 전자상거래, 지역사회 상호작용을 촉진하는 온라인 플랫폼을 개발하여 활용한다.

소셜 커뮤니케이션 향상

커뮤니케이션이 원활한 지역사회를 위하여 의미있는 지역 앱 플랫폼을 만들어 지역기업과 지역사회를 지원할 수 있다. 이를 위해 우선 지역사회의 구체적인 요구사항과 선호도를 조사해야 한다. 그리고 플랫폼에 기여하거나 플랫폼으로부터 혜택을 받을 수 있는 지역 기업, 조직, 개인과 연결하는 네트워크를 구축한다. 이로써 지역기업 홍보, 커뮤니티 참여, 지역정보 접근, 마케팅과 홍보에 도움을 줄 수 있다.

지역 커뮤니티들은 나름대로 소셜 커뮤니케이션 강화에 도움이 되는 기술을 적극 활용한다. 예를 들면, 디지털 도구와 플랫폼을 사용하여 지역내 공동체, 기업, 문화단체의 정체성을 홍보하는 데에 효율적으로 활용한다. 이렇게 하여 지역사회내 활동 주체에 더 많은 권한을 부여하여 연결하며, 로컬리티와 지역정체성을 보존하고, 점점 더 디지털화 되는 세계에서 소속감을 조성하는 데 도움이 된다.

이와 관련해서 기업들은 우선 지역 내 사업체 디렉토리를 만들어 주민들이 지역 사업체를 찾고 활용하는 데 도움이 되는 온라인 앱을 만든다. 이를 바탕으로 지역 내 구매를 더욱 쉽게 하고 지역경제를 활성화하게 된다. 또한, 현지화된 온라인 마켓 플레이스를 구축하여 현지 장인, 공예가, 중소기업의 제품이나 서비스에 초점을 두고 운영한다. 아울러 다양한 지역 커뮤니티에 기반을 둔 앱을 활용하여 지역 자원봉사, 시민참여, 커뮤니티 참여를 장려한다.

이처럼 소셜 커뮤니케이션을 강화하기 위하여 기본적으로 지역의 소셜 미디어 플랫폼을 지역·기업·단체·개인 맞춤으로 제작 사용하여 상호 연결, 공유하고, 비즈니스를 원활히 하도록 지원할 수 있다. 또한 기술을 사용하여 온라인 회의, 가상 예술박람회, 디지털 농산물 직거래 장터 등 지역사회를 하나로 모으는 가상 이벤트를 주최할 수도 있다. 최근 등장 한 메타버스 기술로 지역 간 상호작용과 연결에 초점을 맞춰 가상공간이나 커뮤니티를 만들 수 있다. 이를 위해 마을광장, 공원, 커뮤니티 센터 같은 실제 공간을 복제하는 메타버스 환경의 가상 지역커뮤니티를 구축하여 활동할 수 있도록 도움을 준다. 여기에서는 지역기업이 메타버스에 가상 매장을 구축하여 공동체의식을 키우고 지역 상업을 지원한다. 또한 주민들이 지역 문화, 전통, 예술을 공유하고 향유할 수 있는 공간에서 문화를 교류하고 사람들이 서로의 지역에 대해 배우고 감상할 수 있다. 아울러 지역학교, 워크숍, 기술 공유를 위한 메타버스 기술을 활용하여 지역사회 학습도 촉진한다. 그리고 메타버스에 가상 협력구조를 구축하여 주민들이 의사결정이나 지역정치 과정에 참여할 수 있도록 한다. 또한 이곳에서 캠페인, 이벤트, 교육을 통해 환경 친화적인 계획과 지속가능성에 대한 인식을 장려한다. 이러한 요소들을 통합함으로써 메타버스 기술은 로컬리티를 강화하고 디지털 맥락에서도 지역 내에 더욱 더 강한 공동체 의식을 육성하는 데 도움을 줄 수 있다.

지역사회 문제의 하나인 고령층 주민을 위한 안전 소통에도 활용한다. 지역은 지금 인구 과소화와 노령화로 감축 관리로 나아가다 보니 치안이나 안전 불안이 심각해지고 있다. 더구나 공공치안이나 행정관리도 축소되면서 치안서비스의 양이나 질이 매우 불안하다.

지역에서 안심하며 생활하는 데 도움이 될 앱을 개발하여 지역 내에서 안전과 의사소통을 강화하는 데 사용할 수 있다. 또한, 지역사회의 안전과 개인정보 보호를 보장하기 위해 현지 법률 및 지침에 따라 책임감있게 사용하도록 한다. 예를 들면, 주민들이 서로 연결하여 정보를 공유하고 지역문제에 대해 토론할 수 있도록 하는 앱, 초인종이나 보안카메라를 통해 의심스러운 활동에 대한 정보를 공유하는 앱, 사용자 보고서나 공식 데이터를 기반으로 실시간 안전 경고를 제공하는 앱들이 활용될 수 있다. 그 중에서 특화시켜 개발하는 이웃관찰, 주택보안 시스템으로 신고하기도 가능하다.

2. 생활매력 충만

서비스품질 제고

지능사회로 급변하는 추세에 따라 지역사회에서 사회기술을 서둘러 받아들이고 활용하면서 지역매력을 높일 수 있다. 지역사회 발전을 이끌어 가는 사회기술은 개인 또는 그룹끼리 사회적 상호작용, 커뮤니케이션, 협업을 촉진 향상시키기 위해서 디지털 플랫폼, 애플리케이션, 도구 기술을 사용한다.

다시 말하면, 오늘날 사회 전반에 걸쳐 활발하게 사용되는 소셜 미디어, 네트워킹 사이트, 메시징 앱, 온라인 커뮤니티처럼 디지털을 바탕으로 연결하고 정보를 공유하여 관계를 키워가고 있다. 4차산업혁명기술이 도입되면서 이 기술이 폭넓게 적용되고 그 변화도 빠르게 진행되고 있다. 간혹 지역에서 이를 활용하는 목적을 파악하지 못하거나 도입 적용하는 데 더 늦어지면 지역 발전이나 매력이 뒤쳐질 수 있다.

지능정보사회로 바뀌면서 사회기술을 적용한 서비스는 놀라울 정도로 빠르게 늘어났다. 이 기술에 적응하지 못해서 최근에 서비스품질 저하를 우려하는 고령층도 있지만, 다양하고 손쉽게 접근할 수 있는 서비스가 늘어나고 있다.

사회기술을 활용하는 목적은 지역공동체 서비스를 강화하고, 촉진하는데 두고 각 계층이 주로 사용한다. 이렇게 하면 중앙집중식 시스템에 대한 의존도는 줄고 지역사회에 권한을 부여하여, 고품질 서비스를 제공하고, 지속가능성과 매력을 늘려가는 데 도움이 된다.

그리고, 이를 위한 공동의 작업공간에서 협업을 위한 디지털 도구를 사용하여 지역활동가를 위한 공유 작업공간을 제공한다. 또한 시민참여 플랫폼을 만들어 시민들이 지방정부 활동이나 의사결정에 참여하고, 의견을 표명할 수 있는 디지털 플랫폼으로 다양한 서비스를 활용한다. 그 밖에도 여기에 적용할 수 있는 주요 활동은, 지역시장에서 지역 상품과 서비스의 구매나 판매를 촉진하고 지역 비즈니스를 지원하는 온라인 플랫폼으로 활발하게 사용할 수 있다. 예를 들면, 지역식품 시스템은 앱, 온라인 플랫폼을 통해 지역 농부와 소비자를 연결하고 지속가능한 식품 생산을 촉진하는 데 유용하게 활용한다.

나아가 지역주민을 위한 의료건강 서비스를 위해 건강 앱을 활용하면, 지역 의료자원을 관리하고 개인을 해당 지역의 의료서비스 제공자와 연결하는 데 결정적으로 도움이 된다. 또한 교육기술에 적용하여 원격학습, 온라인 개인교습 및 기술개발을 위한 디지털 도구를 통해 지역교육 기회로 활용되고 있다. 주민들의 이동을 돕는 교통솔루션을 활용하면 교통혼잡을 줄이고 친환경 옵션을 장려하기 위한 지역 교통서비스를 받는 데 도움이 된다. 더구나 지역사회 에너지를 개발하여 중앙집중식 전력망에 대한 의존도를 줄이도록 태양광 패널, 풍력 터빈, 마이크로그리드처럼 지역 수준에서 재생가능 에너지원을 구현하여 안락한 생활을 유지하는 데 도움이 된다. 그 밖에도 사회서비스를 강화하는 데 활용될 부분이 많다. 사회기술 활용을 늘리면서 공동체 구성원 개인에게 활동에 필요한 역할을 부여하고, 지역에서 사는 재미와 매력을 느낄 수 있고, 경제사회 발전을 향상시켜 로컬리티를 강화하는 데 기여한다. 또한 구성원 모두가 정보, 자원 서비스에 접근하기 쉽다보니 개인들이 지역문제에 대해 결정할 수 있으며, 지역거버넌스에 적극적으로 참여할 수 있다. 또한 온라인 플랫폼으로 주민들이 문제를 논의하고, 아이디어를 공유하고, 지역사업에 대해 협력할 수 있는 공간을 제공함으로써 참여를 촉진할 수 있다. 지자체나 활동단체들은 디지털 통합을 통해 더 넓은 범위의 목소리를 들을 수 있는 장점도 있다. 지역경제 활동에서 디지털 기술과 온라인 시장에 대한 접근성의 영향이 점점 커지고 있다. 이러한 기술을 바탕으로 지역기업은 더 넓은 고객 기반에 도달하며, 지역사회에서 경제적 기회를 늘려가며 지역경제 발전에 기여할 수 있다. 공공서비스에 대한 접근, 정부서비스의 효율적인 제공에도 큰 도움이 된다. 지방자치단체는 온라인 서비스를 제공하여 관료주의 폐해를 줄이고 시민의 편의를 높일 수 있다. 특히, 지역 비상상황이나 위기상황에서 디지털 커뮤니케이션 도구는 정보를 신속하게 전파하고 대응하며, 지역사회 안에서 지원동원력을 늘리는 데 중요한 역할을 한다.

지역 내 교육훈련 방식을 새롭게 바꾸면서 디지털활용 능력과 교육자원에 대한 접근성을 높인다. 주민들은 이러한 기술 활용으로 고용가능성과 기업가 정신을 향상시켜 지역 전문인력으로 활동할 수 있다.

지속가능 관행

지역은 4차산업혁명기술의 파급을 받아들이면서 지금 전환기를 지나고 있다. 지역에서도 다양한 사회기술 활용이 지속발전하면서 전환기적 여건들이 새로운 관행으로 자리잡게 된다. 이러한 관행은 지역사회를 매력 넘치는 곳으로 가꿔가면서 동시에 사회기술을 더 세련되게 발전시키는 데도 도움이 되고 있다.

사회기술은 기본적으로 '지역성'을 살리는 데 유용하다. 특히 AI기술은 여러 활동에서 유용하게 활용된다. 또한 현지 선호도를 분석하고 특정지역의 비즈니스, 이벤트 또는 서비스에 대한 맞춤형 추천을 제공한다. 또한 AI기반 챗봇과 소셜 미디어 분석은 지방 정부와 조직이 주민들과 소통하고 사회문제를 보다 효과적으로 해결하는 데 도움이 된다.

AI는 교통흐름을 최적화하여 혼잡을 줄이고 지역교통을 개선하여 주민과 기업 모두에게 혜택을 안겨준다. AI는 뉴스 기사, 이벤트 목록, 비즈니스 리뷰 등 초지역 콘텐츠를 생성하여 주민들에게 지역사회에서 일어나는 일에 대한 정보도 제공해 준다. 특히 의료지원이 빈약한 지역에서 AI는 의료서비스 제공자가 환자 진단, 치료권장 사항, 의료 기록을 효율적으로 관리하는 데 도움을 준다.

이러한 활동들은 지역사회에 중요한 '지속가능한 관행'을 만들어 가는 데 크게 도움이 된다. 다시 말하면, AI는 지방 정부와 기업이 에너지소비 최적화, 폐기물 관리, 물사용 최적화와 같은 지속가능한 관행을 구현하도록 한다. 아울러 대기 질이나 수질 오염과 같은 지역환경 조건을 모니터링하고 정책 입안자와 주민들이 조치를 취할 수 있게 데이터를 제공한다. 그리고 정밀한 농업기술을 바탕으로 지역의 농민을 지원하고 작물 수확량을 최적화하며 자원 낭비를 줄일 수 있게 한다.

AI로 관행 만들어

AI는 감시, 예측 분석으로 잠재적인 위험을 식별하고 더 빠른 비상대응을 통해 공공안전을 향상시킬 수 있는 관행으로 정착되고 있다. 또한 비상대응을 위해 필요한 데이터를 분석하고 당국과 주민에게 실시간 정보를 제공함으로써 자연재해나 사고를 예측하고 대응하는 데 사용된다. 이러한 AI 사용은 풀뿌리 수준에서 특정 요구와 과제를 해결함으로써 지역의 사회경제와 전반적인 복지를 강화하는 데 기여한다.

AI기술은 또한 지역사회 주민들을 대상으로 하는 예술교육에 새로운 관행을 뿌리 내리게 할 수 있어, 제안 제공, 패턴 생성, 색칠 지원을 통해 디지털 예술을 창작하는 데 도움을 줄 수 있다. 그리고 맞춤형 학습플랫폼으로 활용되는 AI는 개별 학생의 기술수준과 학습스타일에 맞춰 적절한 교육을 받을 수 있도록 보장한다. 가상현실 증강현실(ARVR)은 가상미술관을 탐색하거나 가상환경에서 예술작품을 만들 수 있도록 몰입형 예술경험을 생활 속에 자연스럽게 제공한다. 또한 AI 알고리즘은 학습자들에게 실시간 피드백을 제공하여 기량향상을 돕고 건설적인 비판을 제공할 수 있다. 수강생들은 AI가 생성한 예술과 스타일을 실험하여 다양한 예술적 스타일과 기법을 배울 수도 있다. AI는 각자의 관심과 발전에 맞춰 학습리소스, 학습소재나 지침, 참고자료를 추천할 수 있다. 지역 예술교육에 이러한 기술들을 구현하면 학습 경험을 향상하고 창의성을 촉진하며 수강생과 교육자 모두에게 귀중한 리소스를 제공할 수 있다.

빅데이터로 결정역량 제고

빅데이터는 시스템 운영을 위한 각종 의사결정이나 제도개선에 활용한다. 지역사회가 급변하고 복잡해짐에 따라 빅데이터에 기반한 전략으로 지역공동체를 활성화시키고 미래전략에 유용하게 활용할 수도 있다. 빅데이터는 지역공동체와 경제 증진에 초점을 맞추고, 이러한 지역사업을 지원하기 위해 필수적인 사회기술이 되었다.

빅데이터는 이제 현황을 분석하고 계획을 수립하는 기본 출발점이다. 기업들은 해당지역의 고객 선호도와 시장동향을 이해하는 데 도움을 받아 현지 요구사항에 더 잘 부합하도록 제품과 서비스를 맞춤 개선하는 데 활용한다. 또한 지자체는 빅데이터를 사용하여 교통 패턴, 대중교통 이용, 에너지 소비를 분석하여 도시계획을 개선함으로써 보다 효율적이고 지속가능한 도시를 만들어 나갈 수 있다. 그리고 데이터에 따라서 지역경제 성장기회를 찾아내고 목표계획을 통해 지역비즈니스를 지원하는 데도 적극 활용한다.

빅데이터를 적절히 사용하여 지방자치단체는 데이터 사용량, 상태데이터를 기반으로 인프라 유지관리와 수리의 우선순위를 지정할 수 있다. 예를 들면, 지역주민들의 보건의료 건강데이터를 분석하여 추세를 파악하고, 보다 효율적으로 자원을 배분하며, 코로나19와 같은 감염병 발생이나 질병 같은 공중 보건환경에 대응하는 데 도움이 된다. 아울러 지역환경 데이터는 보존 노력에 대한 정보를 제공하여 지역생태계와 천연자원을 보호하는 데 도움을 준다. 또한 지역 비상서비스로서 실시간 데이터를 사용하여 재해, 사고 및 기타 비상상황에 보다 효과적으로 대응할 수 있다.

빅데이터를 폭 넓게 사용하여 지자체나 지역조직에서 지역사회 구성원을 식별하고 참여시켜 문제를 해결하고 의사결정 과정에 참여시킬 수 있다. 학교와 교육기관도 데이터를 사용하여 커리큘럼과 리소스를 지역 학생들의 요구에 맞게 조정하여 개선할 수 있다. 이렇게 빅데이터는 지역사회, 기업 및 정부가 지역 수준에서 삶의 질, 경제 발전, 지속가능성을 향상시키도록 전략을 세우는 데 도움을 준다.

블록체인으로 투명한 관리

블록체인 기술은 커뮤니티 내 투명성, 신뢰, 분산화를 강화하여 지역활력을 북돋우는 데 활용될 수 있다. 가장 많이 거론되는 것이 바로 지역통화인데, 특정 커뮤니티나 지역 내에서만 사용할 수 있는 지역 암호화폐나 토큰을 만들어 지역경제 내에서 지출을 장려한다. 또한 공급망 투명성을 확보하도록 현지에서 생산된 상품의 원산지를 추적하여 진품성을 보장하여 현지생산자를 지원한다.

블록체인은 '관행을 제도화'함으로써 지역사회의 투명성을 높이는 데 도움이 된다. 이를 활용, 지역주민들이 투명한 재산소유권 기록에 사용하면 지역사회 내에서 재산을 더 쉽게 구매, 판매 또는 상속할 수 있다. 그리고 지역에너지 그리드에 기여하도록 분산형 에너지 그리드를 만들어 재생가능 에너지원을 사용하는 주민 간의 P2P 에너지 거래를 가능하게 한다. 지역 활력에 필요한 자금조달에도 기여할 수 있는데, 지역 비즈니스와 이니셔티브를 위한 크라우드 펀딩 및 P2P 대출 플랫폼을 촉진하여 경제성장을 촉진시킨다.

그리고 블록체인은 지역주민의 디지털 ID를 안전하게 관리하여 지역 서비스품질 제고에 보다 효율적으로 접근할 수 있다. 또한 이미 널리 사용 중인 커뮤니티 토큰으로 지역생태계 내에서 상품, 서비스, 할인으로 교환할 수 있게 하고 커뮤니티 참여와 기여에 대해 보상케 한다. 나아가 지방선거를 위해 안전하고 투명한 블록체인 기반 투표시스템을 개발하여 부정 위험을 줄이고 민주적 절차에 대한 신뢰를 높일 수 있다. 전반적으로 블록체인을 사용하여 지방 차원에서 금융거래 및 정부지출을 기록하고 투명성과 책임성을 보장한다. 이를 위해서는 커뮤니티 동의, 기술인프라, 법적 고려사항을 갖춰야 하고, 확장성, 에너지 소비, 규정 준수와 같은 잠재적인 문제를 해결하는 것도 중요하다.

문화콘텐츠 협력 제고

지역문화자원을 바탕으로 하는 지역문화콘텐츠 정책 협력에 도움이 된다. 그동안 지역사회는 정보화사회 ⇨ 정보사회 ⇨ 고도정보사회 ⇨ 디지털사회를 거쳐 지능정보사회로 접어들면서 다 변화되고 있다. 지역의 콘텐츠 생산유통에 관련된 기술도 폭넓게 급속히 발달되면서 지역문화정책에서 콘텐츠기술 융합이 중요해지고 있다.

최근에 폭넓게 적용되는 인공지능으로 지역사회 모든 분야에서 자율판단은 물론 자동처치까지 가능하게 되었다. 인간과 인공지능 사이에서 우려하던 갈등을 넘어서 인공지능이 박차고 나가면서 앞으로 여러 분야와 접목이 더 늘어 날 것이다.

지역의 문화예술 창조활동에서도 가상현실기술 접목이 많아지고 있다. 그동안 코로나19팬데믹때문에 현실 전시공간이 폐쇄되자 ARVR콘텐츠가 많이 개발되어 몰입감 높은 가상현실을 즐기게 되었다. 그 결과 사회 여러 활동에서 인공지능과 디지털 트윈기술이 발달되어 컴퓨터에 현실과 사물의 쌍둥이 모델을 만들어 응용하고 있다. 현실에서 발생할 수 있는 상황을 시뮬레이션하고 현실을 디지털세계로 복제하며 진단 처방이 가능해졌기 때문이다.

그동안 문화소비자들이 코로나19팬데믹으로 불안하고 답답한 현실을 넘으려고 디지털세계에 의존하게 되자 문화콘텐츠 기획자들이 소비자 필요에 맞춰 생산하는 데 익숙해진 것이다. 결국, 지역에서도 훌륭한 소비가 좋은 창작으로 연결되는 '공진화 생태계'를 갖춰가는 길을 열게 되었다(이흥재, 2018).

글로벌 규모로 이런 활동이 이뤄지자 콘텐츠 유통에서도 신뢰관계와 협력이 중요해졌다. 과학자를 비롯한 지역 문화콘텐츠 기업들도 국제협력이 필수적이며 글로벌 연대를 위한 새 리더십이 요구되는 상황에 이르게 되었다.

기술이 더욱 고도화되면서 실감중계 서비스기술이 보편적으로 늘어나 드론기반, GIS구축, 3D영상을 실생활에 활용하면서 지역의 콘텐츠 생산에도 폭넓게 적용된다. 인간생활에 필요한 지리정보시스템을 컴퓨터 데이터로 변환하여 효율적으로 사용하는 GIS시스템으로 3D서비스를 제공하여 지역주민들도 생활 가까이에서 활용하고 있다.

그 밖에도 건강한 지역사회는 물론, 문화콘텐츠 생태계에 영향을 미치는 기술도 등장하여 딥페이크 탐지, 디지털 트윈, 인간증강, 협동로봇 개발로 콘텐츠산업 고도화에 적용되고 있다.

3. 문화활동 역량 확충

문화역량 구축

지역문화력은 경쟁력과 지속가능성을 모두 합쳐서 지역이 지속적으로 발전 할 역량을 갖추도록 하는 전략이다. 크게는 자연생태계를 안전하게 유지하고, 사회문화 생태계 역량을 키워간다.

지역역량 강화란 지역사회, 정부, 관련조직이 자신의 필요와 과제를 통제하고 해결할 수 있도록 권한을 갖고 실천하는 과정을 말한다. 이는 지역공동체가 자신의 문제에 대해 고유한 필요와 상황에 가장 적합한 결정을 내릴 수 있도록 권한을 부여하는 것이다. 이때 지역문화와 지역성을 강화하는 데 도움이 되도록 홍보하고 보존하기 위해 다양한 도구, 전략, 기술을 사용한다. 사회기술의 바탕인 디지털 미디어를 사용하여 지역이야기, 민속, 역사를 더 많은 청중에게 공유하는 디지털 스토리텔링 활동이 기본적으로 중요하다. 그에 덧붙여 지역역사, 랜드마크, 문화행사에 대한 정보를 제공하는 모바일 앱을 만든다. 예를 들면, 가상박물관을 통해 지역 유물과 예술품을 디지털화하고 전시하여 글로벌 관객이 접근할 수 있도록 한다. 이렇듯이 문화보존을 위한 도구로서 사회기술을 사용하여 언어, 전통 관습을 보존하고 문서화한다. 최근에 유행하는 커뮤니티 소셜 네트워크를 강화하여 커뮤니케이션과 협업을 촉진하는 온라인 플랫폼을 개발하며, 증강현실 경험을 지역문화 이벤트에 통합하여 방문자 참여를 향상한다. 지역역량 제고와 관련해서 다양한 활동들이 지역에 어떤 영향을 미치는지 파악하여 피드백

하는 '지역영향 측정' 기술을 활용하도록 해야 한다. 로컬리티활동에 관련된 사업의 지역적 영향을 측정하는 데에는 데이터 수집방법과 기술도구가 결합되는 경우가 많다. 가장 기본적으로는 온라인 설문조사 플랫폼과 데이터 분석도구를 사용하여 지역사회 구성원과 이해관계자로부터 피드백을 받고 지역영향에 대한 인식을 평가한다. 또한 GIS기술은 지역 계획의 공간적 분포를 매핑하고 시각화하는 데 도움이 되므로, 특정 영역 내에서 해당 계획의 도달 범위와 영향을 더 쉽게 이해하는데 도움이 된다. 그리고 데이터 분석 플랫폼을 사용하여 경제데이터, 보건의료통계, 교육결과 같은 다양한 데이터 소스를 처리하고 분석하여 지역사업의 영향을 정량화한다.

지역영향평가 방식으로서 사회적 투자수익(SROI:social return on investment), 지속가능 개발목표(SDG)와 같은 확립된 영향 평가방식을 활용하여 지역 영향을 체계적으로 평가한다. 대기오염에 대응하기 위해 대기의 질, 교통, 에너지소비 영역에서 실시간 데이터 수집을 위한 사물인터넷(IoT)장치를 구현하여 지역환경과 인프라 영향을 모니터링한다. 또한, 블록체인 기술을 활용하면 지역경제, 공급망 또는 지역사회 투자와 관련된 프로젝트를 투명하게 하고 변조방지 기록 보관에 사용된다. 그밖에도 많이 사용되는 소셜 미디어 모니터링, 커뮤니티 플랫폼, 지역경제 지표, 정성적 및 정량적 지표를 개발하여 사용한다. 지역영향을 포괄적으로 이해하려면 이 같은 여러 도구와 방법론을 결합하는 것이 도움 된다.

지속가능 공동체 만들기

지역주민들이 로컬리티에 대하여 느끼는 감수성은 매우 다양하다. 민감하거나 무관하다고 인지하는 경우에는 아무리 강조해도 활동으로 이어지기 어렵다. 따라서 로컬리티에 대한 문화적 감수성을 제고시키는 노력을 해야 한다. 로컬리티에 대한 문화적 감수성에는 특정한 지역공동체나 지역의 독특한 관습, 전통, 가치를 존중하고 이해하는 것이 포함된다. 행동을 결정하거나 지역사회에 참여할 때 현지 문화를 인식하고 배려하는 이유가 여기에 있다. 이러한 감수성을 바탕으로 접근할 때는 보다 폭넓게 포용성을 갖고, 지역주민들과 밀접하게 관계를 구축하는 데 도움이 된다.

지역 거주민들이 그 지역에 거주하면서 소셜 디자인에 기대를 거는 바는 우선 '지속가능 공동체 만들기'와 그의 실천이다. 대개는 그 수단으로 지역공동체, 경제, 환경을 지원하는 데 중점을 둔다. 이에 관련해서는 몇 가지 원칙을 중장기적으로 바탕에 깔고 추진해야 한다. 지역 자연환경을 지속유지하기 위해서는 우선 현지에서 조달된 제품과 재료의 우선순위를 지정하여 운송과 관련된 탄소 배출량을 줄여야 한다. 아울러 '커뮤니티 가든' 개념을 도입하여 지역농업과 식량안보를 촉진하도록 활동해야한다. 이는 지역기업이 앞장서서 후원하여 지역사회 안에서 돈이 계속 순환되고 일자리가 창출되도록 해야 한다.[41]

그 밖에도 일회용 플라스틱을 줄이고 재사용 가능한 대안 개발, 대중교통과 자전거 이용 장려, 태양열이나 풍력같은 현지조달 가능한 재생에너지에 투자하는 활동들이 필요하다. 지역경제에 직접 도움이 될 지역통화 또는 커뮤니티 기반 경제시스템, 파머스

---

41) 지역의 청년 일자리와 창업이 중요한데, 이를 돕기 위해서 현지 기업과 연대를 하도록 멘토십 프로그램을 구축하는 것이 바람직하다. 성공한 경영자나 전문가를 초청해서 청년기업가에 대해 멘토십 프로그램을 구축해 비즈니스 팁이나 어드바이스를 제공하며 도와준다. 또는 자원공유 플랫폼을 설립하여 현지기업과 협력하여 자금조달, 설비공유를 하면 청년기업가가 효과적으로 사업을 전개할 수 있다. 그 밖에 현지기업과 공동프로젝트를 추진하면서 새 아이디어를 실현한다. 그 밖에도 신기술 교육 프로그램을 제공하고, 네트워킹 이벤트를 개최하여 직접 교류하도록 한다.

마켓(Farmers Market) 개최, 지역 장인제품 구매, 폐기물 감소와 재활용 등에 중점을 두도록 해야 한다.

그 밖에도 친자연적인 환경 유지를 위해 지역 회복력을 촉진하는 지역사회 조직과 이니셔티브에 적극 참여해야 한다. 또한, 자전거 및 보행자 기반시설 활용과 자동차 의존도 줄이기, 녹지공간 보존과 자연서식지 보호개선들이 필요하다. 이러한 관행은 일상생활의 생태학적 영향을 줄이는 동시에 보다 탄력적이고 자립적인 지역사회를 만드는 데 도움이 된다.

좀 더 구체적으로 지속가능한 지역을 위한 소셜 디자인에는 지역공동체를 우선시하고 강화하는 솔루션과 이니셔티브를 만들어야 한다. 여기에서 지역소속감을 키우고 지역경제를 강화하며 주민의 전반적인 복지를 향상시켜 지역문화력을 높이는 운동으로 지속해야 한다.

이때 생각할 수 있는 지속가능한 관행을 꾸준히 구현하고, 복원력 계획으로 자연재해나 경기침체와 같은 지역문제에 대비한다. 그리고 실제 현장에서 발생한 사업을 추진하는 데 협업 네트워크를 작동하여 지역 조직, 학교, 기업 및 정부기관 간의 협업을 촉진한다. 이런 활동들을 뒷받침하도록 지역사회의 모든 구성원이 디지털 격차를 해소할 수 있는 디지털 포용력을 높이는 기본 활동이 보장되어야 한다.

문화투자 유인

지역사회문화의 지속발전을 위한 중요 동력의 하나인 문화재원 확보에 사회기술을 활용할 수 있다. 지속발전을 위해서는 안정적인 재정 확보 또는 지역투자를 확대해야 하는데, 이를 기술적으로 이끌어 내는 방법이 바로 지역투자 유인기술인 것이다. 간단히 말하면, 지역투자 기술을 사용해서 지역기업과 사회에 투자를 촉진하도록 유인하는 디지털 도구와 플랫폼을 만들어 사용한다. 이는 사회기술을 활용하여 개인과 조직이 자신의 지역사회에 투자하도록 장려하고, 경제적 탄력성과 지속가능성을 조성하여, 지역활력을 북돋아 준다. 여기에서 크라우드 펀딩을 이끌어 가는 플랫폼이 중요하다. 온라인 크라우드펀딩 플랫폼을 통해 지역문화단체, 스타트업, 커뮤니티 프로젝트가 지역주민들과 관심있는 사람들로부터 자금을 모은다. 이로써 지역투자를 장려하고 기업원 확보를 돕는 데 도움이 된다. 또한 기술을 통해 개인이 지역 벤처에 투자하기 위해 자원을 모으는 지역투자 네트워크나 클럽을 만들 수 있다.

아울러 디지털 마켓 플레이스로 지역 소비자를 지역 생산자 및 기업과 연결하여 공동체 의식을 키우고 지역경제활동을 지원하도록 장려할 수 있다. 이에 덧붙여 임팩트 투자기술은 사회환경적 영향을 추적하고 보고하는 데 도움되고 투자자가 지역 가치나 목표에 부합하는 기업을 지원하도록 장려한다.

최근에 활용되는 디지털 통화 및 블록체인을 활용해서 지역에서만 사용할 수 있는 커뮤니티 통화 또는 토큰을 생성하여 커뮤니티 내 지출 및 투자를 촉진할 수 있다. 그리고 이미 많이 활용되고 있는 모바일 앱이나 결제시스템은 지역기업과 쉬운 거래를 터주며 사람들이 지역기업을 보다 편리하게 지원할 수 있게 해준다. 여기에서 특별히 지역 임팩트투자를 위한 기술은 지역사회에 긍정적인 영향을 미치는 투자를 지원하고 촉진하기 위해 기술 솔루션을 사용하는 것을 뜻한다.[42] 이의 궁극적인 목표는 기술의 힘을 활용하여 개인과 조직이 자신의 지역사회에 더 쉽게 투자할 수 있도록 하고, 이를 통해 지역경제 성장, 사회 발전 및 지속가능성을 촉진하려는 것이다.

여기에 사용되는 일반적인 지역사회 투자 플랫폼은 자금이 필요한 지역 기업과 문화사업을 지역경제 발전과 사회적 영향을 우선시하는 잠재적 투자자와 연결하는 온라인 플랫폼으로 작용한다. 그리고 스마트 계약에 관련된 기술로 사전에 정의된 영향 마일스톤을 기반으로 자금 지출을 자동화하여 관리 오버헤드를 줄이고 효율성을 높이는 스마트 계약을 구현할 수 있다.

좀 더 명확하게 규정을 준수하도록 추진하는 솔루션으로 임팩트 투자에 대한 현지 규정과 규정준수 요구사항을 탐색하는 데 도움이 되는 소프트웨어 도구를 만들면 실수를 줄일 수 있을 것이다. 또한 투명성을 위한 블록체인으로 책임성을 높이고, 자금이 의도한 대로 사용되고 이해관계자에게 적절한 보상이 이뤄지도록 해야 한다. 이러한 임팩트 투자증진 기술을 뒷받침하는 데이터 분석, 디지털 결제, 크라우드 펀딩, 지역사회 영향평가 도구, 마켓 플레이스 앱들이 많은 도움이 된다.

최근에 관심을 많이 끌고 있는 금융 기술(핀테크)은 지역기

---

42) 사회적 임팩트투자란 사회문제(환경, 문화, 교육, 복지) 해결을 위해 경제적 이익을 추구하는 투자행위이다. 다만, 사회에 미치는 영향을 함께 고려한다는 점에서 지역사회 활력을 추구하는 데 중요하다. 이때 사회적 투자수익율(DROI) 지표로 사회적 영향의 정도를 측정 가능하다.

업과 사회에 힘을 실어 지역활력을 촉진하는 데 중요한 역할을 하고, 지역사회의 금융 인프라와 경제적 회복력을 강화할 수 있도록 활용된다. 기업은 우선 디지털 결제기술인 핀테크 솔루션을 통해 쉽게 결제한다. 그리고 크라우드 펀딩과 P2P 대출을 촉진하는 플랫폼은 지역기업이 커뮤니티 구성원으로부터 자금을 확보하여 기존 은행에 대한 의존도를 줄이는 데 도움이 된다.

암호 화폐나 블록체인 기술은 현지통화와 금융거래를 위한 투명하고 분산된 시스템을 지원하여 중앙집중식 은행시스템에 대한 의존도를 줄여준다. 핀테크 앱과 웹사이트는 현지 구매자와 현지 판매자를 연결하는 디지털 마켓 플레이스를 만들어 지역경제를 활성화하는 데 도움이 된다. 이런 방식이 다양하게 활용되면서 핀테크는 지역사회를 포함하여 소외계층에게 금융서비스를 확장하여 경제적 포용을 촉진할 수도 있다.

08장 사회자본 가득 안심사회

1. 신뢰 위기의 시대

허공에 쌓은 탑

우리 사회는 기술혁신에 힘입어 고도성장을 이어가고 있다.[43] 이런 환경에서 지역도 적정 수준의 성장을 지속적으로 유지 발전시켜 갈 것으로 기대하고 있다. 전환기를 겪고 난 지금, 서로 믿기 어려운 불신관계는 이러한 발전을 지속유지하는 데 걸림돌이 될 수 있다. 또한, 신뢰를 중시하는 사람들이 낙오자가 되거나, 참여가 배제되면 '더불어 함께 이루는 지속발전'이 쉽지 않을 수도 있다.

신뢰할 수 없는 관계 형성이나 불평등 관계는 지역이나 커뮤니티 안에서 공정한 계약관계를 흐트러트린다. 나아가 편향된 신뢰층을 만들어 내, 맑고 밝은 사회로 가는 길에 걸림돌이 된다. 안정된 사회시스템에서 신뢰문제는 이제 사회적으로 인정받아야 하는 최소한도의 사회문화 여건이다. 이런 배경때문에 신뢰문제가 지속가능 성장을 위한 우선과제로 등장하고 있다(稲葉陽二, 2012). 사회문화정책이 기대하는 지속가능 발전패러다임은 구성원 상호 간의 신뢰를 중시하면서 지역공동체가 공존·공생·공진화를 이루

---

[43] 이 장은 이흥재(GRI논총 2013,15-2)에 수록했던 것을 수정 보완하였다.

어 갈 때 유지된다.

그동안 신뢰의 문제나 사회적 자본은 그 실체가 있다고 보기 어려운 것으로 간주했었다.[44] 그러나 요즘은 이들을 정치경제적 실체로 간주하고 다양하게 논의한다. 사람을 중시하는 풍토와 더불어 신뢰문제는 현대사회의 소프트 파워로 볼 뿐만 아니라 미래사회를 이끌어 갈 스마트 파워 요소의 하나로 중요하게 생각한다. 이는 지역사회에서 새로운 경쟁력이고 자산이 된다는 것이다. 최근에는 경제정책 문제의 핵심요소 중의 하나로 사회적 자본을 들기도 한다.

그런데 지역사회에는 대도시에 비해 신뢰가 남아있고, 정책수용성이 높기 때문에 지역에서 사회적 자본 구축을 정책으로 시도할만 하다고 보기 때문이다.

사회적 자본 가운데 중요하게 여기는 신뢰는 무엇에 대한 어떤 신뢰를 말하는가? 기본적으로 인간에 대한 신뢰이지만, 덧붙여서 과학, 공공기관, 미디어에 대한 신뢰를 포괄하여 뜻한다. 왜 이런 불신의 확산이 생겨나는가? 정치권에서 무책임하게 권력을 남용하면서 신뢰를 악화시켰다고 본다. 대중을 능력 없고 분별력 없는 집단으로 내몰고, 권위주의로 나가고 싶은 유혹을 떨쳐 버릴 수 없기 때문이다. 오죽하면 '코로나 독재'라는 말이 생겨났을까. 근거 없는 음모론을 구별해 내고, 이기적인 정치보다는 과학데이터와 의료전문가를 신뢰하기 어려운 환경이 조성되어 그 틈새에서 권력이 횡포를 부린 때문이다. 그런데 같은 사안이라 할지라도 면적이 좁은 지역에서는 미치는 영향이 더 넓게 퍼지고 심각하다.

한편, 과학기술은 더 빨리 폭넓게 발달하고, 윤리의식은 더

---

44) 사회적 자본을 "개인관계 즉 사회네트워크에서 생겨나는 호혜성과 신뢰성의 규범"으로 보는 퍼트넘은 연구를 거듭하면서 점차 동태적인 사회적 자본형성에 중점을 두고 설명하고 있다. 특히 사회적 자본 구축은 국가단위보다 지역단위 접근이 더 실용적인 것으로 보고 실제로 이태리의 남북지역을 분석하여 비교했다. 한편, 사회적 자본의 현상을 중점적으로 파악하면서 정책형성을 통해 다른 사회활동성과와 연계에 초점을 둔 연구도 주목받는다. 플로우 관점에서 접근하는 후쿠야마는 사회적 자본을 "사회 전체나 특정부문에 널리 전달되면서 생길 수 있는" 능력 키우기로 본다. 울코크는 "사회 내 사회적 상호작용의 형성, 상호관계, 규범. 협조로 이루는 규범과 네트워크"키우기에 관심을 갖는다(千田俊樹,玉村雅敏, 2011).

둔감해지면서 신뢰를 포함한 사회적 자본은 여러 분야에서 흔들리고 있다. 그 가운데서 시급하게 자리잡아야 할 부분은 무엇인가? 우선, 과학과 전문지식에 대한 신뢰, 정부지침에 대한 시민들의 신뢰, 개인의 자유와 타인에 대한 존중 사이의 균형유지가 중요하다. 이 신뢰가 무너질 것인가 아니면 강화될 것인가 하는 점이 중요하다.[45]

아울러 4차산업혁명기술과 코로나팬데믹이 우리 생활 속 가까이에서 회오리바람을 일으키고 난 뒤 사회적 자본을 본질적으로 재검토할 필요가 생겼다. 이제 정직하고, 사려 깊고, 상식적이며, 투명할 것이라는 믿음이 사회생활에 중요할 뿐만 아니라, '진실성은 생산의 요소'라고까지 인식되고 있다. 예를 들어 블록체인 기술은 제2의 인터넷이라 불리며 활용되고 있는데, 플랫폼에서는 신뢰가 곧바로 생명이다. 신뢰가 바탕이 되면 각종 비용(검색비용, 계약비용, 조정비용, 신뢰구축비용)이 적게들고, 투명성에 연결되어 사회 전반에 걸쳐서 안정적으로 활용될 수 있다.

코로나 기간 중 우리나라 신뢰 평가

우리나라에서 신뢰문제는 이 정도면 아직은 그리 심각하지 않다고 믿고 싶지만, 객관적으로 국제비교에서는 신뢰성이 낮은 것으로 평가받는다. 그런데 코로나19 대응과정에서는 신뢰성과 공공성이 높은 사회로 인식되었다. 한국리서치 조사(2020.3.13.)에서는 우리 사회는 '신뢰할만한 사회'(61%)로 평가되었다. 이처럼 신뢰사회라고 인정하는 것은 사회적 거리두기 같은 자기의무 실천, 공공방역시스템 신뢰에 근거를 둔 것이다. 그런데 우리나라는 세계번영지수로 보면 167개국 중 28번째 살기 좋은 나라이지만, 구성원 간 상호신뢰 협조 네트워크는 145위로 매우 낮은 수준으로 평가(영국 레가툼연구소, 2019)하고 있으며, 프랜시스 후쿠야마도 '저신뢰국가'라고 불렀다.

그럼에도 불구하고 코로나 팬데믹기간에 우리나라는 신뢰

---

45) 이를 다른 나라와 비교해 보면, 우리나라는 3가지 모두 강한 편이다. 한편, 미국은 과학전문지식 신뢰만 강하다. 뉴질랜드는 한국과 같이 3개 모두 강하다. 뉴질랜드의 경우는 유능한 정부가 결정을 내리기 위해서 과학과 전문지식에 의존하고 있기 때문이다. 또한 사회적 연대수준이 높아서 시민들은 자기행동이 타인에 미칠 영향에 신경을 쓰며, 정부에 대한 신뢰가 높기 때문이다. 이런 행동의식은 코로나 집단 감염 때 수습이 잘되는 기반이 되었고, 지식기반사회, 상호평등 중시사회로 전환되는 데 자연스럽게 작동하고 있다. 코로나 극복이후 연대적인 사회경제 구축 준비에 크게 도움이 된 것이다. 공동체 구성원이 상호 유기적으로 긍정에너지를 만들어 낸 것이다.

국가로 도약할만한 것으로 평가 받았다. 특히 정부 권고에 따라 자기의무를 잘 실천하였고, 사회적 거리두기에 따라 모임을 스스로 자제하며, 방역시스템에 대하여 신뢰하며 함께 대응한 점이 높게 평가받았다. 행정국가적 성향이 강한 역사적 배경이 위기상황에서 작동한 것으로 볼 수도 있지만 민간기관도 적극 참여한 점, 신뢰 위반에 대해서는 정부가 강력대응해야 한다는 여론을 따른 점이 주효했다. 각종 사회적 비용 책임도 정부가 감당해야 한다는 여론에 긍정적으로 반응한 점도 높게 평가 받았다.[46]

이처럼 새롭게 변하는 환경에 따라서 최근 신뢰와 같은 사회적 자본을 정책과제로 인식하는 경향이 커진 것은 흐트러진 사회안전을 재구축하려 시도된 것이다. 이러한 상황 이전에도 캐나다에서는 사회적 자본을 정책도구로서 또는 실질 정책으로 간주하고, 무엇을 어떻게 추진할지 보고서를 발행한바 있다(PRI ,2005). 또한 국가전략으로 제시될 뿐만 아니라 복지국가론 관점에서 사회적 자본을 통한 Big Society구상(2010)으로 전개되고, 보다 적극적인 접근이 필요한(永島剛,2011) 현실적 정책과제로도 논의되고 있다.

정책으로 가능?

사회적 자본에 대한 논의는 개인적인 네트워크 관계로 이해하고, 위험 보전의 관점에서 중요하다고 보았다. 그리고 그 실체를 인정하면서 활용 성과를 실증적으로 분석하는 연구에 치중했었다. 그러나 이제는 국가나 자치단체의 중요 정책 전략으로, 사후 분석

---

46) 좀 더 구체적으로 보면, 사회적으로 취약한 상황에서 부탁할 만한 곳이 없었고, 공공이나 정치권에 부탁할 것을 기대할 수 없다는 점도 작용하여 정치권의 노력에 대해서는 불신불만이 가득했다. 정부가 강제력을 발동하는 데 대해서 신뢰를 보내는 경우도 있었는데, 예를 들면. 집회시위 제한, 종교집회 제한, 공연 경기 제한, 학원 휴원 등에 긍정적으로 반응했다. 특히 문화관광 분야에 대해서는 정부가 일정부분 지원해야 한다고 보는가 하면, 지원반대 의견도 만만치 않았다.

이나 관찰적 처방이 아니라 '사전적 예방' 문제로 다룬다.

그럼에도 불구하고 사회적 자본은 지역의 정책대상으로 보기 쉽지 않고 정책수단으로서도 애매하다고 간주했었다. 아마도 개념 정의, 얻을 수 있는 부가가치, 측정 방법, 인과관계가 명확치 않기 때문으로 생각된다. 또한 정책수단이면서 어느 측면에서는 그 자체가 정책목표가 될 수도 있어서 개인적인 문제라는 성격이 강한데도 불구하고 정책영역에 편입시키는 데는 한계가 있기 때문이다.

생각건대, 신뢰문제는 명쾌한 정책대안으로 개발하거나, 활발한 시장활동이나 시장원리가 작동하기는 어렵다. 더구나 경제적 불평등이나 사회적 자본의 불평등과도 관련되어 있고, 외부성과 외부불경제도 포함되어 있으므로 더욱 제한적이다. 결국, 사회적 자본은 정책효과에 한계가 있다기 보다는 거대이론 논의에 비해 실제 정책개발 부분이 상대적으로 왜소하고, 거대한 이론과 문제의식에 비해서도 대처방안이나 설득력이 미약하다는 것이 문제다. 또한, 사회적 자본의 증진을 목적으로 하는 정책수단이 인간의 정신조율 과정을 거쳐야 효과가 생기므로 매우 세심한 배려와 기다림이 필요하기 때문이다(稻葉陽二, 2012).

그러나 사회적 자본을 정책의제로 삼는 문제는 보다 현실적인 수요에서 그 시급성을 찾아볼 수 있다. 연구 대상과 방법에 따라 서로 다르지만, 우리 사회는 개인 간, 조직 간 신뢰가 OECD국가들 가운데 중간정도이며, 공공적 신뢰(국가기구, 법, 제도)는 매우 낮다고 알려져 있다(KBS, 2011). 또 공공신뢰는 OECD 29개국가 중 22위이며, 그 아래에는 우리보다 경제적 수준이 낮은 나라들이 놓여있다. 특히 경찰, 정부기관, 사회기관에 대한 신뢰는 24위로 매우 낮다(삼성경제연구소, 2009).

맑고 밝은 사회로 가는데 영향을 미치는 사회적 자본을 사회문화정책에 적용할 수 있는 논리, 측정, 관련 정책의제를 서둘러 개발해야 한다. 다행스럽게도 이제는 공공정책에서 사회적 자본의 중요성과 형성과정을 논의하고,[47] 국가 또는 지방정부 차원에서 추진해야 할 어젠더를 선정하거나 중장기 증대방안을 제시한 연구들이 나오고 있다.

또한 사회적 자본은 지방자치단체의 공공정책을 지탱하는 요소로도 주목 받고 있다. 사람사이의 관계를 중시하는 사회적 자본이 풍성한 지역에서는 주민들의 협력협조가 잘 이뤄지고, 주민행복도도 높아지고 있는 것으로 실증조사 결과 나타나고 있다(新潟市, 2010).[48] 지방시대의 진전과 지역의 공동체 활동이 증가되면서 지역에서 관심이 늘고 있다.

> **대전광역시에서 배워야**
>
> 대전광역시는 사회적 자본 확충을 위해 관련제도 마련, 시민참여 중심, 공간 창출을 전략적으로 제시한 바 있다. 또한 '사회적 자본 확충조례'를 제정하여 사회적 자본현황을 발굴 관리하고, 평생학습, 재능공유 시스템을 개발하였다. 나아가 시민상호 신뢰와 배려를 매개로 협력관계 형성에도 주력했다(대전시 보도자료, 2013.2.19 ; 조선일보, 2013.3.29). 지금은 이러한 제도나 운영정책이 실종되어버려 안타깝기 그지없다.

사회적 자본은 지역에서 '사회돌봄 문화예술', 생활문화복지 격차 해소, 예술치료, 범죄 같은 사회문제를 치료 또는 치유하는데 기여할 것으로 기대된다(이흥재, 2013).

47) 후쿠야마(Fukuyama Francis)는 여러 사회문제(경제발전, 정치발전, 성, 소수자, 아시아지역 위기, 혁신)가운데 하나로 사회적 자본개념을 논의하고 측정방법을 제시하였다.

48) 일본 니가타시에서는 사회적 자본의 현상과 그의 형성 및 축적 가능성에 대하여 조사 연구한 바 있다(新潟市, 2009; 新潟市都市政策研究所, 2010).

2. 사회자본과 문화정책의 믹스

인적 자본과 문화자본

사회적 자본은 정책문제 지향적 관점에서 볼 때 여러 정책들과 맥락성을 갖고 있다.[49] 대상정책은 대개 경쟁관계에 있는 정책들 사이에서 우선순위를 정하고, 합리적인 사회적 조정을 거치면서 의미를 축적하게 된다. 그런데 사회적 자본 문제는 특히 지자체가 정책의지를 의식적으로 발동하고 지역사회 전반에 공동인식되어야 추진 가능하다. 그러므로 단순히 외부에서 주어지는 대응적 접근과는 다르다.

이런 점에서 사회적 자본은 매우 포괄적인 특성이 있기 때문에 생산성, 동시성을 유지하면서 연관정책들과 정책맥락성을 확보하는 것이 중요하다. 사회적 자본은 <그림 8-1>에서 보듯이 원래 인적 자본과 문화자본의 속성과 연결된다. 이것들은 통합 내지 믹스되면서 지역사회 디자인 형태로 형성되며, 이는 인적 자본과 문화자본으로 발현되는 등 연계성과 맥락성을 갖는다(Kemp, 2010).

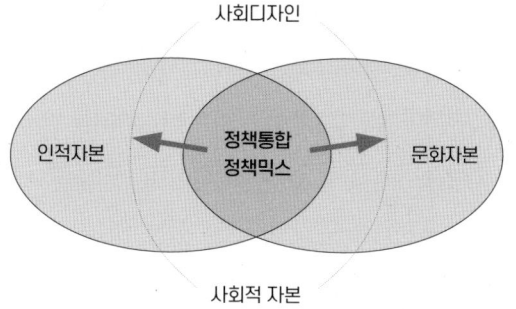

〈그림 8-1〉 인적 자본, 문화자본과 사회적 자본

---

49) 정책맥락성에 대해서는 이 책의 10장을 참조

사회적 자본 논의는 이론적으로 "사람들이 신뢰할 수 있는 호혜성 규범을 지닌 공동체에 소속됨으로써 사회관계 자본이 축적되고, 사회 모두가 풍요롭게 된다"는 전제에서 시작한다. 이 때문에 인적 자본(human capital)과의 관계, 신뢰감과 호혜성 발생에 대한 실증, 사회적인 영향, 참여과정과 혜택, 사회적 빈곤·복지·범죄 문제와의 연계성에 중점을 두고 추진한다.[50]

한편, 인적 자본은 교육과 문화예술의 관계를 중심으로도 볼 수 있다. 문화와 인적 자본 양성교육은 한쪽이 다른 한쪽을 부분적으로 포함하는 관계(부분적 상호관계론)라고 보거나, 양자는 성격과 맥락이 다른 관계(개별적 관계론)로, 또는 통합적 관점으로 보아왔다. 문화예술은 교육과 인적 자본에 관련된 정책을 연계 추진함으로써 시민 성장, 소통, 창의적 인간, 개인 삶의 복지 선택과 관련하면서 사회적 자본 구축에 영향을 미친다.[51]

또한, 지역단위의 문화예술행사 과정에서 주민개개인의 인간적·문화적 연결고리, 정서안정과 정신건강, 신뢰하며 안정적인 직업생활을 달성케 하고 지역사회에는 활기를 부여한다.

한편, 문화자본과 사회적 자본을 연구한 켐프는 "문화자본의 발전·축적·계승에 기초해서, 사회적 자본의 존재나 역할이 있다"는 점을 강조한다(Kemp, 2010). 오랫동안 연구해온 퍼트넘(Robert Putnam)도 『나 홀로 볼링치기(Bowling Alone)』(2000)를 저술하면서, 사회적 자본에 관련된 제도의 성취를 시민공동체 중심으로 논의하고 있다. 여기서 사회적 자본 구축과 관련하여 시민공동체가 갖는 의미는 시민참여, 정치적 평등, 연대성과 신뢰 및 관용, 결사체들(협동의 사회적 구조)이다. 물론 문화예술에 국한된 활

50) 실제로 일본의 내각부에서는 사회적 자본은 다른 정책과 연관시키면서 보다 실천적인 관점의 정책연구를 진행했다(内閣府, 2003).

51) 지역 젊은이들의 활력을 높이기 위해서는 지역 전체의 커뮤니케이션과 협력, 교육프로그램과 기술개발 기회를 제공하는 것도 중요하다. 또한 기술과 기업가 정신을 키워 줘 미래에 대비할 수 있게 해야한다. 청년인력을 위한 문화행사, 스포츠, 자원봉사 활동을 늘려주며, 일할 기회를 늘리는 정책과 프로그램을 도입해야 한다.

동이라기보다는 사회문화에 폭넓게 관련된 것들이 대부분이다.

또한, '제3이태리지구'는 문화산업지구로서, 부드러운 전문화(flexible specialization)와 모순된 것처럼 보이는 '경쟁과 협력'이 이루어 지는 곳이다. 그 결과 문화산업 유행에 대한 정보 공유, 공예품 생산을 위한 기술 보급도 자연스럽게 이뤄졌다. 뒷날 창조도시 발전의 바탕으로 작용했다고 평가받는, 플로리다(R. Florida)가 말하는 '보헤미안적 기질'과 같은 '문화적 특성'들이 이 지역의 사회경제 발전을 가져온 선행조건이었다(안청시 외 역, 2000).

사회적 자본을 구축하는 데 영향을 미치는 요인은 무엇인가? 제도적 요인(정치적 리더십)이 직접적으로 영향 미치는 중요요소라고 보는 입장이 있다(Hall, 1999). 홀은 미국에서 커뮤니티가 붕괴된 것은 사회적 자본 결여 때문이라고 본다. 그러나 선진국임에도 불구하고 영국은 사회적 자본을 일정한 수준으로 유지하고 있는데, 이는 교육제도나 교육수준 때문이라고 본다. 덧붙여, 중산계층의 커뮤니티 관여도가 높고, 자원봉사센터를 정부가 운영하면서 시민 파트너십을 중시한 것도 그 이유라고 한다.

지역문화전략의 입장에서는 사회적 자본 구축을 관련 정책과의 통합적 접근으로 확장시키는 정책활동으로 접근하는 것이 바람직하다고 본다. '정책요인론'에서는 정부의 이니셔티브나 자치단체장과 같은 리더들의 '정책문제 지향성'에 힘입어 사회적 자본이 축적된다고 적극적으로 보고있다. 많은 시간이 지속적으로 소요되는 사회적 자본은 다른 정책들과 엮어 추진하여 순환적 효과를 거둘 수 있으므로, 협동적 공진화, 지속발전 공진화를 위한 전략적 접근이 타당할 것이다. 홀(Hall)도 그의 연구에서 사회적 자본이 정부성과와 인과관계가 있음을 전제로 논의하였으며, 비교적 단기간 안에 사회적 자본을 형성시킬 수도 있다는 새로운 입장을 제시하고 있다.

지역에서 문화활동은 사회구성원 간에 새로운 관계를 촉발하고, 소통, 대화, 교류를 원활히 하는 사회적 자본 형성의 플랫폼 역할을 한다. 또한 지역문화정책이 주민들의 다양한 문화활동, 문화력 창출에 영향을 미치기도 한다. 이러한 관점에서 이들의 관계를 나타내면 <그림 8-2>와 같다.

정책믹스

지역의 사회문화 전략에서는 사회적 역할을 통한 부가가치 증진에 대하여 다양한 측면으로 관심을 갖는다. 다시 말하면, 문화예술의 내재가치를 바탕으로 기획, 마케팅, 스토리에 활용하면서 지역사회에서 부가가치를 실현한다. 특히 지역공간 재생, 지역 잠재력 발굴을 반복하면서 무한 가치증식을 불러일으킨다(이흥재, 2012). 사회적 자본의 여러 요소 가운데서 중요한 것은 일반적인 신뢰, 상호부조(호혜성)의 규범, 커뮤니티 네트워크로 요약할 수 있고, 이를 설명할 수 있는 지표로는 신뢰, 규범, 네트워크, 참여, 사회구조를 들 수 있다. 지속가능한 지역발전 전략이라면, 이러한 지표에서 나타나는 속성들의 맥락성을 연계시켜 통합 추진하는 것이 바람직하다. 바로 이러한 점들 때문에 사회적 자본은 역사적 흐름이나 제도적 장치의 한계를 뛰어넘는 정책으로 통합 접근하는 것이 타당하다.

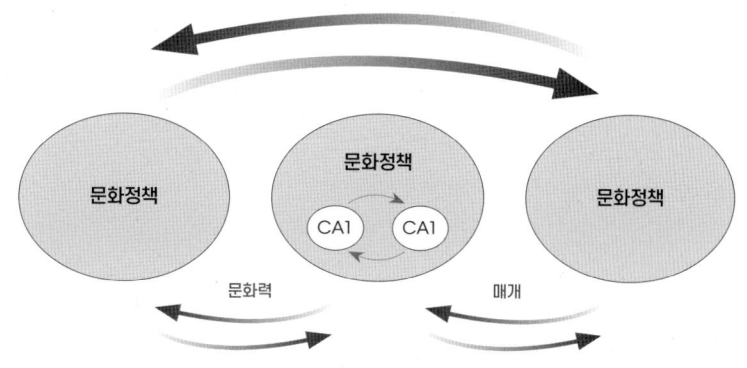

〈그림 8-2〉 문화정책과 사회적 자본의 관계

　　먼저 교육정책 측면에서 다가서면, 실천적인 활동으로서 커뮤니티 스포츠 활동을 중심으로 사회적 자본 축적과정을 분석하고 이의 성과를 검토한다(飯田義明, 2010). 또한 사회교육으로서 스포츠 참여에서 인적 자본과 사회적 자본을 적용시켜 참여활동에 따른 성과와 방향을 모색해볼 수도 있다. 사회에 적용할 사회운동 차원에서 사회적 자본의 중요성에 대한 경각심을 일깨우고 사회교육프로그램으로 제작하여 전반적인 사회문화 특성을 지적하면서 신뢰, 소통, 협력을 호소하는 형태로 응용하는 경우도 있다(KBS, 2011).

　　도시사회 개발이나 창조도시 관점에서 보면, 사회문화와 경제발전 사이의 긴장관계를 전략적으로 해소시키는 데 적용할 수가 있다(Pratt, 2010). 문화예술 측면에서 접근하여 사회적 자본을 여러 각도에서 다양하게 보면서 문화산업과 결합하는 경우도 있다. 또한, 지능정보사회에서 인간관계의 신뢰 형성과 변화가 지역사회에 미치는 영향에 주목해 사회적 자본을 풍성하게 구축하는 데 적용할 수 있도록 추진한다. 이로써 넓은 의미의 인터넷과 글로벌 사회문화 관점에서 사회적 자본 확충정책을 개발할 수 있다. 최근에는 일본 NTT에서 블록체인으로 사회적 자본 공급을 관리하려는 연구를 야심차게 진행한 경우도 있다.

시민건강정책과 연관지어서는 공동체 집단활동 활성화를 꾀하도록 접근하는데, 각 개인의 수입과 행태, 기타 변수를 고려하여 전략적으로 추진하는 길을 열고 있다. 이를 바탕으로 건강활동 공동체의 활동성과를 높이고 능력을 향상시키도록 참여집단을 대상으로 집합적 활동을 엮는 전략을 개발한다. 복지정책과 관련해서 정책통합을 추진하도록 소득격차, 복지혼합 경제 등 사회서비스 공급 측면에서 제시한 바도 있다(永島剛, 2011).

산업경제의 발전과 관련해서는 문화를 정책으로 추진해야 한다는 논리를 문화인류학적 풍토론, 경제성장 요소로서의 문화, 글로벌 환경 등의 관점에서 본격적인 '정책론'으로 접근하고 있다. 특히 여기에서는 개발도상국들의 경제성장과 관련한 사회적 자본 구축에 초점을 맞추었다(原田博夫, 2010). 또한, 사회공동체들의 지적 자산 창출을 위하여 지적 자산의 제 국면, 메커니즘과 과정, 그리고 이를 통한 조직 발전을 논의하고 전략을 제시한 경우도 있다.

격차해소

지역사회에서도 산업화나 정보화가 진행되면서 다면적 격차가 생겨난다. 자본기반 경제발전과정에서는 소득격차가 확대되어, 장기적으로 자산 격차로 이어지고 있다. 한편 IT기반 지능정보사회에서도 IT빈부와 지식 격차가 생겨나고 있다.

사회적 자본의 발생 배경과 과정을 고려해서 보면, 문화예술은 경제, 과학기술, 교육, 사회정책 등과 결합하여 사회적 자본을 구축하고 관계를 개선하는 데 기여한다. 소득격차는 지본주의(知本主義) 사회에서 교육격차와 문화격차로 이어지고, 장기적으로는 격차의 고정화와 사회계층화를 가져올 수 있다. 지역 사회문화정책은 이에 대해 분배측면에 미치는 효과를 고려, 다면적 격차사회에 필요한 문화정책, 소득분배정책, 교육정책을 유기적으로 결합시켜 '사회적 자본의 문화정책'으로 추진할 수 있다. 이런 맥락에서 지역에서 문화예술 소비에 따른 사회적 공감은 사회적 자본 구축에 보다 직접적으로 영향을 미칠 수도 있다고 본다.[52]

예술소비는 미술, 예능, 음악, 연극, 문화탐방, 해설이 있는 음악회에 참여하는 과정에서 예술 자체에 대한 소비 못지않게 이른바 '관계성 중시'의 사회활동에 참여하는 형태로 사회적 자본 구축으로 이어진다(이흥재, 2012). 이런 개인 문화생활이 문화공동체에 소속되면 대개 공동작업으로 인식되어 자기들의 공통가치를 실현하면서 공동체의 정체성을 실현하는 몇가지 특징적인 활동으로 바뀌어 간다.

이러한 활동은 첫째, 개인의 내적 소비구조 한계를 극복한다. 이는 마을축제에서 보듯이 공동체 예술활동이 공동체 구성원, 관심주제, 공동체 봉사, 창작활동 참여를 거치고 반복하는 과정에서 구체화된다. 즉, 테마공동체 예술네트워크에 관여하면서 더욱 다양하게 신뢰를 구축하고 호혜성 증진에 기여하면서 사회적 자본을 확충한다.

---

52) 사회적 공감과정을 자세히 보면, 자기설계에 따른 소비선택일 경우에는 체험에서 나오는 잠재성 발현에 그치지만, 이를 넘어서 열성적으로 활동하면 사회적 공감을 형성하게 된다. 공감형성은 잠재적 관계(general relation) ⇒ 관망적 관계(prospect) ⇒ 일회적 관계(customer) ⇒ 반복적 관계(client) ⇒ 한 목소리를 내는 관계(advocate) ⇒ 동맹적 관계(partner)로 점차 진화하면서 관계를 증진시킨다.

둘째, 문화활동에 대한 정책지원으로 개인의 일상생활과 사회성 유지에 도움을 받는다. 일터에서는 생산성을 제고시키고, 쉼터에서는 인간성을 회복시켜 준다. 예술이 갖는 기능주의적 입장에서만 보더라도 노동현장에서 생산성 제고, 사고 축소, 긍정적 생활태도 견인 등 사회적 자본 구축효과를 실감할 수 있다.

셋째, 격차 해소와 같은 문화정책은 단지 복지정책 뿐만 아니라 지역사회의 문화예술 발전에도 도움이 된다. 러스킨(J. Luskin)같은 문화경제학자도 영국의 예술장려정책이나 예술교육정책은 일부 부유계층은 물론 일반 서민이나 노동자들에게도 '예술로 즐거운 생활을 하는 국민층'을 넓히는 바람직한 지역정책으로 생각하고 있다. 결국, 접근기회 증가정책과 더불어 소득격차와 문화격차를 줄이는 데 도움이 되고, 동시에 지역 문화진흥과의 공진화를 가져온다고 본다.

포용정책

사회적 배제는 "실업, 낮은 기술, 낮은 소득, 열악한 주거, 높은 범죄율, 건강악화, 가족 해체와 관련된 여러 가지 문제"를 불러오므로 지역사회에 심각한 정책문제이다.

사회적 배제 역시 문화정책으로 접근함으로써 사회적 포용, 사회적 결속에 이를 수 있다. 사회적 배제에 대처하기 위한 포용정책의 대상에 대하여 영국정부는 어린이, 대가족, 소수민족, 장애인, 노인을 들고 있다. 영국정부는 이들이 문화접근성 제고, 예술, 스포츠, 레저활동에 참여하면서 사회적 포용에 다가가는 연결다리 정책을 추진한다.

사회적 배제집단에 대한 문화정책 프로그램은 상황에 따라 매우 다르게 적용된다.[53] 우리나라에서 이러한 개념의 사회적 배제나 포용 정책은 아직 미약하다. 다행인 것은 아직 전통적인 사회문화 특성이 신뢰, 호혜성에 대한 기대, 정(情)을 바탕으로 하는 네트워크를 적절히 작동시키고 있다는 점이다. 따라서 서구적 기준의 배제와 포용보다는 사회적 '융화'라는 관점에서 사회적 자본 구축을 위한 정책으로 나아가는 것이 우리 실정에 적합하다고 본다. 그리고 이의 역기능적 역할이 가져오는 폐해는 별도로 관리하도록 시스템적으로 보완해야 한다. 아울러, 지역사회 시스템의 유지 코스트가 무한 팽창하지 않은 채로 지역정책 목표로서 달성될 수 있을 때 사회적 포섭 개념은 효율적이다.

격차를 줄이는 지역경영전략으로 사회적 자본을 접근하는 데 있어서 경제사회적 격차 시정, 워크 라이프 균형, 생활 가까이에서 이뤄지는 가벼운 활동, 시민활동, 건강, 교육 등의 연계추진이 보다 더 효율적일 것으로 생각된다. 이를 위해 문화예술 활동, 취미여가 활동, 스포츠 활동, 생애학습 활동, 문화예술 활동의 장(場) 만들기, 지역문화예술 정보화, 로컬리티 제고전략을 연계 활용하여 사회적 자본 구축 효과를 높일 수 있다. 이러한 맥락에서 사회적 자본 구축은 주민행복 증진이라고 하는 거대정책으로도 연결된다.[54]

역진성 해소

지역문화정책에서 예술활동 단체나 소비자에게 보조금을 지급하는 정책은 모두가 고른 수혜자가 될 것을 전제로 한다. 그런데 문화소비자는 보통 소득이 안정적이고, 고학력자이며, 문화체험

---

53) 예를 들면, 이주노동자, 탈북인의 경우 매우 다르므로 특수하게 적용되고 있다.

54) 니가타시(新潟市)는 행복도 조사연구 결과를 바탕으로 사회적 자본 축적을 통해 격차 없이 고른 주민행복 증진을 위한 사회활동 연계대책을 마련했다. 이 결과 사람들의 이동편리성, 연결 기회를 많이 만들고, 사회적 연대나 공조의 정신이 양성되도록 하며, 지역매력을 축적하고 애착있음을 과시하는 주민들이 늘어났다(千田俊樹, 2011).

이 많은 사람들이므로, 결국 이들이 더 많은 혜택을 받게 된다. 문화정책의 실질적인 혜택은 보편적 복지정책에 비해서 혜택을 받는 이들은 더욱 제한될 수밖에 없다. 결국 상대적으로 여유있는 고소득자들에게 세금혜택이 귀착되는 역진성이 발생한다.

이에 대한 대응으로 정부가 문화예술교육을 강화하여 저소득자들이 문화소비를 학습하고 점차 문화예술 소비량을 늘려가도록 하고 있다. 원래 문화소비는 소비자 교육수준과 밀접하게 관련 있으므로 이 과정에서 사회적 자본 구축에도 중요하다.

또한, 지역재생이나 지역주체성 제고를 목적으로 주민참여로 자발성을 북돋우고 또 이를 지속 유지하도록 하는 정책들은 결국 사회적 자본 구축과 함께 상승작용을 일으키게 된다.

아울러 격차 문제와 함께 문화정책 역진성은 앞에서 보았듯이 이미 사회문제로 대두되어, '인본주의 문화정책'을 위한 중요의제로 채택되고 있다. 그 결과 문화정책 가치로서의 최저 인본주의 실천을 위한 소수자 보호, 실버·다문화·장애자 등 농촌과 도시 소외계층, 이주민들의 문제를 문화적 관점에서 다루게 된다. 이러한 맥락에서 관계 측면의 사회적 자본 정책의 인본주의적 기조에 좀 더 충실한 접근인 셈이다.

참여 증진

시민문화예술 활동 참여확산은 사회적 자본 구축에 연쇄적 효과를 가져 온다. 문화활동 증가로 형성된 사회적 자본은 다시 새로운 사회문화활동을 만들어 내고, 참여자들의 관계를 유지 확대시킨다. 또는 사회활동자들이 상호연계하여 자극하고 발전하면서 그 성과를 확인할 수 있다. 예를 들면, 축제에서 함께 작품을 제작하고 기획하며 종래의 방식에서 진화하며 발전된다. 또한, 이러한 현상은 지역환경 보전활동을 문화적으로 추진하면서 지역발전에 기여하거나, 마을만들기에 참여하면서 아이디어를 생각해 내는 것들에서 잘 나타난다.

참여활동은 또한 커뮤니티활동 멤버의 관계를 확대시켜 참가 커뮤니케이션을 늘려 나가게 된다. 특히 비영리단체 활동을 거주지역 외부로까지 확대하면 더 많은 사람들이 커뮤니케이션을 하게 된다. 특히, 학생, 젊은 예술가, 주민들이 문화예술공동체를 구축하여 활동을 이어 갈 때 창조적 리더십 효과를 거둔다. 이러한 참여활동은 또 다른 사회활동에 자극을 주어 지역활동에 관련된 비영리단체 활동의 노하우를 다른 단체에 전수시키고 접촉을 늘려가게 된다.

3. 사회자본 구축 전략

사회목적으로 통합

문화정책과 사회적 자본 구축은 서로 전략적 행동을 조합하여 '지속가능한 공진화'(sustainable coevolution)로 이뤄나가는 것이 바람직하다.[55] 지역사회에서 이들은 서로 다른 문제나 요인들끼리 관계를 맺으면서 영향을 주고받는 가운데 진화해 가는 이른바 확산공진화(diffused coevolution)로 나아갈 가능성이 많다. 이

---

55) 공진화란 어떤 개체가 다른 개체의 진화에 부분적으로 의존하거나 다른 개체들과의 맥락에서 진화하는 것을 말한다. 그 가운데 지속가능한 공진화(sustainable coevolution)는 개념적으로 유사성의 발전을 통해 이루어지고 다른 경우보다 강하게 발전하며, 결국은 지속가능 발전에 이르도록 하는 것이 핵심요소이다. 다시 말하면, 지속적으로 변화함으로써 지속가능성이 생겨나도록 체계를 다이내믹하게 이끌어 가는 것이다. 자세한 것은 12장 참조.

러한 지속가능 공진화는 구체적으로 생태계 구성인자들이 상호작용하는 과정에서 동반성장하고, 결국은 생태계 전반에 걸쳐 번영에 이르는 선순환 개념이므로 협력적 경쟁(co-competition)과 공진화를 포함한다(이흥재, 2011).

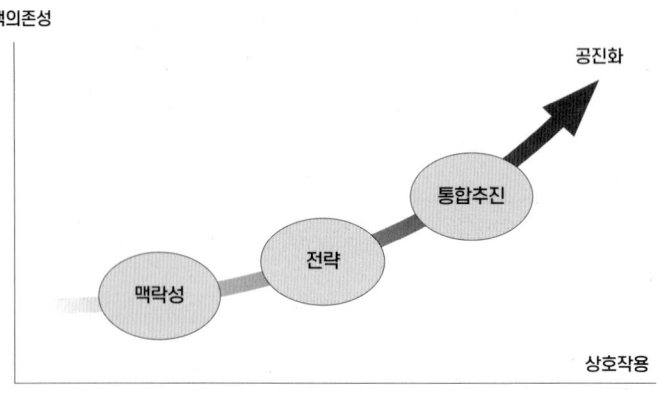

〈그림 8-3〉 사회목적 통합과 공진화

지역사회가 사회문제를 해결하여 어떤 효과를 거둘 것이라고 예상하는 역할기대는 매우 비슷하다. 그러므로 문제에 접근하는 전략조차도 중복될 수 있지만, 이 문제해결 전략들은 서로 도움을 주고받으면 해결가능한 관계이다. 문화정책이 고유한 문화예술의 가치를 증진시키는 데 주력하는 대신 사회가치 증진에 힘을 모으는 것은 도구주의적 문화정책(instrumental cultural policy)으로 볼 수도 있다. 그러나, 문화예술을 수단이 아닌 목적 자체로 보는 본질적 입장에 선다 해도, 적어도 공공정책으로서의 예술활동의 역할을 훼손하는 정책은 아니다(小林瑠音, 2013; 吉田隆之, 2013).

그러므로 지역경영이라는 큰 틀에서 대상정책의 공진화를 의도하게 되는 것은 자연스럽다.[56] 지역활력을 키워가려는 목적의

[56] 사회적 자본이 무너질 것인가 아니면 강화될 것인가? 이를 단정적으로 말하기는 어렵지만 몇가지 측정가능한 기준을 생각해 볼 수는 있다. 코로나19팬데믹을 겪으면서 경험한 것처럼 전문지식 신뢰, 정부지침 신뢰, 개인 존중 사이의 균형유지에 대한 신뢰가 인정받고 수용되는 지를 기준으로 판단할 수 있다고 본다.

정책들이 있지만, 정책수단이나 투입이 동일하더라도 실패하는 지역과 성공하는 지역이 생겨난다. 이를 사회적 자본 개념으로 정리하면, "지역에 있어서 사회적 자본의 성숙도가 지역경영의 성공여부에 큰 영향을 미친다"고 말한다. 그런데, 사회적 자본 성숙, 지역 커뮤니티 상호의 신뢰 정도는 구성원의 자주적 협력 정도에 따른다. 그 결과 사회적 자본이 풍부한 지역은 효율적으로 지역 성과를 거두게 된다(北海道公共政策大学院, 2006).

지역사회 활력에 대한 기대를 사회문화적 측면에 두는 경우 주민참가 활력제고, 커뮤니티 일체성 향상에 주력한다. 그 밖에도, 주민의 편리성 향상, 스포츠나 문화예술 활동의 활발한 전개, 주민 건강복지 향상 등을 수단으로 해서 '맑고 밝은 따뜻한 지역사회'라고 하는 목표를 달성할 수 있다.

이러한 사회문화적 효과로 호혜성 규범과 연결되면서 시민 참가 네트워크에 의해 수직적·이질적인 것들에 대한 사회적 신뢰를 구축하게 된다. 이처럼 시민의 적극적인 참가를 촉진하고, 네트워크를 형성하여 얻어지는 지역경영 상의 효과를 모두 통틀어 사회적 효과를 거둔다.[57]

이러한 성과를 거두는 데 보다 효율적인 정책의제에는 무엇이 있을까. 사회적 자본을 정책으로 다룰 때 매우 광범위하여 자칫 '정글' 속에 빠져들기 쉽다. 따라서 대상 문화정책이 실질적인 성과를 거둘 것으로 기대되는 적합한 의제를 발굴하는 것이 중요하다. 정책의제가 적실성(relevance)을 갖고 실천 가능한 대안으로 개발되도록 중점분야, 정책, 전략을 전제로 마련해야할 것이다.

---

57) 이는 직간접적인 것으로 나누어 볼 수 있다. 직접적으로는 시민 적극참가 네트워크로 상호관련성 증대, 소통 증가, 정보유통 풍요로 호혜성 규범이나 신뢰관계의 기반이 되는 평판도 쉽게 형성된다. 간접적으로는 생산력 향상, 연관산업 파급, 비용 삭감 등 지역의 경제효율을 개선한다. 직간접적 시민활동으로 학습하며 신뢰와 완전정보 교환 및 불완전 정보위험을 감소시키고, 특정집단 내부의 경제적 효율이 만들어지게 된다.

정책의제 선별

지속가능한 공진화에 영향을 미칠것으로 여기는 전략적 의제는 다양하다.

포괄적인 지역개발과 관련해서는 인근 지역끼리 거버넌스, 지역활력 증진, 지역력 증진프로젝트 지원, 지속가능 사업 확보를 사회적 자본 관점에서 검토할 만 하다. 그밖에도 지역주민의 자발적 참여활동, 로컬리티 촉진, 지역 의사결정 참여와 예산 책임도 함께 고려할 수 있다. 커뮤니티활동 지원과 관련해서 자원봉사자 팀 지원, 원주민 커뮤니티 안전도 이에 해당된다.

사회기술을 바탕으로 하는 사회안전 장치를 마련하는 활동과 관련해서 지역안전 지원, 사회적 배제, 범죄 예방에 관심을 갖는다. 아울러, 사회적 배제, 빈민가 범죄 통제, 지역자원에 의한 복지, 빈곤 타개 협력, 지구환경도 주요 의제이다.[58]

지역활력과 관련한 개인생활 활력 증진을 위해서 일거리 찾기, 청년 시민화, 멋진 노년기 프로그램(aging well), 사회교육 개선, 지역 로컬리티활동 지원, 이주민 보호(newcomers), 탈북이주자 등 대응의제를 함께 검토할 만 하다.

지역문화력을 키우는 것에 관련해서는 문화산업단지, 문화예술 클러스터가 접촉 증가와 공유장치로, 그리고 문화축제, 마을 축제, 동제 등이 신뢰와 호혜성을 보장하도록 전략적 의제로 연관시켜 고려해 볼 수 있다.

사회적 자본과 문화거버넌스(cultural governance)를 위해서는 정부, 기업, 시민단체가 나서서 종합적 신뢰를 확보하고 민주

---

[58] 상세한 것은 7장 논의 참조

적 통제, 정보 공개 등 투명성, 부패 억제, 깨끗한 정부와 시민사회 만들기를 의제로 채택할 수 있다.

그런데 지역에서 이러한 많은 문제들을 추진하면서 유의해야 할 점들이 많다. 우선 이를 추진하는 주체는 시대변화를 가져오는 데 목적이 있으므로 외부환경 변화에 충분히 적응하며 유연하게 대응할 선구적인 지역주민참가 협력체계를 구축해야 한다(北海道公共政策大学院, 2006). 이 과정에서 문제를 공유하고, 해결을 위한 행동에 공감하는 의식 개혁과 소통이 필요하다. 특히 조직 책임자가 리더십을 가지고 협력관계를 이끌어 가며, 인재육성 커리큘럼과 시스템 개혁을 추진해야 한다.[59]

더구나 목적달성에 많은 시간이 걸리므로 지속 활동이 가능한 조직을 만들어야 한다. 지역사회적 효과만으로 사업들을 지속하기는 어려우므로, 지방재정이나 비용절감 시책을 병행하면서[60] 문화예술활동 단체들이 나서서 협동적 추진이 가능하도록 해야 한다. 또한 정부 비영리단체, 기업, 대학, 지역단체, 사회적 기업 등이 나서서 연결하여, 다리형 접근으로 협동적으로 추진하면서 시너지를 발생시키는 것이다.

그렇다면 이와 관련해서 예상되는 한계들을 보완하는 장치로는 무엇이 있을까? 사회적 자본 구축효과는 지역과 전략의 유형에 따라서 다르게 나타 날 것이다. 도시형 지역사회에서는 시민 상호관계 형성과 지방자치단체 정책을 통해서 커뮤니티 네트워크가 형성 발전되는 가를 함께 검토해야 한다. 대부분의 지자체들에서는 커뮤니티활동의 활성화를 위한 기구 설립, 자금 제공, 인재 양성, 운영노하우와 정보 제공 등의 노력이 도시지역사회에 비해 더

---

59) 일본 미야자키현 아야초(綾町)는 자치공민관제를 도입하여 주민친교가 심화되었고, 생애학습활동의 지속적 추진으로 사회적 자본 구축에 도움을 받은 것으로 평가 받는다. 미카타시도 커뮤니티센터와 주민협의회의 네트워크가 그 역할을 담당했다. 여기에서 커뮤니티센터는 주민에게 커뮤니티 귀속감을 결집시킬 목적으로 활동하는데, 자치적인 조직이며 주민협의회에 위탁 운영한다. 또한 주민협의회와 자치공민관은 수평적인 네트워크를 형성하여 행정과 수평적 관계로 접촉한다. 이로써 자치공민관과 주민협의회라고 하는 조직은 사회적 자본 형성의 장 또는 플랫폼이 된다. 즉, 주민 개인이나 집단이 스스로의 생활 통제감을 얻고 외부로부터 사회적 힘을 받게 된다.

60) 예를 들면, 재정확보 전략도 휴면계좌 활용(아일랜드), 빈곤지역의 젊은이들을 위한 문제해결 의사결정과정 참여를 위한 행동기금(캐나다) 등 매우 다양하게 접근 가능하다.

많이 필요하다.

문화예술활동으로 지역의 사회적 자본을 확충하려면 통합적 공진화 관점에서 지역사회시스템(지역의 정치, 경제, 산업, 기술), 지역주민 간 복잡한 문제를 잘 조정해야한다. 지역사회시스템은 지역사회의 위상을 명확히 설정하고, 서로 공진화하는 역할을 구조화해야 한다. 특히, 인간관계가 중점이 되므로 가치관, 인간시스템, 신뢰에 주의해야 한다.

09장 건강행복의 인본사회

1. 안전사회 시스템

지역사회 생태계는 두 가지 현안문제와 마주하고 있다. 하나는 자연생태계의 문제로서 환경파괴, 자원고갈, 인구폭발, 식량위기, 에너지부족 문제이고, 또 하나는 사회문화적 문제로서 고령화, 저출산, 합의형성의 복잡성 문제이다.

사회문제에 대해서는 그동안 과학적으로 해결하려는 기계론적 패러다임으로 접근했었다. 그러나 최근에는 생명론적 패러다임으로 접근하여 논의하는 데 관심을 많이 갖는다. 요즘처럼 거대한 문명의 전환기를 맞아서 복잡한 사회현상이나 문제에 대한 관점도 바뀌고 있다. 이제는 문명을 '거대한 기계'로 보는 기계적 세계관으로부터 세계를 '거대한 생명체'로 보는 생명론적 가치관으로 바뀌고 있다.[61]

이러한 시각 차이는 지역문제에서도 가치관, 문화접변과 더불어 자연과의 관계를 어떻게 유지할 것인가 하는 점에서 자연과 공생을 추구하는 생명론적 가치관을 중시하는 추세로 이어지고 있다.

공생관계 유지를 생물학과 사회문화학으로 본다면 경쟁관

---

61) 복잡한 지식이나 사상의 이러한 일대 전환에는 불교나 선(禪)같은 동양사상의 요소가 포함되어 있다. 이런 점에서 복잡계 사상의 생명론적 흐름을 '지식의 회귀'라고 부르는 견해도 있다.

계 또는 함께 생활하는 관계로 보게 된다. 여기서 공생이란 넓은 의미로 서로 밀접하게 결합해서 생활하는 경우 모두를 뜻한다. 그리고, 이들은 서로 이익을 받는 사회적 공생관계(symbiosis) 형태로 존재한다.[62]

코로나19팬데믹의 유산

코로나19팬데믹 기간 중에 지역사회는 불안한 환경에서 비일상적인 경험을 거쳤고, 무엇보다 새로운 생태계 철학을 갖게 되었다. 미래 어느 시점에 다시 이런 일이 닥칠지는 모르지만, 이를 계기에 지역사회가 건강한 생태계를 일상생활 속에서 만들어 가도록 새롭게 디자인할 필요가 커졌다.

특히 팬더믹환경에서 고통을 받던 저소득층들이 최소한의 여건을 평등하게 보장받는 데 소홀함이 없었는지 '과거로부터의 반동'을 경험삼아 미래를 설계해야한다.

각 주체는 나름대로 합리적으로 행동하고 있음에도 불구하고, 그것들이 서로 연결되어 지역사회 생태계 전체로서 조화로운 공생관계로 유지되는지 주목해서 살펴야 한다. 여기서는 개별 주체의 의도를 넘어서, 자기조직적이고 창발적인 관계의 법칙성이 존재하고 있다. 그것은 지역사회의 기술이나 경제의 진화에도 적용될 수 있는 법칙이다.[63]

결국 인간사회는 인간의 힘으로 못해낼 것이 없을 정도로 기술이 발달했지만, 눈에 보이지 않는 바이러스로부터 공격받고,

[62] 이런 공생관계가 밀접하게 진화하는 점을 주목해야 한다. 생물세포에서 엽록소나 미토콘드리아와의 관계가 처음에는 독립된 생물관계였으나 현재는 하나의 생물세포의 기관(器官)으로 기능을 한다. 이 공생관계는 다른 생물 간에 보이는 것도 있고, 하나의 생물체 안에서도 다채롭게 나타난다.

[63] 공생관계를 깨트린 반문명적 감염병 사례가 이런 논의에 브레이크를 걸고 있다. 문명화된 21세기에는 위생 관념이 확실히 자리 잡았음에도 불구하고 아시아독감 감염자 200만 명(1957), 홍콩독감 감염자 100만 명(1968), 조류인플렌자(1997), 사스(2003), 신종플루(2009)가 계속 발생했었다.

희생을 치르며 문명을 이어가고 있다. 첨단 사회문화에서 욕망을 제어하지 못해 재해, 재난, 전쟁을 겪는 것은 공생주체 입장에서 안타까운 일이다. 하물며, 자연환경과 조화를 이루지 못해 역병으로 고생하고 네거티브유산을 물려받는 현실은 반성해야 한다.

따져보면 전환기 코로나19 집단역병은 자연생태계와 사회생태계 사이의 조화와 균형이 깨져서 출현한 것이다. 바이러스의 숙주 서식환경이 바뀌고, 사람과 쉽게 접촉하여 바이러스가 면역력이 약한 사람에게 옮겨가 생긴 것이다. 다시 말하면, 인간생활의 외부적 요인인 자연환경과 인간들의 불안정한 면역체계가 부딪쳐서 생겨난 것이다. 건강이란 인체 내부시스템으로 작동하겠지만, 외부 자연환경과 조화와 균형을 이루는 상태에서 유지된다. 그런데 이 조화와 균형이 깨져 질병, 역병이 발생했다고 보는 것이 사회문화적 관점이다.

코로나19 감염병 확산 대응과정에서 우리는 지역사회에 다면적 불평등이 누적되고 심화되었다는 점도 깨달았다. 앞으로 더 탄력적이며, 포용력 있는 경제를 위해 이는 꼭 해결해야 할 과제로 인식되었다. 지역사회도 미래 전염병과 기후변화 같은 도전을 포함하여 사회를 보호해야 하는 '문제대응형 과제'에 우선순위를 두고 시민의 안정지향성에 부합하는 정책을 개발하는 계기가 되었다.

지역사회는 지금 '감축사회'로 진입하는 추세이다. 첨단기술사회의 전환기에서 원초적인 생명 우선의 사회문제를 맞게 된 셈이다. 이에 질병의 개념을 다시 정의하고 대응방안도 마련해야 바람직한 지역사회 모습으로 나아갈 것이다.

신속 정확한 대응처방이 중요해지면서 정부의 역할과 신뢰도가 전보다 더 중요해졌다. 덧붙여 사회적 자본이 강조되는 사회 내지는 자기책임 사회로 자연스럽게 전환하게 되었다.

지구 자연생태계와 공생 절실

코로나19 확산은 결국 인간들의 생활관리와 운영시스템 자체가 가지고 있는 근본적 문제점이었고 인본중심 사회로 나아가는 계기가 되었다. 그간 '효율성' 만능 신화의 한계가 보였고 리스크를 줄일 수 있는 사회문화로 바꾸어야 한다는 인식이 대두했다. 지역에서 이러한 현상이 장기화 될 경우, 한계기업(marginal firm)이 정리되면서 기초역량과 혁신성이 강한 중견기업을 중심으로 산업이 재편될 수도 있다. 더구나 스마트 워크, 원격 의료, 무인자동차 기술에 대한 필요성이 커져서 경쟁력을 갖춘 사회문화적 소셜디자인이 더욱 중요하게 되었다.

또한 우리는 코로나 유산 가운데 전문인력을 존중하는 인지력을 갖고 있음을 발견했다. 이는 사회문화적으로 특유한 유전적 형질인 것으로 생각된다. 우리 사회는 정부 무능력, 공권력에 불만이 있을 때 문제를 적극 제기하고 집단화해서 해결을 촉진하는 경향이 강하다. 그 결과 전문가들을 중심으로 코로나19 감염검사를 확충하고 더 적극적으로 진단받을 수 있게 해서 실질과 명분을 모두 살려, 데이터를 공유하며 공생을 유지했다. 또한 전문성 신뢰의 인식 덕분에 PCR검사에서 짧은 시간 내에 98%의 신뢰도로 판정을 내렸고, 그 결과 감염확산 속도나 사망자는 최소화되었다. 세계 100여 개국에서 진단키트 지원을 요청해 왔고, 중증과 경증으로 나누어 입원시키는 방법으로 의료붕괴 위험도 줄이는 사회기술을

보였다.[64]

신기술 문화소비에 영향

코로나19팬데믹 생활 속에 갇혀 살면서 물리적 공간에서 이루어지는 문화활동은 전반적으로 타격을 받았으나, 비대면 문화콘텐츠 생산은 오히려 증가했다. 그밖의 문화소비에서 홈 이코노미, 싱글 이코노미 경향은 강화되고 문화산업 제품이나 서비스도 강화되었으며, 특히 그 와중에 K-pop 인기가 많이 올라갔다.

문화활동은 산업화를 추진하는 데 장애가 되었고, 비대면 콘텐츠 소비에 따라서 디바이스 기기를 선호하는 경향이 생겨났다. 엔터테인먼트 성향을 갖는 홈 엔터테인먼트, 모바일 게임, OTT 소비, ARVR사용 콘텐츠 소비가 증가했다. 한편으로 온라인 사행산업(온라인 도박, 스포츠 토토)에서는 가상화폐를 활용하여 거래 흔적 지우기가 횡행했다.

또 다른 특징으로 소수공동체의 문화활동, 글로벌 문화기술산업 활동, 문화교육사업, 실감중계 서비스, 드론기반 GIS구축, 3D 영상화기술이 발달하게 되었다. 특히 GIS시스템은 인간생활에 필요한 지리정보시스템을 컴퓨터 데이터로 변환하여 효율적으로 사용하는 정보시스템인데, 외부 출입이 어려운 관광지를 3D서비스로 제공하면서 인기를 누렸다. 한편, 화상회의 기술이 발달해서 인증, 접속, 위조 판별, 화상정보 암호화기술까지 확산되었다. 딥페이크 탐지기술이 발달하여 가짜 영상과 뉴스 사기를 찾아냈다. 또한 디지털 트윈, 증강 기술, 협동로봇 기술들이 발달되어 산업현장에 도움을 줄 것으로 보인다.

---

64) 이는 일본의 집단주의적 사회문화와 비교되었다. 예를 들어 손정의가 진단키트 100만 개를 사비로 지원할 의사를 밝혔는데, 그 때문에 "의료체계가 붕괴되면 어떻게 할 거냐"는 비판이 강하게 일어나 철회한 바 있다. 개인의 선의는 뒤로하고 정부의 방침을 거스르는 행동으로 간주하여 집단주의가 선한 의도를 가진 개인봉사 의견을 잠재워버린 셈이다. 그런가 하면 후생성 산하 국립감염병연구소는 코로나대책을 주관하면서 자신들의 연구를 위해 관련데이터를 독점하고 민간검사 확대를 막는 이기적인 행태를 보였다.

또한 이제는 지역 자연환경의 열대화에 대응하는 안전사회 조치를 모든 정책에서 우선으로 잡고 대책을 세워 추진하고 있다. 우리 지역사회는 이런 글로벌 전환에 동참해야한다.[65]

안전안심의 사회문화

사회적 위기는 정부와 기관에 대한 사람들의 신뢰성을 시험하고 공동체 구성원의 윤리적 행동이 어떻게 표출되는가를 판단하는 계기도 된다. 우리는 전환기를 겪으면서 사회 전반에 불평등이 퍼져있음을 알게 되었다. 코로나19팬데믹이 끝나자마자 앞으로는 더 탄력적이며, 포용적인 문제에 대응할 필요성이 커졌다. 미래 어느 시점에 또 전염병이나 기후변화 같은 위험상황이 생겨나면 바로 사회를 보호하고 시민들의 안정을 지켜야 할 것이다.

위기대응 투자나 지원 때도 지역단위에서 공공문화투자 효율성을 잘 관리 해야 한다. 지역의 사회문화시설은 경제 관점에서만 보면 평소에 인프라 비효율이 큰 부분이다. 좋은 것이 좋다는 식의 감성호소적 재정투자로 낭비하지 않도록 특별히 총수요 관리를 잘 해야 한다. 또한 코로나19팬데믹 때처럼 예술인 생계, 관광업의 애로호소에 따른 지원이 낭비되거나 총수요 관리를 소홀히 해서는 안된다. 적어도 위기발생 상황에 맞는 '공적투자관리 평가모형'을 만들어 두었다가 적용해야 한다. 구체적으로는 위기상황에 맞는 지역 공공문화시설의 유지 관리에 관한 지침과 기준을 만들어 적용해야 하며, 가능한 수준에서 잘 작동되고 있는지 점검해야 한

---

65) 예를 들면, 횡단보도 그늘막 설치 같은 소극적 조치를 넘어서 보다 근본적인 접근을 해야 한다. 세비야는 '음영정책'으로 나무를 심고 열을 반사하는 건축자재로 전환하며 공공분수를 설치했다. 시드니는 500만 그루 나무심기, LA는 거리를 흰색 페인트로 칠해서 태양광선을 우주로 반사시켜 보내고 주변을 냉각시키는 정책을 폈다. 아부다비는 차양타워블록 설치, 파리는 도시공원, 분수대, 박물관 같은 공공건물에 '쿨 아일랜드' 공간을 만들었다. 로테르담의 녹색옥상(Rotterdam Rooftop Walk) 계획, 콜롬비아 메데인(Medellin)은 '녹색복도'로 그늘진 가로 네트워크를 만들고 야자수, 대나무, 열대식물을 공원이나 도로 주변에 심었다.

다. 코로나19팬데믹 때 과학기술이나 사회적 기술 적용실험을 마쳤으니, 이제는 공공투자에 낭비하는 일 없고 구체적 조치와 지침을 개발해 적용해야 한다.

이동과 소통이 제한된 상황을 맞았을 때는 투명사회로 나아가도록 소통이 제도화되어야 한다. 사회적 관계가 온라인으로 구축되어 있어서 소통역량이 중요해졌다. 디지털 문화상품과 서비스의 시장지배력에 따라 디지털 콘텐츠 저작권, 네트워크 안전성이 매우 중요하다. 혼란스런 전환기를 틈타 '디지털 전제주의'가 득세하면서 집단지성, 오픈 사이언스, 오픈 데이터가 더욱 중요해졌음을 절감하게 되었다. 이에 따라 문제점으로 등장한 기술취약 계층, OTT서비스 확산. 공공성 기반 공유경제 출현, 개인 정보보호 경각심에 대하여 지역 벨류체인도 중요하게 되었다. 이러한 점들이 지역의 사회문화전략에 효율적으로 선별 적용되어야 한다.

팬데믹 대응 안전문화

코로나19팬데믹 같은 위기 덕분에 비대면 제품과 서비스가 일상화되었다. 이에 대한 반응도 천차만별이지만 우리는 걱정을 가장 많이 하면서 대비 또한 잘 한 것으로 나타났다.[66]

위기가 발생했을 때 지역공동체는 어떤 활동전략을 갖춰야 할까. 우선 감염병 같은 경우에는 사회적 면역체계를 키워야 한다. 책임있는 공동체로서 개인과 사회가 함께 공생해야하므로 엄격한 사회적 규범체계를 준수하도록 한다. 공동체주의는 전체주의와 달라서 개인자유를 묵살하며 공동체 선을 지키도록 강요하지 않는다. 사회의 규범과 규칙 안에서 자치권을 가지고 공동체의 일원으

---

66) 우리 국민의 89%는 "감염병이 국가 중대한 위협"이라고 생각하며 걱정을 많이 했다(미국 퓨리서치센터 조사, 20.9.8, 14개국 대상, 1만 4천명 조사). 유럽인들에 비해 한국인들이 이처럼 걱정을 많이 하다보니 실제로 확진자수나 사망자수는 인구대비 적은 편이었다.

로 살아가는 방식을 터득하게 해야 한다. 전체 구성원에게 최종적으로 이익이 크게 나타나는 방식을 선택하도록 지나온 경험치를 활용해서 최적방안을 개발해 지역사회에 적용한다.

2. 사회문화적 의료공동체

전환기를 거치면서 새로운 수요가 생겨나 복지수요가 급증하면서 동시에 사회안전망에 대한 관심도 늘었다. 또한, 사회적 배려, 자연 생태환경, 공동체 문화, 사회역량에 대한 기대가 커졌다. 사회적 신뢰를 구축하는 데 인간 중심의 지능정보사회를 위한 사회적 신뢰기반이 우선순위가 높았다. 그리고, 권리의무의 상호존중, 행동가치와 윤리규범을 중시하는 공동체를 구축하는 것이 새로운 과제로 등장했다.

인본주의 의료시스템

그간 누적되어 온 지역사회의 건강의료 문제 해결을 위해 지역은 사회문화적 의료시스템을 보완해야 한다. 이는 과거와 같은 질병 중심의 의학에서 '전인적 의학'으로 발전시키자는 것이다. 다시 말하면, 사회문화적 의료체계의 지역정책화를 시도하는 것이다. 물론 이를 뒷받침 할 인본주의적 의료시스템이 먼저 사회에 공동으로 인식되어야 한다. 결국, 과학기술 기반의 의료시스템에 사람

중심의 의료시스템을 결합하여, 사회문화적으로 융합시킨 사회문화융합적 접근으로 나아가야 한다.

첫째는 환자 개개인의 유전자, 세포, 생활습관, 임상정보, 환경정보 같은 조건을 바탕으로 개인 맞춤의료를 펼칠 수 있도록 한다. 이런 환자 중심의 인본주의적 의료관을 지역사회에서 공동인식하고 정립하기가 간단하지는 않다. 다만, 병원진찰을 전문화·세분화하여 해당분야 질병 유무를 판단·처방해야 한다. 환자는 그동안 증상이 생길 때마다 병원을 찾아 헤매며 좌절했으나, 앞으로 질병중심 아닌 환자중심으로 진료한다면 환자의 불편, 비용을 줄일 수 있을 것이다.

둘째는 플랫폼 중심의 의료관을 가져야 한다. 이는 협업 중심의 다양한 오픈소스 프로젝트를 말한다. 의료플랫폼으로 환자가 자신의 상태에 대하여 정확히 판단하고 의료서비스를 이용하는 방식이다. 이는 인공지능으로 생체시료 검사 결과를 해석하여, 정보판단의 근거로 활용하고, 환자정보의 공유, 의료진 협력으로 진료의 연속성을 높이는 데도 기여할 것이다.

셋째는, 의료성과를 가치관점으로 파악하여 시스템화하는 것이다. 이상적이고 논리적인 것이라고 볼 수 있지만, 건강이 얼마나 개선되었는지(성과가치)에 따라 비용을 지불하는 방식이다. 현재는 의료서비스를 얼마나 제공했는지의 양적인 판단에 따라 비용을 지급하는 행위별 수가제를 적용해 왔다. 그런데 이런 발상의 전환은 보건의료 시스템의 구조적 약점을 개선한다는 점에서 더 없이 좋지만, 제도로 정착되려면 의료의 질을 정확히 평가할 수 있어야 한다.

지역사회가 의료공동체로 발전해야

이제 지역에서는 '사회시스템 의학'이 필요한 시대이다. 사회시스템 의학이란 인체 내부와 외부 자연환경 간의 네트워크를 기반으로 질병을 치료하는 의학모형이다. 적어도 생명공동체를 하나로 묶어 내는 지역정책으로서 필요하다. 이는 질병 위험을 최소화하고, 의료서비스에 대한 공평한 접근을 보장하게 되는 거대한 지역계획과 함께 구축해야 한다.

오늘날 건강에 해로운 식단, 신체활동 부족, 지역사회 환경 스트레스 가중, 취약계층에 대한 적절한 예방건강 메커니즘이 사회문제로 대두되고 있다. 근본적으로 전체 사회시스템의 조화와 균형을 갖추자는 기본개념에서 시작하는 논리지만, 이제는 생명공동체로 바뀌어 지역정책에서 주목해야 할 과제이다.

사회균형 시스템을 깨트린 인간·시간·공간의 문제를 직시하자는 것이다. 인간생활의 공간을 파괴하며 변화시킨 도시화, 사회적 균형을 깬 급격한 산업화, 욕망의 끝으로 질주하는 조급한 시간관리가 도시생활자에게 문제가 된 것이다. 이제는 도시정책이 건강한 지역사회 만들기, 기후변화 대응, 사회분열 막기, 건강 중심지로서의 위상을 충족시킬 스마트 도시로 나아가야 한다.

지역사회는 이런 여러 문제를 종합적으로 처리할 수 있는 '의료공동체'로 점점 바뀐다. 우리사회가 지속발전 가능하려면 건강한 사람들이 사회 중심에 있어야 하며, 적정한 수의 인구유지가 필요하다. 지역 커뮤니티의 경영방향을 건강한 삶 영위, 포용적인 방법으로 잠재력을 극대화하며, 공생을 유지할 필요가 커진 것이다.

지역사회의 문제인 인구 감소(출산), 고령화, 기후, 온난화도

의료공동체를 기반으로 정책을 추진하도록 만들어야 한다. 결국 이들이 지역사회 의료서비스문제이며, 4차산업혁명기술 활용과 연관된다.[67]

새로운 의료시스템으로서 지역사회 전담주치의(커뮤니티 의료) 제도를 검토해봄직 하다. 이는 지역사회가 만성질환자, 임산부, 신생아를 대상으로 간호사 역할을 하는 방식이다.[68]

최근에 비대면 의료가 가능해지면서 이를 시스템화하는 제도가 생겨나고 있다. 4차산업혁명기술을 의료에 도입하여 효율을 극대화하는 것이다. 예를 들면 바이오센서를 활용한 스마트 거울, 변기, 침대를 의료용으로 개발해 활용한다. 이렇게 보건시스템의 구조적 약점을 평가 개선하여 건강 지역사회 만들기에 필요한 새 제도들을 도입해야 할 것이다.

문화예술로 힐빙

시민들은 삶에서 '힐링과 웰빙을 합한 힐빙'에 관심을 갖게 되었다. 이는 삶에서 정신적 힐링(정서적, 사회적, 환경적, 영적, 직업적, 재정적)과 신체적 웰빙(다이어트, 영양위생, 운동, 신체활동 휴식과 수면)을 모두 충족시켜 주는 삶을 말한다. 번 아웃, 심적 고통, 자원부족 환경에서 압력을 받는 경우 이것이 정신건강 문제로 연결되어 삶의 질을 떨어트린다. 전환기 사회변화에서 웰빙과 사회적 변화 사이에 통합적 연관성이 있다고 본다. 이의 해결을 강구하려는 생각으로 아픈 마음을 호소하는 이에게 예술가의 역할이 커

---

67) 예를 들면, 모니터링이 되는 착용형 전자기기, 의료 플랫폼, 화상 통화, 건강정보를 사이버공간에 저장하는 방식을 활용한다. 또는. 건강DB를 하나의 정보시스템으로 통합하여 접근 가능하게 하고, 가족주치의 개념으로 접근하는 보편적 의료서비스 수준을 높이는 것이다.

68) 실제로 영국에서는 의사 1인당 약 300명 주민을 담당케 하는 지역사회 담당의사제도를 시행하고 있다. 그리고 이들은 건강증진과 질병예방에 더 중점을 두며 커뮤니티 차원의 의료를 펼치고 있다.

졌다.

예술가들이 사회시스템에 대한 통찰력을 갖고, 예술로 건강하고 통합적인 지역사회를 만드는 데 기여한다고 본다. 세계보건기구는 문화예술이 모든 삶의 관계에서 정신적·육체적인 건강에 긍정적 영향을 미친다고 본다. 이에 따라 예술이 주민들의 웰빙과 건강에 긍정적인 영향을 미치도록 지역을 경영하는 것이 바람직한 전략으로 보인다. 특히 문화공동체 활동에서 나타났듯이 문화는 '지역사회의 접착제'가 되어 공동체를 하나로 묶어준다. 그리고 그 활동이 끊임없이 진화하여 사회변화를 이끌어 낸다. 이때 이해관계자가 보다 더 탄력적이고 포용적인 세상을 만드는 방법에 대하여 공감하고, 창의적으로 생각하도록 문화활동과 교육에 참여시켜야 한다. 지역사회에서 예술은 공감을 교육하고 만들며, 공감은 사회를 변화시키는 도화선이 되는 것이다.

지역의 문화정책은 개개인 삶의 질 제고 서비스를 명목적 이상가치로 삼고 인본주의를 지향한다. 인간에게 문화예술은 여유있을 때나 향유하는 잉여재가 아니고 삶에 필수적인 재화이다. 그러므로 문화정책이 개개인의 삶의 질을 높이려는 일종의 서비스 활동 정책의 대상이 되는 것은 당연하다. 그동안 인간을 경제활동 자원으로 보는 인간관이 있었다면 이제는 인간의 활동주체성을 강조한다. 또한, 문화서비스의 대상이라기 보다 문화창조의 주체로 보는 적극적인 인간관이 우리사회의 지배가치로 자리잡고 있다.

이처럼 문화예술이 개인 창조능력의 조화로운 발전을 위한 것이라면, 개인이 얻은 지식, 개인이 실현한 고유 창작물 전체가 지역의 문화자산이다. 결국 어느 특정지역의 문화는 주민 개개인의 정신적인 창작물의 총체로 구성된다. 이제 지역문화정책의 서비스 대상인 인간은 국민, 주민에 국한되지 않고 지역정책 주체로서의 인간이며, 창조적인 사회변화 개혁을 주도할 주체인 것이다. 이로써 일찍이 인본주의를 제도로 완성하는 선언에서 문화생활에 참여하는 것은 모든 사회에서 개인의 기본권리라고 보고 있다(Intergovernmental Conference on Cultural Policies for Development, 1998.)

그러므로 공공 또는 지방정부는 이 권리를 충분히 행사할 수 있도록 서비스를 제공할 의무가 있다. 이렇듯 문화정책의 핵심 목적은 인간완성에 기여할 수 있는 환경을 만들고, 이를 위해 목표를 설정하고 전략과 구조를 만들며 자원과 프로그램을 확보하는 것이다.

이런 점에서 인본주의 예술활동 개념을 찾아서 문화예술로 인간의 가능성과 문화의 가능성을 넓혀가는 활동에 주목해야 한다. 문화의 인본주의 실천 마당을 갖춰 제공해야 하고, 특히 이 과정에서 노령자, 장애자, 다문화가정, 탈북자 대상의 예술활동 지원을 놓치면 안된다. 이렇게 사회적 포용으로 장애, 예술, 사회가 공생하는 지역문화로 자리 잡도록 해야 한다. 다만 이 과정에서 섬세하게 자존심을 배려하여 추진해야 하며, 문화예술이 삶의 에너지를 창출시켜주고, 자존감이나 자기수용을 넓혀주도록 해야 한다.

여기에 '인본주의적 생활문화' 개념을 추가할 수 있겠다. 실제로 공공재원으로 문화정책을 펼칠 때 혜택을 받는 계층은 아무래도 고소득자, 소득 안정적인 자, 고학력자, 지식층, 시간여유가 많은 사람, 문화체험을 많이 한 사람들이다.

이 때문에 수혜자 편중의 역진성 발생이 정책 딜레마로 거론되고, 결국은 문화예술 소비격차의 심화로 연결된다. 인본주의적 문화예술 가치추구에 역행하는 이런 역진성을 넘어 공진화를 제고하는 방향으로 나가기 위해, 느릴지라도 공진화정책으로 혁신해야 한다. 문화정책이 '정책도구화'에 빠지지 않고, 자신의 힘으로 모두가 더불어 만족하며, 지속발전 가능한 문화정책의 길을 만들어 가는 데 생활문화부터 배려해야 한다.

예술 힐빙과 테라피

문화예술 힐빙이란 문화개발을 인간 관점에서 보면, 사람들의 지성을 높이고 감성을 자극하여, 그 결과로 잠재적 창조성을 높여 창조적 활동을 펼치도록 환경을 만드는 것을 뜻한다. 이 정책은 한마디로 인간의 창조성을 자극하고 창조환경을 만들어주는 '환경창조학'이라고 할 수 있다. 최근에는 여기에 삶의 질을 보완하는 힐빙개념을 더한다. 이 힐빙개념에 문화테라피 개념을 접목하여 인본사회 핵심인 건강에 도움을 주는 예술활동을 중시하고 있다. 이 활동은 질병, 고령, 실업, 장애, 국적 등 때문에 사회적으로 배제된 사람들에게 우선을 두고 있다. 주로 인간의 다양한 여건을 이해하고 사회적으로 포용(social inclusion)하려는 접근전략이다. 이의 주된 내용은 건강, 범죄, 교육, 고용에 대해 문화적으로 접근하려는 것이다. 이에 더하여 문화예술의 카타르시스효과인 치유, 교화, 교육으로 다가가는 활동이며 장애가 고령자를 대상으로 장벽 없는 접근(barrier free), 접근 쉬운 네트워크 만들기, NPO활동을 장려하고 있다.

> **예술 테라피의 동반수요**
>
> 예술가는 테라피 활동을 하면서 고통 겪는 사람들과 치명적 상황을 이해하는 데 도움을 준다. 인간의 욕심 때문에 생긴 재앙을 잘 표현한 수작 '게르니카'(피카소, 1937)는 끔찍한 전쟁의 공포를 중재하고, 비인도적인 사회적 폭력을 배격하려는 의지를 예술창작으로 제공했다고 본다. 이렇듯 위기와 재난 속에서도 예술은 스스로 극복할 수 있는 방법을 찾는다. 이 도전이 보람 있기에, 이를 테라피라고 부르며 의존하는 것이다.

이런 점에서 생활의 질 제고에 관심을 갖고 힐빙 생활정보나 건강한 공동체 활력을 북돋우도록 필요한 정보를 서비스하고 이를 공개적으로 활용하도록 해야 한다. 정보는 지역사회문화 활동에 초점을 맞추고 수집, 분석, 전달, 활용하여 개인생활이나 공동체 활동에 도움을 주는 서비스이다. 생활건강 정보를 지역관계자나 이해관계자에게 효과적으로 전달하고 보급하는 것은 웹사이트, 소셜 미디어, 지역 이벤트, 회의로 신속히 서비스해야 한다.

생활정보는 지역의 사회문화 문제 해결방안, 정책대안 개발, 의사결정 프로세스 참여에 활용되도록 해야 한다. 또한 지역 특성과 필요에 따라 유연하게 전략적으로 적용하고, 지역관계자와 협력 제휴하여 기대한 성과를 올릴 수 있도록 해야 한다.

공식적으로 관련서비스를 전략적으로 추진하려면 주민의 의견을 적극적으로 수집하고 서비스하여 지역사회와 관계를 강화할 수 있다. 지역서비스 전략을 전개하기 위해 일종의 생활정보 서비스로서 학교, 의료, 교통 분야를 지원하는 서비스 유지가 중요하다. 그리고 지자체 정책개발, 제도화, 문화개발 기획에서 이를 반영하고 추진해야 한다.

행복한 생활문화

전환기 지역사회에 불어 닥친 가치 소용돌이 혼란 속에서 인본주의 정신가치를 모든 정책에 반영하는 문제를 소홀히 다룰 수가 있다. 사회발전과 기술개발은 결국 인간의 마음을 얻고, 더 따스한 사회를 만들어 가려는 것이 목적이다. 인본주의 정신을 반영한 생명 건강공동체 정신으로 나아가는 전략 개발에 우선순위를 두는 차원에서 전환기 인본주의에 대한 재점검이 필요하다.

행복, 건강에 관련해서 안전안심의 지역사회를 만들기 위한 참여활동이 지역문화전략으로 도입된 ESG 실천과 리사이클링의 생활화를 일상생활에서 실현하도록 한다. 이를 위하여 지자체는 이러한 공동체활동 공간들을 마련해서 제공해야한다

주민들의 생활 속 행복을 보장하는 지역정책에서 행복한 삶은 '생활문화론'과 논리적으로 연관된다. 예전에는 생활인들의 일터와 쉼터, 일과 놀이의 경계가 명확했었다. 그러나 전환기를 거치면서 재택근무와 4차산업혁명기술의 대폭 활용으로 일터와 쉼터 공간의 통합은 이제 세계적인 트렌드로 자리 잡았다. 이와 관련한 시민행복론도 단지 문화적인 접근만 뜻하지는 않고 안전 안심 안락한 지역, 인본지역 지표, 인본지역 만들기, 학습지역공동체 운영을 함께 추진하게 되었다.

> **행복을 문화경제에 연결시키면?**
> '따뜻한 문화경제학'에서는 행복론을 다양하게 다루고 있다. 경제학적 관점으로 행복을 볼 때 여성행복지역, 행복의 경제학, 행복지표를 만들어 살펴본다. 예를 들면 행복수준을 파악하는 관점에서 여성행복도시 정책, 주관적 행복의 객관화

> 논의, 총량적 행복관리 정책, GDP보다 전체론적인 의학적 삶의 질을 논의하고 있다. 그리고 행복이란 무엇인가에 대해서도 행복 평가, 시민행복도 지수, 만족도와 행복도의 관계들을 검토한다. 행복을 충족시키는 전략으로 상징적 주변환경 조성(공원, 야외공간, 문화 공급시설), 제3의 공간, 장소의 소속감 제고, 사회적 순환 공간, 개성발휘 자기표현 공간에 사회문화적 관심을 갖는다. 특히 지역에서 창조적 에너지 ⇨ 사람유입 ⇨ 혁신 ⇨ 경제수준 제고 ⇨ 자극으로 이어지는 지역사회 에너지 순환과 활성화를 극대화할 수 있는 전략 모색이 중요하다.

이에 따라서 실질적인 전략이 새롭게 관심을 받고 연구대상으로 떠 오르고 있다. 인간들의 본성과 문화활동은 어떤 관계로 시작되며, 문화는 인간계발에 어떻게 작용하여 인간계발과 경제, 문화와 지역경제에까지 영향을 미치는가를 살펴보게 된다.

인본주의는 앞으로 더 확장되고, 더불어 개인들은 자신을 위해 소비하는 '문화소비의 개인화'가 급속히 진행될 것이므로, 문화소비와 소비자에 대한 연구에도 깊이 관심을 갖게 된다. 그에 따라 '소비실태로 본 예술수요 구조', '도시의 창조성과 문화소비', '문화 보급과 활용의 사회적 조건'을 연구주제로 다룬다. 소비자 연구도 단순한 소비목적을 넘어서 문화창조에 영향을 미치는 소비로 고찰할 정도로 다양하게 접근하고 있다.

이런 맥락에서 문화소비를 바탕으로 시민이 행복감을 느끼도록 하는 지역문화전략이 연구나 정책 이슈로 자연스럽게 등장하고 있다. 특히 대도시에서는 이미 신인본주의적 도시정책으로 시민이 인간적인 행복감을 느끼게 한다. 여기에서 '행복한 삶 = 좋은 삶(good life)'으로 치환되는 것은 이런 삶이 즐길 수 있고, 의미가 있으며, 매력적이고, 실현할 수 있는 상황으로 전개되기 때문에 그렇다.[69]

---

69) 실증적인 내용을 궁금해 하는 사람들에게 '소득수준과 행복도의 관계'를 단적으로 나타내 소득이 1만 달러 이상이면 행복은 제자리 걸음하거나 점증한다는 결론을 내놓기도 한다. 또는, '장소와 행복에 대한 관계'를 조사하여 개인적 행복, 직업적 행복, 금전적 행복 + 장소와 함께하는 행복을 살펴본 연구도 있다.

장소는 교육이나 소득보다 행복에 더 중요한 요소라고 한다. 덧붙여서 무주택자가 커뮤니티에 대하여 약간 더 만족한다든가, 도시근교나 외곽지 거주자가 도심거주자 보다 더 행복할 것이라고 느끼는 것은, 결국 사람들은 자기가 선택한 장소에서 더 행복을 느끼기 때문에 장소와 관련해서 사람들은 프라이버시와 자발적 은둔이 보장되는 장소에서 더 행복감을 느낀다는 견해도 나온 바 있다.

이런 점에서 인본·힐빙·행복을 위한 지역정책의 대상으로 생활문화와 문화생활, 건강과 생명을 유지하는 행동, 문화소비가 생활자에게 언제 어디서나 중요하다. 따라서 생산활동과 소비활동의 유기적 연계를 이루도록 제도화하고, 이른바 '제도적 생활문화론'에서 비형상적인 것보다 형상적인 생활문화를 중심으로 개발하는 전략이 효율적이다. 그리고 소비만족도를 높이기 위해 문화학습, 후천적 학습을 집단적으로 공유하도록 제도화하는 것도 도움이 된다고 본다.

변화와 준비

생활문화는 말 그대로 생활 전반에 걸쳐 이뤄지는 문화소비 활동을 중점으로 다룬다. 또한, 개개인은 지역공동체 속에서 삶의 방식이나 이웃관계에서 행복을 누릴 기회가 생긴다. 다만 사회 전환기를 지나면서 생활인들은 행복도 흔들리는 불안한 일들이 많았었다. 그런 점에서 절대적일 수는 없는 개인 행복수준의 변화를 지역정책이나 전략에 반영해 지역 총행복을 높이도록 해야 한다.

지역공동체 생활인들의 행복은 어떻게 바뀌고 있는가?

첫째는 가장 기본적인 의식주 관련 생활문화가 중요하다. 생활문화가 흔히 의 〉 식 〉 주를 기본으로 해왔는데, 요즘에는 행 〉 주 〉 식 〉 의로 소비 중점이 바뀌어 간다. 문화생활정책 개발의 중요 대상인 거주와 생활재화에 대해서도 거주환경과 생활문화, 거주의 이미지와 비용에 중점을 둔다. 주택의 기능 변화에 맞춰 값비싼 생활재, 가사, 에너지 절약, 관리의 외부화, 장식의 미학, 내부시설 편의에서 행복을 느끼고 있다.

음식은 에너지 보충이라고 하는 전통가치를 벗어나 생활관계의 중심에 자리하며 바뀌고 있다. 식재료나 식생활에서 행사의 식, 계절식의 소재, 전통식과 상업화, 행사용 음식이 폭넓게 변하고 있다. 생활문화로서 식생활은 생활시간 배분 변화에 따라서 더 바뀔 여지가 많고 건강식의 지속가능성도 많이 바뀔 것이다.[70]

의복은 개성시대의 정점을 달려와서 지금은 유행, 패션 중심으로 생활문화를 이끌어가고 있다. 특히 현대사회 패션에서 가치기준이었던 코디네이션 의식 형성, 착용과 느낌, 갖춘 의복과 가벼운 차림, 정숙성과 활동성의 차이가 두드러져가고 있다. 앞으로 패션은 소재보다는 느낌, 이미지, 옷을 소재로 하여 나타내고 싶은 이미지, 착용한 뒤의 미의식, 활동성, 선택적 나이 표현, 글로벌 패션 유행에 중점을 두지 않을까 생각한다.

둘째는 가정, 마을 단위의 생활문화가 있는데, 그 위상이 흔들리고 있다. 가정과 생활문화는 단지 가정생활만을 뜻하지 않고, 가정이라고 하는 규범, 패밀리, 부부의 위상, 가정관리 중심인 아내, 결혼으로 생긴 새 가정 탄생에 관련된 변화가 많이 생겨났다. 이와 관련해서 가정의 특성, 문화, 가구, 남녀공동사회와 가정의 양립, 만혼과 가정경제, 순수한 구성원 관계와 변형이 하나의 새로운

---

70) 음식문화는 지역 차이가 커서 지역 습관과 고유한 형태가 강하게 남아 있다. 음식문화는 최근에야 문화정책에 포함되기 시작했으며, 생활문화를 강조하는 지역문화에서 더 중시한다. 그 가운데 인구 감소, 후계자 부족 때문에 지역음식의 고유성은 희석되고, 관광객 대상의 외식활동이 늘어나면서 화제성에 집중하고 있다. 음식재료, 재료 고유의 맛, 식사예절보다는 분위기, 식생활 공간의 매력에 더 관심을 갖게 되었다. 앞으로는 음식에 대하여 체계적으로 조사연구하고, 문화맥락적 이해, 학술적 연구, 학교급식 연계를 중요하게 다뤄야 한다.

사회문화로 굳어지고 있다.

또한 생활장소인 마을은 기본적으로는 일정 속성을 갖지만 마을 특성에 따라 다양한 모습을 지닌다. 인구밀도, 청장년 인구구성, 주택가격과 마을개념, 땅값과 프로젝트 개발, 주민생활 속 살아 숨 쉬는 문화, 도시 뉴타운의 마을만들기에 대해 주민들은 관심을 갖는다. 이에 따라서 전략적으로 마을의 자랑거리 내세우기, 핫플레이스 만들기, 주민 참가, 특색지역 계획, 사건·사고와 지역이미지를 고려해서 마을만들기 사업을 추진하고 있다.

코로나19팬데믹을 거치면서 바뀐 생활스타일 중에서 재택근무와 가정생활이 병행 가능하다는 점에서 새로웠던 변화가 이제는 당연하게 정착되고 있다. 생활정보, 가정 내 영상소비, TV, 줌, 노트북, 태블릿PC, 휴대전화 같은 기기에 친숙해졌다. 유연근무제나 적극적인 휴가활용 덕분에 가족관계가 친밀해졌다. 이러한 변화로 가족 간 프라이버시도 많아지고, 가정과 직장의 한계는 이미 없어지고 있다.

생활인 개인과 소통

어린이, 여성, 고령자 대상의 생활문화 활동이 요즘 큰 관심대상이다. 저출산시대인 요즘 어린이는 초특급 관심대상으로 공공 민간 모두에게 중요해졌다. 그런 점에서 어린이 문화와 놀이, 예술과 어린이 활동도 다양해졌다. 올바른 어린이의 성격 형성을 위해 자주적, 자립적 생활문화에 관심이 많다. 또한 어린이문화가 바뀌면서 놀이 종류, 공간, 시간, 방법에 대한 배려도 중요해졌다. 문화예술활동과 관련된 사라진 놀이, 가정 속 어린이놀이, 혼자서 하는 놀이, 어린이문화의 공유에도 관심이 많다. 어린이 집, 유치원, 학원들이 맡아서 함께 만들어 가는 어린이 문화프로그램도 지역사회적 관심 대상으로 자리잡고 있다.

또한 여성의 경제력과 소비력이 커지면서 여성 지위와 삶은 지역사회 전반에 큰 영향을 미치고 그 수준도 높아지고 있다. 여성들에게 육아기 이후의 삶이 보장되면서 이제 여성은 생활인으로서 주부, 재취업, 사회활동 참가와 같은 사회적 지위를 모두 확보하도록 제도와 여건을 만들어줘야 한다.

고령사회로 접어들면서 나이듦과 생활시간 배분, 삶의 방식을 보다 즐거운 과정으로 이끌어 가려는 사회문화적 움직임도 역시 바뀌고 있다. 이른바 백세시대를 맞는 인생관 정립, 즐거운 기억, 통과 의례, 나이의 가치와 변화, 장수마을 이야기들이 공통된 관심사이다.

그리고 중요한 또 다른 것은 개인 삶에 많은 시간을 소비하는 소통과 표현에 따른 기쁨이다. 온라인 소통, 자동차 사용으로 원거리소통 편리, 택배나 배달의 편리로 선물 주고받기가 일상 생활문화에서 중요해졌다. 이제 선물 주고받기는 하나의 커뮤니케이션으로 자리하고 있으며, 연결이나 네트워크로서의 주고받기에 익숙한 생활표현이다. 명절, 기념일, SNS 활용이 가져다 준 선물의 특징과 변천, 소소하고도 유쾌한 소비방식, 집단과 개인의 소비행동 변화에 주목하여 문화활동이 이뤄지고 있다.

요즘 생활인의 삶은 일과 쉼을 대등하게 중시한다. 레저는 하나의 문화로서 논리와 실리를 갖추고 있어 대중 레저시대, 생활시간 배분에 관련된 정책 관점이 중요하게 되었다. 레저가 변화된 과정을 보면 전환기에 급격히 자유시간이나 레저소외가 사회적 이슈로 바뀌고 있다. 이제 재택근무와 같은 수준의 일 방식의 변화, 젊은이들의 생활시간 배분, 여성지위에 걸 맞는 레저활동을 위한 여건 조성이 지자체 정책 우선순위에서 높아지고 있다. 그에 따라 개인별 레저능력의 평균적 수준을 관리하는 전략도 필요하다.

요즘 개인들에게 자기 존중과 적극적 표현이 자연스러운 시대에, 취미를 넘어서 자기표현이나 생활표현, 자기에 관해 글쓰기가 SNS 기반으로 열려있다. 온라인 상의 친구들만으로도 자기만족과 동질성을 교환하는 대리만족까지 가능하게 되면서 개인미디어 유튜브로 많은 시간을 보내고 있다. 이로써 이메일이나 다른 SNS 문자표현의 다양성과 다기능으로 문자표현과 영상표현을 즐기는 작은 행복을 누리고 있다.

최근에 노령층의 건강과 죽음에 대한 가치관 변화에 관심이 집중되고 있다. 의료보험과 의료기술 발달 덕분에 일생의 통과의례인 죽음에 대한 태도가 생활 속 중요한 환경이 되었다. 가정에서 가족돌봄 형태는 이미 다양한 돌봄제도를 활용하면서 죽음을 대하는 가족의 역할도 바뀌고 있다. 오늘날 삶과 죽음의 장소, 환경, 웰 다잉, 의료적인 죽음에 대한 선호를 공개적으로 논의하게 되었다. 죽음의 선택에 대한 역사, 의식, 성묘, 묘지관리도 생활스타일 변화 속에서 전통방식의 생활문화에서 이미 크게 바뀌었다.

3. 매력있는 커뮤니티

코로나19팬더믹 이후 지역사회에서 경제시스템에 버금갈 정도로 중요한 지역 의료시스템의 구조적 취약점을 걱정하게 되었다. 특히, 건강, 웰빙 인프라 부족, 취약한 계층을 위한 예방건강 메커니즘이 부적절함을 보여주어 장기적으로 불안한 상황에 이르고 있다.

사회시스템 보완

코로나19팬더믹을 거치고 나서 지역사회에 대두된 정책의제 가운데서 생활서비스와 불평등은 구조적으로 심각한 문제였다. 도시 빈곤층이 코로나19 때문에 받은 영향이 형평성에 어긋나면서 따라 도시화와 건강한 삶에 대한 접근이 지역의료정책의 맨 앞에 등장했다. 그들은 건강에 해로운 식습관, 신체활동 부족, 환경조건, 지역 사회적인 스트레스 요인을 안고 살면서 질병요인을 품고 있었던 것이다.

이러한 문제에 대응하기 위해 지역단위는 필요한 사항이나 활동에 대해 서둘러 미래에 대비해야 한다. 이는 지역사회의 건강을 지키고 커뮤니티를 건강하게 유지하도록 재고하고 재구성하는 일이다. 물론 단기간 안에 쉽게 이룰 수 있지는 않겠지만, 이미 기후변화와 재난이 다가오면서 위험을 극복하고 미래를 재설계해야 하는 상황이다.

이와 관련하여 물리적으로 요구되는 지역사회 환경을 개선해야 한다. 지역계획과 예방건강을 밀접하게 연결시킬 필요성이 그 어느 때보다 커졌다. 다중적인 지역 플랫폼으로 운영하는 지역사회 이니셔티브를 통해서 지역인구와 건강 사이의 적정 관계수준을 재검토해야 하는 것이다.

지역에서 나타나는 의료시스템의 구조적 약점을 보완하고 지역 내에서 질병의 위험을 최소화하여, 의료에 대한 공평한 접근을 보장하도록 하는 데 정책우선순위를 두어야 한다.

이에 따라 지역사회 역할을 시대요구에 맞게 바꿔 매력있는 지역사회 서비스를 제공해야 한다. 주민들에게 높은 삶의 질을 누릴 수 있는 많은 기회를 제공하는 지역사회(이웃, 마을, 도시)를 구축해야 한다. 지역경제, 사회환경의 질, 주민의 건강과 복지를 확보하기 위해 커뮤니티들이 나서서 함께 노력해야 한다. 지역 생활권역에서 걷기, 야외운동, 대중교통 이용을 편하게 하고, 매력적인 지역 내 직장, 학교, 쇼핑몰, 공원, 엔터테인먼트 공간, 취미활동 공간, 피트니스, 건강시설을 잘 갖춰 주민 활용에 제공해야 한다.

코로나팬데믹 기간 동안 주민들은 비정상적인 생활을 하게 되어 점점 더 건강하지 못한 삶으로 내몰리고, 콜레스테롤, 당뇨병, 비위생적인 환경 때문에 신체건강이 악화되었다. 그리하여 공공역할 외에도 개인적인 개선활동 노력이 병행되어야 했다. 우선은 일차적으로는 신체적 웰빙과 더불어 정신적 힐링에까지 어려움을 맞았다.

좀 더 안전한 생활 권장으로 현지에서 조달한 녹색채소를 통해 영양가 있는 식품을 안전하게 공급받기도 어려웠다. 또한 음식과 영양, 체력, 정신건강, 휴식, 직장문제에 부딪치며 신체적, 정신적 불안을 일상적으로 겪으며 지냈다. 개인적인 대응활동은 충분하지 않아서 삶의 질에 영향을 미칠 수 밖에 없었다. 물론 개인의 경우 개인차가 있고, 유전자, 성별, 교육, 식습관과 생활방식, 삶에 대한 상태와 태도가 다르다.

지역주민들의 건강은 소득과 빈곤, 열악한 생활환경, 신체활동 부족에서 생겨난 것일지라도 이는 결국 스트레스로 이어질 수 있다. 그리하여 인간들은 말년에 '완전한 건강체' 상태로 살다가 삶을 마감하게 해줘야 될 정도로 지역사회에 많은 부담으로 귀착될 수도 있다.

친환경 모빌리티

지역사회가 주민들을 위해 매력 넘치는 지역커뮤니티를 구축하도록 특별한 전략을 구축해야 한다. 이는 거주 주민 개개인의 문제라기 보다는 주로 사회문화적인 측면에서 접근해야 효율적이라고 본다.

첫째, 인간활동의 기본인 이동에 있어서 친환경복합 모빌리티 시스템과 네트워크를 구축해야 한다. 이는 최근에 건강하고 살기 좋은 지역사회 만들기의 핵심주제가 되고 있다. 독일, 스칸디나비아의 지역사회 계획이나 개발에서 혁신적으로 제공되고 있듯이, 도로, 철도, 해상을 통한 통합 대중교통 네트워크를 개선한다. 보행자 전용 차선, 경로와 네트워크, 자전거 전용도로, 고속도로를 잘 갖추는 것이다. 이를 통해서 주민들은 편리하고 안전하게 경제적으로 이동하며, 승용차 없이 운동할 기회를 늘려 신체적, 정신적으로 활기찬 건강상태를 유지하게 된다.

이러한 시설에 덧붙여서 보행자 경로 네트워크와 같은 환경 존중 모빌리티 시스템과 네트워크를 사회 구성요소들과 결합하여, 보행자전용 쇼핑거리, 녹지 공간, 고밀도 주택, 복합용도 건물, 인근 지역, 재생에너지 사용과 연결하여 시너지를 높이게 된다. 인간들이 기대수명을 지키는 데는 유전적 요인보다도 생활방식이 더 큰 영향을 미친다. 따라서 이에 필요한 정책, 프로그램, 시설과 인프라, 주택을 잘 갖추고 필요시설을 보급해야 한다.

둘째, 시민참여와 사회활동을 촉진하고 이에 필요한 공간을 마련해야 한다. 지역에서 주민들이 자신의 삶에 필요한 소득을 확보하도록 취업기회를 넓혀야 하며, 일을 통해 성공하고 번영할 수 있는 기회도 마련해 줘야 한다. 녹지공간은 사람들의 행복과 힐빙에 큰 영향을 미치므로 자연환경 친화적인 공간으로 확보해야 한다. 또한, 활동적인 라이프 스타일을 유지하도록 깨끗한 공기, 지역 사회활동 참여가 건강한 삶의 핵심이 되며, 식이요법과 함께 건강한 식단을 마련하는 데도 도움이 되게 제공해야 한다.

셋째는 지속발전 가능한 계획을 마련하여 실천하도록 한다. 행복하고 건강한 지역 필수요소와 사회, 경제, 환경 같은 요소들을 넘어서 지속가능성이라는 순환매커니즘을 구축해야 한다. 아울러 태양, 물, 바람과 같은 자연자원에서 생성된 에너지를 활용해야 한다. 이는 지역사회의 경제성장, 번영, 지속가능성 개선에도 도움이 되도록 깨끗한 환경을 지키는 활동의 하나이다. 그리고 지역사회를 더욱 건강하게 만드는 데 필요한 지역사회 기반시설로 구축하여 활용하는 것이 새로운 경쟁력이 되고 있다.

그리고 지역 수준에서 힐빙과 행복 지수를 만들어 관리해야 한다. 건강한 지역커뮤니티를 유지하도록 목표를 설정하고 이를 달성하는 것을 관리하는 지표로 개발 활용한다. 전환기 이후에 새로 등장한 의제, 건강과 힐빙이 부각되면서 지역들은 힐빙과 행복 지수에 더 많은 관심을 갖는다. 이를 위해 지역디자인, 관련지표의 개발 관리로 지역전략을 향상시킬 수 있도록 해야 한다. 결국 지속발전 가능한 지역이라는 것은 주민들의 삶을 개선하고, 지속가능한 지역경제, 주민들이 더 나은 삶을 누리도록 관리하는 전략이다. 이러한 건강한 커뮤니티 관리로 지역주민들의 의료비용을 감소시킬 수도 있다.

그런데 이는 문화(창의성, 신념, 의미 찾기)와 권력(조직, 거버넌스, 정치적 대화)이 서로 짝춤을 추면서 이뤄내야 한다. 이들의 조화로운 균형과 공진화 노력을 바탕으로 참된 지속발전이 가능하게 된다. 문화와 권력이 나서서 기본적으로 주택, 교육, 사회, 레크리에이션, 건강서비스를 위한 자원을 만들어내야 한다. 그리고 주민들의 웰빙 향상, 삶에 매력적인 기회 창출에 대하여 주민들이 다양한 옵션 속에서 생활할 수 있게 해야 한다.

4편 지속발전 공진화

10장 정책의 맥락성, 네트워크

11장 창발적 혁신

12장 융합융화적 공진화

10장 정책의 맥락성, 네트워크

1. 지자체 정책의 맥락성

코로나19팬데믹 소용돌이를 거치는 과정에서 여러 분야의 지자체 정책들은 우선순위가 뒤바뀌거나 조정되었다. 또는 행정권 단위의 지자체 단체장들이 선거를 거쳐 당선되면 새로운 정책을 선보이고 자기 색깔로 전환하는 과정에서 정책맥락과 정책리더십이 바뀌거나 끊긴다. 또 지역사회적 이슈도 때에 따라 맥락이 바뀐다. 이렇게 맥락이 바뀌면, 이런 전환은 산하기관의 정책이나 사업에도 영향을 미친다.

활동 주체인 공공이나 민간단체들은 스스로 역할을 조절하면서 효율으로 접근하여 정책효과를 극대화해야 해야 하는데 안타깝게도 전환기에는 경험이나 시간적 여유가 없다.

이때 지자체의 기존 정책과 서로 맥락이 맞지 않는 정책들을 그대로 집행하면 혼란을 피하기 어렵다. 정책환경을 고려하면서, 지속가능하도록 정책맥락성을 유지할 전략을 만드는 것이 중요하다. 이미 시스템으로 개발하고 추진해 오던 정책들도 맥락성 관점에서 재정비해야 한다.

정책맥락성 개념은 단지 관념의 배열에 그치지 않고, 실천성의 배열을 뜻한다. 이때 전환기 특성을 고려해서 창조성을 우선에 두고 아이디어, 특이성, 가치, 발견, 흐름에 따라 정책순위를 마련한다. 그리고 합리성, 감정, 동기부여에 따라 전략을 짠다. 이어서, 네트워크는 사회연결망 사이트, 연결성, 디지털 기술에 바탕을 두고 구축한다. 마지막으로, 윤리 관점을 고려하는데 권력, 권위, 기업의 사회적 책임과 관련된다. 이 같은 맥락성 구축은 결국 추구하려는 가치를 확산시킨다. 이는 또한 불확실성, 전략관점에 집중하여 정책맥락에 기여한다.

단절과 돌발적 등장

급박한 전환기 환경에서는 왜 맥락성을 강조하는가? 급격한 사회문화적 변화에 직면하여, 이 상황을 벗어나려면 관련사업 가치의 맥락을 찾아서 효율적으로 배열해야 한다. 뿐만 아니라 전환기 환경에 등장하는 새로운 수요 증가에 우선 대응해야 한다. 그렇게 하려면 먼저 기존자원의 효율적 배열을 바탕에 깔고 다른 정책을 열어놓고 추진해야 한다. 이때 로컬리티 관점에서 지역문화에 기반을 두되, 다른 지역정책과 충돌 없이 결합해서 성과를 높이려면 맥락성 전략이 필요하다.

네거티브 경험의 활용

코로나팬데믹 경험은 반복되지 않도록 종식시켜야 할 과제로 남아있어 지역은 네거티브 유산을 안은채 미래에 연결해야하는 전환기 어려움을 잘 추스려야 한다. 지자체가 '문화공유 활성자 정부'로서 지역활력을 찾기위한 맥락성 전략을 전개하여 현실적합성(적실성)있게 방향을 유도해야 한다. 지역의 사회문화는 종합정책 성격이 강해서 종적·횡적으로 사업체계를 구축할 때 특별한 전략적 접근이 필요하다.

그렇다면 맥락성 전략은 어떻게 수립해야 할까? 지역이나 사업마다 차이가 있어 우선은 논리성을 수립하는 것이 중요하다. 전환기에 맥락성 전략 확보를 위해 무엇을 어떻게 해야 할지, 어떻게 혁신을 유도해야 할지 부담이 많다.

전환기 정책맥락성 전략, 창발적 접근에서 주목할 점은 무엇인가. 4차산업혁명기술을 우선 활용하게 된 것은 다행이었다. 다만 지역이 붕괴 직전에 이를 정도로 인구요인이 심각했고, 전환기에 흔히 나타나는 세대 간 신뢰격차, 협력 아닌 갈등, 무의미한 자치적 추진 등이 지역 대응역량의 발목을 잡았다. 더구나 위기상황에 자치역량은 미흡하고 대응재정은 열악한 상황에서 정책수요나 만족 체감의 감소는 불가피했다. 정책계승 지우기나 부담 씌우기 때문에 신규정책을 선호하게 되는데, 이는 혁신이나 개혁이 아니고 여전히 낭비요소로 남았다.

이 와중에 대형 국책사업의 성과평가 결과에 대한 책임성, 성공이나 실패에 대한 결과책임(responsiveness), 재정 복잡성, 사업참여 장벽들로 전환기사업이 종료된 뒤에도 그에 대한 성과평가, 활용가치 평가, 미래 재발대응 등에 대한 신중한 결론과 매듭 없이 빨리 잊어버리고 싶은 추억으로 종결짓고 말았다.

지자체의 공공 책임성

전환기에는 위기와 기회 속에서 다양한 신규수요가 발생하므로 기존사업과 맥락성 여부에 대해서 재점검이 필요하다. 공공성 중심에 서있는 사업 추진은 누가, 어디까지 책임이 있는가. 그리고 어느 부분을 책임지는가에 따라서 과정책임과 결과책임으로 나뉜다. 그런데 평소와 다른 전환기이기 때문에 신기술 활용과 신사업 개발에 따른 책임성과 공공윤리 문제는 자칫 잘못하면 맥락을 잃고 혼란만 일으킬 수가 있다. 여기에서 '무조건적 연결과 열린 융합' 사이에서 딜레마가 생긴다. 대부분의 사회문화 사업에는 4차산업혁명기술과 지능정보화로 무한 연결의 시대적 특성을 반영하게 되는데, 이때 지역정책 형성과정에서 현실적 맥락성을 정확하게 찾기가 어렵다. 이때 물론 새로운 수요를 파악하기 위하여 소셜 리스닝(social listening) 과정을 중시하거나, 네트노그래피(netnography)[71], 감정 이입 조사를 거치게 된다. 그래도 이러한 것들은 마치 소설 속 주인공이 되어 감정변화를 경험하는 것처럼 느껴진다. 전에는 듣도 보도 못한 전환기, 고도기술 관련해 미래가 불확실한 사업에서 대상과 인간의 감정이 애매한 상태로 결정하게 된다.

또한 전환기 기술을 활용하여 공공서비스의 품질을 제고해야 한다는 욕구가 치솟는 상황에서 공공사업은 공공윤리가 외면받기 쉽다. 지자체가 '정부 주도의 사회화'를 시도하는 각종 사회문화 사업에서도 공공윤리의 한계에 대한 비판이 터져 나온다. 시장과 공공윤리 사이에서 문화사업 경영에서의 공공윤리는 지역축제, 사회문화교육 사업에서도 많은 비판을 받고 있다. 4차산업혁명기

---

[71] internet + ethnography로서 실험현장 답사와 같음.

술의 확산과 관련해서 공공윤리, 정부개입의 문제, 정부의 역할, 민간의 역할을 '보조하는 공공'의 문제들이 여전히 공공맥락성을 애매하게 만들고 있다.

지속발전을 위한 맥락성

인적·물적·정보 자원이 부족한 지역, 그리고 전환기 환경에서 지역의 사회문화적 맥락을 반영한다는 것은 어떤 의미인가. 전환기에 '단절적 진화'를 맥락성 없이 혁신만으로 추진할 경우 사회적 손실이 오히려 더 클 수 있다. 더구나 리더십이나 정책맥락이 정치적 이유로 끊기면 문화정책 우선순위나 연속성은 크게 흔들린다. 지역의 사회문화가 천년대계라고 하더라도 맥락성을 유지해야 비로소 역사적 의미를 이어가게 된다.

맥락성을 확보해야 그때부터 환경변화, 대응전략, 지속발전이 가능해지고, 미래창출 가능성을 높이는 데 도움이 된다. 전환기에 맥락성을 중시해서 성과를 거둔 지역 사회문화정책 사례는 '농촌새마을운동'이었다. 지역정책 변천사에서 이는 농어촌지역의 사회경제적 환경변화 맥락성을 적절하게 활용한 성공사례다. 이는 또한 도시화 열망과 불붙은 교육열을 국가 차원의 전환기 정책으로 수렴했던 것이다. 더구나 이 사회환경을 앞서서 조성했던 토지개혁(50년대), 경제개발중심 지역개발운동들이 정부 주도의 산업화정책을 경험하는 기회였기에 새마을운동의 효율적 집행이 가능했다. 더구나 이 당시 지방행정은 정책집행자들의 의식, 국민의 정책수용성, 공공 역량의 리더십이 활발하게 상호 작동했던 시절이었다. 이러한 종합적인 배경과 여건에 힘입어 결국, 정책맥락 요인을 적절하게 가동하여 지역발전사업을 정책으로 개발하고 성공시키게 되었다. 다만 소통, 민간역량, 기술은 미흡했지만 절박함 속에서 맥락성 의식이 희석되었을 뿐이다.

맥락성 전략의 범주, 차원

맥락성은 제도맥락과 이슈맥락으로 나눠볼 수 있다. 제도맥락(institutional context)이란 공식적 의결, 판결처럼 제도적 결정으로 이루어진 것이고, 이슈맥락(issue context)은 공식화되지 않은 공공적 쟁점 상태의 상황을 말한다. 지역사회에 어떤 이슈가 등장하기 전에 제도가 이미 만들어져 있다면 이들은 함께 작용하게 되고 당연히 집행 공감대를 확보하기 쉽다. 그러나 두 가지가 서로 대립될 경우는 제도맥락을 먼저 고려하고, 나중에 이슈맥락을 확보하도록 우선순위를 정해야 한다. 불행히도 두 가지가 서로 상충될 경우는 그야말로 '전략적 선택'이 필요하다.

전환기에 놓인 지역사회는 '사회문제 대응형' 정책의 맥락성을 우선 확보해야 한다. 대개 환경변화가 외부요인으로 생겨난 경우에는 대응전략을 선택하는 폭이 넓어진다. 예를 들면, 글로벌 경제환경인 경우에는 대응할 수 있는 폭이 넓은데, 그에 비해 지역에서 실효성을 기대하기는 어렵다. 그러나 기존의 법, 제도, 규칙의 경직성을 조화롭게 적용할 수 있게 되는 상황이라면 이해관계 대상 집단들을 설득하면서 추진여력을 만들 수 있다. 또한, 새로 발생한 문제를 명확하게 정의하고, 정책형성 대응 융통성이 있으면 지역사회적 합의, 정책변화 대응은 더 쉽다. 그리하여 환경변화 대응전략이 지속적으로 등장하고 활용할 수 있게 된다.

전환기에 문제대응 전략에서는 커뮤니케이션의 고맥락, 저맥락을 선별적으로 적용해야하는 점에 주의해야 한다. 다시 말하면, 소통, 전달 언어에서의 맥락도가 높은(고맥락) 메시지 인지, 아니면 낮은(저맥락) 메시지인지를 판단하면서 소통해야 한다. 맥락도가 높은 커뮤니케이션, 메시지에서는 대부분의 정보가 개인맥락에 내재되어 있고, 반면에 메시지가 코드화되고 밖으로 드러나고 전달된 부분에는 정보가 극히 적다. 저맥락의 커뮤니케이션에서는 정보의 대부분이 명백한(외재화된) 언어코드에 실려 있다. 그러므로 주민들의 성향, 연령, 인지능력, 문해력을 감안해서 적절한 방식으로 소통을 이어가야 맥락성을 유지하는 데 도움이 된다. 농촌이나 어촌 지역은 소통에서 맥락적 이해가 쉬우므로 사회문화적 이슈를 함께 다루기가 비교적 쉬운데, 도시지역이나 신생지역에서는 이 문제를 심각하게 보고 주의하면서 다뤄야 한다. 그래서 가급적 문서나 증빙자료를 만들어 활용하는 것이 지역사회의 문화적 특성을 반영하여 정책 추진에 도움이 된다.

새로운 환경에서 문제가 애매한 상태라면 맥락 추구는 어려우므로 먼저 문제나 이슈를 명확히 하고, 문제의 적용대상을 명확히 설정해야 한다. 이때 전략적으로 접근하는 거버넌스로 중앙-지방사업을 추진할 때는 그 조건에 대하여 명확히 합의해야 한다. 외국에서 국가가 지역과 사업을 할 때도 계약을 거쳐 추진하는 경우가 많은데, 우리는 적어도 '계약제 정신'이라도 문서화해서 추진해야 한다. 이 점이 흔들리면 사회적 손실이 크고, 정책 신뢰도는 낮아지며, 추진 진도도 늦고, 정책 수용성도 낮아진다. 당연히 정책적 배경, 주체와 대상, 추진체계에 따라서 조정되어야 할 부분이다.

공동인식, 공동시동, 공동창발로 맥락 극대화

맥락성을 높이기 위해서는 '열린 융합'의 전략으로 추진해야 한다. 우선 맥락성 제고에 대하여 공동인식을 갖고 시작해야 한다. 먼저 공감될 수 있는 지식을 사회적으로 확산하여, 각 주체가 그에 대응할 역할을 설정한다. 그리고 대상전략의 우선순위를 조정하여, 자기 증식이 가능케 해야 한다. 그 다음에는 공동 시동의 단계로서, 대상문제에 대하여 사회적 좌표를 설정하고 수용하며, 합의적인 공동 시동, 걸림돌 치우기, 디딤돌 다지기를 하여 맥락성을 극대화해야 한다. 끝으로 공동 창발단계로 넘어가서 공동 협조의 창발성을 갖고 사업을 전개하면서 혈연이나 직간접적인 호혜, 네트워크와 관계 없이 추진해야 한다.

이러한 각 단계마다 지역정책 관련 개별주체들은 자기 영역지식을 확충하여 전략을 개발해야 한다. 영역지식(domain knowledge)이란 사회의 현안문제를 특징적으로 정의하고, 원인을 파악하여 지형도를 구축하고, 신중하게 공동 시동을 걸어 진행하는 것을 말한다. 과거에 추진한 기존 정책들은 이 과정을 소홀히 하고 정책개발 또는 추진 주체들이 자기중심적 정책을 밀어붙이거나, 총체적 조화가 미흡한 수준에서 정책을 개발한 적이 많다. 이를 이른바 '정책의 도구화'라고 할 수 있는데 특히 문화정책이 여기에서 희생되는 사례가 많았다. 지역에서 그러한 일이 반복되면 사회문화정책은 주류정책이 아닌 보조수단으로 고착화될 수도 있다. 또한 같은 차원에서 사회문화단체의 사회정서기술(social and emotional skills)에 대한 준비 전략이 필요하다. 최근 사회가 '준비성 없는 사회단체' 급등으로 옥석 구분이 어렵고, 맥락성의 혼란이 생겨나고 있다. 사회정서기술이란 다른 입장을 이해하고 공감하는 지능을 말한다. 영역이 좁고 열린 융합이 어려운 지역사회에서는 창발성 기반의 협업 활동, 사회적 조망능력, 사회적 정서키우기 같은 사회적응 역량이 높지 않으며 이를 길러내기 위한 토론과 협동학습 기회조차도 많지 않은 것이 현실이다. 그러다 보니 미래지향적인 청년학습 과제가 늘어나고, 거버넌스, 공진화의 전제가 없이 '구호만 난무하는' 융합전략이 많아져 이를 경계해야 한다.

문화공유 바탕의 지역 서비스품질 수준

그동안 우리 사회 전반에서 서비스 품질수준이 점차 높아지고 있었는데, 급변하는 과도기를 거치면서 우리 사회의 전반적인 서비스 품질수준이 떨어지고 있다. 지속적인 성장으로 삶의 보람을 누릴 것을 기대했기 때문에, 사회문화활동 주체인 공공, 단체, 개인사업 전반에서 아쉬움을 느끼고 있다. 특히 사회문화 접점 영역에서 이해관계가 애매하게 얽히면서 이러한 현상이 두드러진다. 그 결과 사회문화적 맥락 접점의 성과를 긍정적 또는 부정적이었다고 단정짓기 어렵게 되었다. 이로써 기존 문화예술, 콘텐츠기반 산업, 문화산업, 전문가 인력정책, 예술인정책, 생활 속 문화활성화 같은 여러 분야에서 위기감을 느끼는 수준에까지 이르렀다고 본다.

생활 속에서 이뤄지는 문화예술활동, 여가활동, 사회문화예술 교육, 힐빙, 관광활동 은 전에 비해 훨씬 더 생활 깊숙이 파고 들어와 있다. 정책맥락에서 보더라도 이미 사회맥락성에 다가서 있으므로 '예술활동정책에서 여가활동정책으로' 맥락성을 높여야할 것으로 판단된다. 어느 정도의 수준으로 올려야 하는가는 국가나 지역마다의 사회적 맥락과 연계배경이 다르기 때문에 단정하기는 어렵다. 다만, 공공성 주도력이 강한 우리 사회에서는 지자체 정책 품질에서 정책주도성, 공공성, 책임성은 더욱 강조되어 마땅하다. 이제는 우리 사회 특성에 맞는 공공문화 관점에서 공공역할, 리더십, 문화행정역할, 문화전략들도 생활서비스로 연결되어야 한다.

다른 관점에서 보면, 대도시지역의 경우는 글로벌 사회의 물결이 소용돌이치며 파급되고 있다. 이 지역들은 4차산업혁명기술 변화로 사회활동이 확산되었다가, 코로나19로 급격히 위축되었다. 지역사회 회복과 안정 기조를 위협하는 경제불안으로 또 다른 위협에 직면해 있다. 이에 따라 지자체 역할에서도 각종 서비스 우선순위가 뒤바뀌고 새로운 서비스 수요가 생겨나고 있다. 이제 지자체들은 전환기를 인식하고 새로운 패러다임을 세워야 한다. 지속발전 가능한 문화생태계로 나아가도록 지역사회문화의 가치를 재해석하고 전략을 개발해야 한다.

기술 - 자연 - 인간은 서로 유기적으로 얽혀있는 전체론적 (holistic) 관계를 갖는다. 사회문화활동에서 4차산업혁명기술은 실용적 가치목적을 우선으로 하는 명분을 주었다. 코로나19 전염병 회오리바람은 자연과 인간 사이의 원초적인 유기성을 무시하면서 사회문화를 뒤흔들었다. 그러나 이제 우리 사회문화는 결국 인과 처방으로 공존, 협력, 조화로 누적된 위기를 극복할 수 있을 것이라는 인식을 갖게 되었다. 안정적인 환경에 이를 때까지 이를 지속발전 가능한 패러다임으로 바꾸고 지자체는 사회문화서비스의 품격을 높여야 한다.

이런 관점에서 새롭게 검토해야 할 사회문화적 요체는 무엇인가. 예술의 고유가치와 사회적 역할에 진정한 변화와 진화가 생기는가. 사회문화는 새롭게 무엇을 창조해야하는가. 문화예술은 사회에 무엇을 호소할 수 있을까. 지능정보화와 더불어 비대면 활동으로 인본주의를 어느 정도로 이어갈 수 있을까와 같은 문제들이 서로 연관되어 있다.

지역의 사회문화서비스는 변화된 환경맥락에 알맞게 이제 장기적으로 플랫폼 기반의 서비스로 전환되어야 한다. 문화소비자 행태 변화에 맞게 서비스를 구조적으로 바꾸고, 디지털기술 활용과 같은 새 기회를 적극 활용해야 한다. 당연히 사회문화의 역할 강화를 위해 정책을 확충하고, 디지털 문화인프라를 확대해야 할 때이다. 이제는 위기관리방식의 지원을 벗어나, 본원적 사회문화 가치를 회복하는 새로운 창출에 지원을 늘리도록 기조를 바꿔야 한다.

아울러 지역의 사회문화와 다른 부분 사이에 새로운 기회를 구축하는 데 나서야 한다. 디지털화 확산에 맞게 사회문화활동과 문화예술교육의 전략적 보완을 늘려야 한다. 에듀테인먼트, 교육기술, 대화형 학습, 콘텐츠 공동제작, 평생학습을 전략적으로 확충하는 것이 시대환경 맥락에 바람직하다.

덧붙여 기술과 사회문화가 공진화되도록 새로운 연구분야를 도출해야 한다. 예를 들면, 문화예술과 건강, 사회문화적 결속, 예술기반 기술과 방법을 적용한 자율주행 자동차, 인간과 인공지능의 공진화 실험, 공공-사적 공간 감시개념 재정립에서 드론의 역할

변화 등이다.

또한 예를 들면, 문화예술과 건강의 관계는 문화복지 부분에서 새로운 관점으로 접근해야 한다. 활동적인 노화, 개선된 건강, 사회적 고립 퇴치, 건강한 습관, 공중보건의 혁신이 사회문화적으로 품격있게 이뤄져야 한다. 웹 3.0사회에 걸맞는 디지털기술과 도구를 활용하여 사회문화적 상호작용 서비스를 주도하도록 대규모 콘텐츠 제작, 개방형 플랫폼, 미디어 배포사업, 소셜 네트워크, 콘텐츠 커뮤니티에도 주력해야 한다.

결국, 각 분야에서 전환기 맥락에 맞춰 역량을 활성화하여 상호보완성을 높이도록 문화와 타 정책을 상호보완해야 하는데, 우선 교육, 건강관리, 사회서비스와 접목해야 확산효과가 커질 것이다.

코로나19 팬데믹 이후 인체 내부와 외부 자연환경 사이의 네트워크를 기반으로 질병을 치료하는 의학모형에 대한 논의가 많이 나왔다. 이것은 바로 '사회문화의학' 개념에 해당하는 힐빙(힐링+웰빙) 예술활동을 확산시켜야 한다는 것을 의미한다.

우리는 사회문화 전체 시스템의 조화와 균형의 기본개념에서 다시 시작하는 '전환기 출구'의 출발선 상에 서 있다. 그러므로 기존 시스템을 넘어서고 '도시화 + 사회적 균형'의 맥락에 맞는 공공서비스로 고도화해야 한다.

지속발전 맥락성 확보와 플랫폼

지역이 지속발전하기 위해서는 지자체가 간섭하기보다는 창의적인 아이디어가 나올 수 있는 환경을 조성해 주는 것이 중요하다. 이제 지자체는 이러한 역할을 명확히 하며, 맥락성 확보와 지속발전 가능성 결합을 전략으로 추진해야 한다. 대부분의 지자체들이 환경과 정책 변화의 가능성에 대해서 공동인식하고 지속발전 가능성을 확보하려고 노력하고 있다. 기존 법령에 추가하거나, 해석을 새롭게 하면서 정책전환으로 연결시키려고 애쓴다. 지속발전을 전략으로 추진할 때 주민의 관점이 중요하므로 로컬리티 전략에서는 지역사회 주민들의 욕구에 부응하는 의사결정을 높게 평가한다. 그러므로 효과적으로 지역 거버넌스 실현 구조도 지역주민의 요구와 선호도를 우선 고려해야 한다.

지속발전이라고 하는 것은 미래를 정확히 파악하고 현재의 모습에 비추어 맥락을 이어가는 것이다. 그러므로 미래를 향한 지속발전을 위해서 전략적으로 창발을 어떻게 전략적으로 유도할 것인가가 중요하다. 그리고 결국은 문제 해결에 도움이 될 창발유발 조건을 어떻게 만들어 내야 하는가를 제시해야 한다.

창발을 만들어 내는 유발조건 구축에서는 우선 자율적이고 내발적으로 행동하는 다양한 개체(요소)가 필요하다. 그리고 그들 사이에서 상호작용이 생겨나고, 다양한 요소들이 고착화되지 않고, 항상 새로운 요소의 진입에 대해 열려 있어야 한다. 만일 그렇지 않으면, 그 커뮤니티는 당연히 경직화되기 때문이다. 그러나 상호작용하는 주체의 다양성, 복잡한 관계를 넘어설 때 갑자기 네트워크로서의 가치가 생겨나고, 보다 상위의 질서가 생겨나게 된다. 창발성의 원리 상 상위에서 나타나 진행되는 새로운 질서는 하위 수준으로 되돌아 갈 수가 없다. 창발을 확실하게 의도적으로 일으키거나 그것을 예측하기도 물론 쉽지 않다. 그러나 몇 가지 이런 조건들이 갖춰지면 창발을 유발하는 공간을 설계하는 정도는 가능할 수도 있다.

창발전략의 핵심은 '플랫폼 설계'에 있다. 플랫폼이란 제3자 간의 상호작용을 가능하게 하는 장(기반)이다. 모든 사람이나 단체가 커뮤니케이션이 기술적으로 가능하더라도 인센티브가 없다면 커뮤니케이션이 쉽사리 일어나지 않는다. 플랫폼은 지금까지 연계되지 않았던 사람들이 연계하기 위하여 인센티브를 설계하고, 신뢰를 담보로 한다.

2. 정책네트워크

정책네트워크의 관리

지역의 사회문화활동에서 정책네트워크와 이슈네트워크의 형성이 매우 빈번하게 이루어진다. 지역에서 문화정책을 만들고 결정하며 집행하는 데 있어서 이뤄지는 정책네트워크는 의도적으로 형성하거나 자연스럽게 형성되기도 한다. 이러한 문화정책네트워크 또는 문화정책공동체 속에는 정책분야별로 공무원, 소속기관, 정치인, 이익집단, 비영리단체, 전문가, 대중매체들이 관여한다.

이들은 서로 다른 분야에서 서로 다른 관심사항, 전문정보, 해결방안, 이해관계를 갖고 참여한다. 즉, 이러한 네트워크는 각자의 문제 또는 정책수단과 관련하여 각각 다른 입장을 갖고 있으며, 목표와 선호를 갖는다. 지역 문화정책의 입장에서는 정책조정,

효율성 제고라는 측면에서 공동으로 협력하여 해결하는데 도움이 된다. 따라서 정책을 효율적으로 추진하기 위해서는 이러한 정책네트워크 관련자들을 효율적으로 관리하는 정책네트워크 관리(network management)가 중요하다.

정책네트워크는 그 자체가 나름대로 장단점을 갖고 있다. 위험과 자원을 공유하기 때문에 분산시킬 수 있고, 자연히 외부환경 변화에 대한 대응력을 높일 수 있다. 또한 정책 대안을 개발하는 역량을 모아 강화시키며 활용할 수 있고, 해당되는 대상조직 간 연계와 협력을 이끌어 내기 유리하다. 또한 각자 갖고 있는 지식정보를 공유하면서 활용할 기회를 확보하는 데 큰 도움이 된다. 그러나 권력과 자원을 불균등하게 배분한 상태로 일한다는 점, 책임 소재가 애매할 수 있으며, 개별 조직의 자율성이 위축된다는 것은 단점에 해당된다.

효율적인 정책네트워크는 어떻게 구축하는 것일까? 대개는 정보의 제공 활용에 따라 형성이 되는데, 일을 하는 입장에서 편리하도록 상하관계보다 수평관계를 중점으로 구성하며, 그 때문에 구성원 각자는 동등한 자격과 입장을 갖는다. 이러한 정책네트워크는 무엇보다 급변하는 전환기 환경에서 쉽게 적응할 수 있는 전략으로 선택할 때 효율적이다.

이런 정책네트워크를 운용할 때 주의해야 할 점이 있다. 기본적으로는 개방성을 전제로 하며, 지속적으로 활발한 참여시스템에서 효율적이다. 결국 토론분위기가 중요하며, 네트워크를 활용하는데 있어서 대개 핵심적인 부분에 자원과 역량을 우선 집중하여 사용하게 된다. 다만 정보공유를 해야만 가치사슬이 유지되므로,

결국 활성화를 위해서는 물리적으로 정보공유 시스템을 구축하고, 호혜성이 보장되도록 대가를 보장해야 하며, 정보표준화를 이루는 것이 필수적이다. 또한, 상호신뢰성이 보장되어야 하므로, 일관성있고 개방적인 커뮤니케이션을 유지하는 것이 성과를 내는 관건이라고 본다.

특히 전환기에 흔히 나타나는 지역 사회문화 문제에서 생긴 갈등을 해결하고, 협상과 협력에 대처하는 방법으로서는 이 전략이 효율적이다. 다만, 네트워크 참여자들이 정책문제에 대하여 어떤 대처방법을 갖는가는 또한 정책네트워크 행위자들이 규범에 얼마나 동의하고, 합의하며, 의견일치를 이루는가에 따라 차이가 생겨난다.

지역에서 문화정책네트워크 행위자들의 정책행동은 과거 경험치로 보면 대략 세 가지로 나뉜다. 우선은 정책네트워크가 행정기관 관료와 그 주변부가 중심이 되는 하위정부(subgovernment)처럼 활동하는 경우가 있다. 정책문제에 따라서 이른바 지역의 문화권력층, 이해관계의 이익집단이 생겨나면 이러한 네트워크는 효율적이지 못한다.

한편, 하위정부보다 전문적이고 독립적인 일종의 '정책공동체'로 작용하는 경우도 있다. 정책공동체는 실질적인 활동가 중심으로 구성하여 관심 공유가 더 밀도 있고, 서로에게 도움이 되는 정보를 주고받을 수 있어 장기적으로 정책 효율화에 기여할 수 있다.

끝으로 보다 더 구체적인 정책이슈를 중심으로 네트워크가 생기는 경우 이슈네트워크(issue network)라고 부르는 지식공유집단이 생겨난다. 여기에는 전문가, 일반지식인, 시민들이 폭넓게 참여하여 자유롭게 드나들며 참여한다. 다만 중심축이 없으면 자발적, 개방적이며 문제논의만 풍성한 채 해결되지 못하고 끝나버리는 경우도 생긴다.

정책네트워크를 관리하는 관점에서 보면, 구성원의 수, 참여자의 연속성, 참여자 상호작용 정도, 합의도달 정도, 참여자 간 관계의 성격, 정책자원 등에 관심을 갖고 상황변화에 따라 주의깊게 살펴보아야 한다.[72]

전략적으로 접근한다면, 정책네트워크의 유용성과 사회연결망으로서의 활동에 주목하면서 문화정책의 집행에 도움이 되도록 관리해야 한다. 문화행정 담당자들은 정치적 이해력을 갖고, 민주적인 방법으로 적극 대응하는 태도를 가져야 한다. 또한 대화와 설득으로 견해를 수정하고 기대수준을 조정하거나 새로운 행동력을 이끌어 낼 수 있다. 무엇보다 전문성을 갖는 능력 있는 추진자가 되어야 하며, 결과책임성(responsiveness)을 존중하는 문화행동가로서 지역의 '문화정책 활성자' 역할을 해야 한다.

그리고, 정책네트워크를 관리하고 역량을 높이기 위한 파트너십 구축을 함께 생각해야 한다. 우선 정책주체 간 상호협력을 유연하게 갖추도록 중앙정부, 자치단체, 대학, 문화재단, 비영리단체, 문화관련 기업, 문화시설들이 '파트너십 정신'으로 일해야 한다. 참여자의 능력이 높고 대등한 수준의 능력을 갖추고 함께 발전하면서 역량을 키워야(capability building) 지속성장이 가능하다. 또한 일을 하며 적합한 실행력을 확보하기 위해서 자원 동원과 배분, 법제도적 보장이 이뤄져야 한다. 이러한 네트워크의 역량은 내외부적 네트워크는 물론, 부문 간 네트워크 구축에도 중요하게 적용해

---

72) 지역문화정책과 이니셔티브는 연계 맥락성을 가져야 효과적이다. 지역문화정책은 소셜디자인 개념을 포괄하여 문화발전의 틀과 계획을 만드는 역할을 한다. 정책은 자원, 프로젝트, 재정에 대한 동원과 배분에 영향을 미치고, 지역표현을 다양하게 하며, 지역을 활력 넘치게 한다. 지역 이니셔티브는 지역발전과 사회문제 해결을 위해서 다양하게 이벤트, 프로젝트, 협력사업을 추진하며 이끌어 간다. 이때 지자체는 물론 기업이 협력하여 지역의 특성과 과제에 맞는 구체적인 조치를 시행한다. 그 과정에서 이미 확정되어 있는 문화정책에 맞춰 세부 시행계획을 만들고 양자가 서로 도움을 주게 된다. 이런 점에서 지역이니셔티브는 지역이 요구하는 사항을 파악하고, 커뮤니티와 협력하여 특정 과제와 기회를 다루는 포괄적인 전략으로 구성한다. 이를 위해서 조사분석, 협력체계, 자원의 활용, 교육학습, 모니터링의 추진단계를 거친다.

야 한다.

지식정보 네트워크

정책네트워크에서 실행력을 확보하고 성과를 내기 위해서는 이를 뒷받침하는 지식정보 네트워크가 중요하다. 네트워크로 문화자원, 인력. 재정을 확보하고 공유하는 데 있어서 지식정보가 이를 뒷받침한다. 개별적 지식정보의 통합적 활용이 네트워크 성공의 열쇠가 되므로 네트워크 상의 정보자원 맥락성을 유지하며 정보네트워크의 협력을 유지해야 한다.

지식정보네트워크는 정보가 어떻게 생산, 교류되는가에 대한 '흐름'을 간파하는 데 중점을 둔다. 그 정보의 흐름과 이동을 잘 파악하여 일을 협동적으로 추진하여 그것이 모두에게 혜택을 안겨준다.

여러 유형의 정보 가운데서 노하우(know how) 정보는 지식정보의 수집과 축적에 가치를 두는 활동이다. 노웨어(know where) 정보는 장소 기반적 지식의 공간적 분포에 대한 지식에 가치를 둔다. 노플로우(know flow) 정보는 지식정보의 이동과 교류양상에 가치를 둔다. 그리고 노노드(know node) 정보는 지식정보가 고도로 집중되고 교류와 재분배 재생산이 이뤄지는 집약지(온라인 혹은 오프라인)에 가치를 둔다. 그동안 지역의 사회문화전략에서는 노하우 정보를 중심으로 성공한 사례분석과 베껴쓰기로 부담과 리스크를 최소화하려고 했었다. 그런데 시대가 급격히 변하고 전환기 새로운 수요를 고려한다면 차별화되지 못한 이러한 전략은 큰 성과를 내지 못할 것으로 예상된다.

전환기에는 정보네트워크 협동 필요

지역에서도 지식정보에 대한 관심은 노하우 시대의 거버먼트(government) 중심에서 노웨어 시대의 거버넌스(governance)로 바뀌고 있다. 그리고 노플로 시대의 네트워크협동에서 노노드 시대의 문화울력으로 지식정보 활용 패러다임이 바뀌고 있다. 여기에서 거버먼트라고 하는 것은 지식과 정보가 분산되어 있던 시절에 정부가 정보와 권력을 독점하고 권위있는 결정을 하면, 그것이 효율적이 었던(효율적이라고 여기던) 시대에는 최선의 방법이었다. 그러나 이제는 거버넌스가 더 효율적이라고 본다. 왜냐하면, 장소 기반적 지식의 공간적인 분포의 장점을 살려, 개별적 지식활용을 극대화하면 그것이 효율적이고 정의로웠던 시대의 방법 논리와 쉽게 접목될 수 있기 때문이다.

전환기 혼란을 틈타 정보의 홍수와 정보신뢰의 불안 때문에 최근에는 '정보의 바다'에서 '보고서 피로현상'(reporting fatigue)으로 기존조직 불신과 기피현상이 심화되고 있다. 대부분 정책개발에 활용되는 기존의 보고는 자기조직의 이익에 중점을 두고 방향을 잡는 연구들이다. 지금 의사결정지원시스템(DSS:Decision support system)이 고도로 발달되어 있고, 4차산업혁명기술을 활용하여 상황을 객관적으로 평가하고 최적대안을 개발하거나 미래 상황에 대한 대응전략의 개발은 물론 그 결과까지 예측할 수 있게 되었다.

또한 지역에서 발생한 문제대응형 전략 개발에 도움을 줄 의사결정 훈련프로그램 지원으로 결정은 매우 투명하게 이루어진다. 더구나 정책이나 전략에서 나타날 수 있는 불합리한 의사결정의 이유, 역사적 교훈, 미래예측 방법, 인지과학, 데이터 활용성, 비용편익분석을 매우 정확하게 나타내고 있다. 나아가, 집단지성, 윤리적 고려사항, 목표 설정, 리더십, 투명성, 참여의사결정, 조직개선 시스템, 우선순위 결정과정, 협동적 의사결정 등을 잘 알려주고 있다.

예를 들면, 최근에 심각하게 대두된 기후문제에 대하여 지역과 기업의 협력모델인 PPP(Public-Private-Partnership)는 유럽 선진국들에서는 실제로 많이 사용되고 있다. 주요 지방도시들은 정책형성, 비상업적 소집, 네트워크 등의 협력으로 이 문제에 민간과 함께 적극 참여한다. 그 과정에서 인큐베이션이나 훈련을 통해 혁신을 가능하게 하고 심지어 국제자금을 활용하여 지역 수준의 공공-민간 협력을 촉진하고 있다. 또 다른 예를 들면 지방도시가 폐기물관리 시범사업에서 혼합 소유권 회사와 협력한다. 이처럼 유럽이나 선진국 모델을 따르지 않고도 지방도시가 '기후행동계획'을 수립하는 경우도 있고, 폐기물, 수자원 분야의 기업을 참여시키기 위한 자체 전략을 세울 수도 있다. '기후변화 비즈니스 미팅'으로 알려지게 된 행사로, 관계를 강화하고 지자체가 투자를 우선시하여 그에 따라 준비할 수 있도록 민간부문의 역할을 만들어 내기도 한다.

3. 문화공유 맥락과 협력

문화거버넌스

지역에서 새로운 문화정책 의제채택, 정책형성, 집행의 효율화를 위해서는 관련참여자들의 협력으로 이뤄지는 거버넌스적 접근으로 추진하는 것이 효율적이다. 과거처럼 집행권을 갖는 공무원이나 의회가 중심이 되는 문화정책의제 발굴은 분권사회에서 적합하지 않은 접근이다. 한편, 외부 압력에 따른 불가피한 문화정책의제 채택은 다른 정책과정에서 쉽게 한계에 이르게 된다.

오늘날 많은 새로운 정책문제를 효율적으로 풀어나가고, 외부에서 주도하는 방식(outside initiative)의 정책의제 설정이 많아지면서 풀뿌리문화단체들의 역할이 중요해지고 있다. 기업의 역할이 커지면서 기업의 사회적 책임과 문화활동이 늘어난 것, 시민들의 소비자로서의 참여욕구 증가에 따라 거버넌스는 이제 당연한 문화정책 전략이다.

이를 위해서 공공부분과 민간부분의 협력을 끌어내기 위한 전략적 접근, 직간접 이해관계에 놓여있는 조직들이 다양한 네트워크를 이뤄 참여하면서 효율적으로 목적을 달성하도록 유도해야 한다. 지역에서 간혹 각종 문화운동가들이 이른바 문화권력으로 등장하면서 전문지식과 여론형성, 영향력 행사에 참여한다. 그런데 참여자들의 기술적 전문성과 창조적 전문성이 완벽히 구축되지 않은 채 수적 우세와 정치적 수단으로 참여하는 것은 거버넌스를 해치므로 경계해야 한다.

최근 문화정책을 대체할 수 있는 단체들이 늘어나 이를 적절히 활용하는 것도 효율적이다. 정부기관으로부터 독립성과 전문성을 갖는 기관, 자선단체나 비영리 시민단체들의 기업가적 활동, 민간 위탁들이 성공적인 사례를 만들어 내고 있다. 문화활동을 다른 사업에 접착시켜 수행하는 여성회관, 복지회관, 청소년회관은 다양한 방식으로 문화서비스 파트너로서 역할을 수행한다. 이들과도 효율적인 거버넌스를 이룰 수 있다.

이러한 관점에서 볼 때, 전환기 이전에 운용하던 문화협력 시스템은 이제 디지털 전환, 기술, 지속가능성 전략의 관점에서 재평가해야 한다. 다시 말하면 전환기 회복, 성장의 길목, 지속가능성이 결합되어야 한다. 이를 돌파하는 힘을 갖추도록 디지털 교육, 재교육도 비즈니스적 접근으로 필요하게 되었다.

그렇다면 구체적인 사업을 전개하면서 거버넌스는 어떤 가치를 갖고, 문화기획 단계에서 형성된 거버넌스는 어떻게 해야 하는 가의 문제를 리더십 관점에서 그 효율성을 재점검해야 한다.

지역 문화활동에서 미래를 이끌어 갈 지역 창발리더의 육성과 활용, 콘텐츠 인재는 중요하다. 여기서 인재에는 엔지니어, 기업 내 담당자, 콘텐츠 생산 경영자, 기업경영자도 포함된다. 이런 인재가 갖춰야 할 리더십 가운데 첨단기술, 다양성과 포용성, 벤쳐형 리더십, 창작자로서의 창작력에서 두드러져야 한다. 이러한 역량있는 리더들과 거버넌스를 추진함으로써 국제적으로 경쟁할 수 있다. 특히 프로듀서는 시대변화를 받아들이고 변화를 리드하며 거버넌스 중심에 서야 한다.

문화거버넌스 가치 제고

역사적 경험에 비추어 볼 때 문화거버넌스가 대두되는 것은 공공실패 때문에 필요한 시장 강조, 시장실패 때문에 검토하는 공공보완 필요성. 공공과 시장의 상호실패를 보완하기 위해서 논의한 것이다. 다시 말하면 문화거버넌스 가치를 제고시킬 목적으로 과거 경험과 새로운 환경수요를 반영하는 활동으로 구축하는 것이다.

사회환경 변화는 네트워크사회화, 복잡한 상호관계에서 확실하게 나타났다. 이에 따라 전략적인 변화도 불가피해서 전략적 효율화를 위한 관민연계, 전략적 파트너십으로 효율적인 행정을 도모하게 되었다. 정치권력에 새로운 활동가가 등장하여 시민단체 역할이 커지고, 기업, 지역사회 조직들이 활발하게 등장하여 협력하지 않을 수 없게 된 배경도 있다. 더구나 지역에서 문화활동의 특성이 바뀌어 협력적 공동생산이나 기업시민의 참여 기회, 문화단체 역할 강화, 활동의 글로컬화가 급속히 늘어나면서 활동주체들이 서로 협력하게 된 것이다. 또한, 문화산업화와 산업네트워크화의 진행으로 전략적 제휴가 필요하게 되고, 계약과 상호신뢰 바탕의 활동 자율성은 더욱 필요해져서 거버넌스의 가치가 더욱 높아지게 되었다.

이렇듯 네트워크 문화협동과 거버넌스가 실질적으로 가치를 높일 수 있는 분야는 사회자원 협력, 재정 협력, 중앙과 지방의 역할 배분과 협동 분야이다. 또한, 문화단체의 역할이 바뀌어 비영리단체가 사업단체(institution)를 병행하거나, 집합적 공공재를 활용하는 포괄적 단체가 등장하면서 가치를 높이고 있다. 이와 관련해서 '네트워크 경영'이라는 개념도 등장하는데 이는 단체의 기업적 경영이나 문화커뮤니티 비즈니스, 문화공공비즈니스 개념을 포괄하는 것이다.

이러한 활동은 과거 거버먼트 중심으로 추진하던 소극적 관점에서, 보다 적극적 관점으로 전환해야 할 필요성이 커지고 있다. 거버먼트보다 거버넌스가 더욱 강력하게 필요함에 따라서 앞으로는 또 다른 새로운 방법도 등장할 것으로 본다.

논리적으로 보면 기존에는 이러한 거버넌스를 문화협동, 시민참여, 기업시민론, 문화울력론, 민간활력 활용론 개념으로 사용했었다. 이들은 공통적으로 최소국가론의 입장에서 문화예술활동에 대한 '간섭없는 책임지원', 국가개입 최소화를 기본으로 추진했었고 지금도 중앙 - 지방 모두 문화예술지원의 원칙으로 작용하고 있다. 이제는 좀 더 강력한 거버넌스 대체유형이 등장하는 추세이다. 예를 들면, 거버먼트와 거버넌스를 결합한 형태로서 '예산주민참여제'의 도입을 볼 수 있다. 지방분권이론에 비춰보면, 이들은 지방정부예산을 정치권력 유인용으로 쓰는데 대한 주민참여형 신직접민주주의 현상으로 볼 수 있다. 다시 말하면, 거버먼트의 정부실패에 이은 거버넌스의 시장실패를 경험하고 비로소 만들어 낸 예산편성을 주민과 정부가 공유하려는 움직임으로 이해할 수 있다.

이제 코로나19팬데믹을 경험하고 난 지금, 새로운 관점에서 지역 내외간 협력과 거버넌스가 중요해졌다. 기존의 업무 성과영역을 완전히 융합하여 새 판을 짜는 추세이다. 예를 들면, 과학자, 의사, 언론인, 정치인, 기업인들 영역에서 거버넌스가 일어나고 있다. 이 현상은 바로 협력적 추진 없는 자칫 집단마비를 초래할 수도 있고 사회발전의 발목을 묶어둘 수도 있기 때문이다. 아마도 경제력이 있고 관련기술이 앞서는 지역이나 정부가 리더십을 포기하고, 인류의 미래보다도 자기지역의 안정만 높이려하는 경우 긍정적인 관계를 오염시킬 것이기 때문인지도 모른다. 이제는 인류가 지구적 분열로 심각한 위험을 깨닫는 데 도움이 되는 거버넌스를 이끌어 내야 한다. 전혀 다른 새로운 거버넌스와 그와 연관된 리더십이 생겨나야 비로소 지속발전이 가능하지 않을까 생각된다.

협력파트너 커뮤니티

원래 공공문화정책은 주체가 중앙정부든 지자체든 사회 전반에 걸쳐 맥락성을 유지하는 데 특히 유의해야 한다. 그러므로 우선 정부가 앞장서서 해야 할 일과 민간이 협력파트너로서 해야 할 일을 설정해야 할 것이다. 그런데 공공기관은 맥락성에 대하여 늘 책임있게 유지하고 있다고 하는 '무의식적인 확신'을 갖고 있다.

새로운 기술들이 사회 모든 영역에 급속하게 확산되면서 맞게 된 전환기에 지자체 의 공공문화서비스도 영향을 받는다. 이 기술들은 대개 개방적이고 유연한 기술로서 가속 확산되었는데 이에 대하여 공공은 유연성이 낮고 민간은 높은 편이다. 이런 점에서 볼 때, 공공문화활동의 대부분이 4차산업혁명기술의 영향을 받아들이지 않을 수 없다고 본다. 또한 사회일반의 현상인 기술지체현상이 두드러지고 있어 '맥락과 협력'을 유지하는 데 새로운 과제로 등장하고 있다. 그 결과, 전반적으로 사회문화 시스템의 효율성은 개선되고, 공공역할 변화보다 커뮤니티가 폭 넓게 상대적으로 유리한 점이 많아졌다. 이에 따라 공공문화활동 내용과 역할이 크게 변하고 있다.

이런 기술을 기반으로 하는 광폭 협력(mega cooperation)이 가능해지면서 지자체는 상대적으로 불리해지고, 공공의 역할도 점차 무력해지고 있다. 비유하자면, 블록체인 기술때문에 은행의 기존역할이 무력화된 것과 마찬가지이다. 또한 정부가 새기술을 신속하게 채택하기 어렵고 느리게 멈칫거리는 사이에 아날로그적 서비스 품질에 대한 시민들의 인내심은 소멸되고 만다.

이제 공공부분은 직접 수행이 어렵거나 기술수용이 불가능한 업무는 '외부화'해야 한다. 문화부문 노동시장 불안, 자산분배의 변화로 혼란이 생겨 사회문화적 응집력을 강화시킬 필요가 커지고 있다. 또한 이러한 변화가 마찰을 일으키고, 사회문화적 잠재영향을 파악하여 시민, 기업, 커뮤니티와 맺어가는 새로운 관계에 대비해야 한다. 이제 빅데이터 거버넌스도 중요하므로, 지방정부가 시민 안정성과 공공성 보장, 커뮤니티에 권한을 부여하는 신기술 통합에 나서야 한다.

나아가, 정보거버넌스의 여건과 관리에 관한 문제가 새로 등장하였다. 지식정보사회에서 대부분의 사업들이 정보 관련성을 벗어날 수는 없다. 다만 한정된 자원으로 효율적인 접근을 위해서는 유통측면에서 어떻게 효율성을 높일 것인가. 이러한 분야에 대한 시장 예측은 그리 쉽지 않기 때문에 거버넌스가 특정형태로 고착되기는 어렵다. 다만, 정보화의 진행으로 문화예술 대량생산과 대량소비, 관계자들의 적극 참여 시스템화로 시장을 미리 내다보는 역량이 매우 높아졌다. 이러한 정보환경에서 유통은 언제 어디서 어떤 방법으로 누구든 접속 가능해졌다. 문화상품 시장에 관련된 모두가 참여하는 현실때문에 거버넌스의 고유한 유형이 오히려 존재하기 어려울지도 모른다.

지식정보 소비와 관련해서 문화소비자들의 소비호혜성을 보장하는 문제도 지역의 콘텐츠 활성화를 위해 주의해야 한다. 이른바 지식은 권리라기보다 공유물이라고 하는 '지식공유론' 인식이 기본적으로 확대되어 있다. 그러므로 정보의 대등한 소비, 호혜성 보장으로 정보격차와 정보권력화가 생겨나지 않도록 공공이 보장해야 한다. 쉽게 보면 강력한 정보교환 도구를 모두 소장하는 소비자들이 스스로 자기 이해에 도움되도록 관리하므로 갈등은 심하지 않을 것으로 볼 수도 있다. 또한 소비자들에게 통찰력을 자극하고 정보파급력을 높여주게 되므로 콘텐츠기술 발달로 콘텐츠 창조의 민주주의가 실현되는 것이 그리 어렵지 않을 수도 있다. 그러나 온라인에서 콘텐츠 무료보급이 늘어나고, 대중의 힘으로 정보공유와 무료화가 늘어나면서 수익모델이 줄어드는 환경이 만들어지고 있다. 따라서, 오픈 소스화가 되지 않으면 정보서비스는 한계가 생기므로 공공역할이 상대적으로 더욱 중요하다. 특히 정보네트워크 방식에 변화가 불가피하다고 본다.

커뮤니티 전략

공공의 역할변화로 문화협동이 중요해졌는데, 협력파트너로서의 커뮤니티는 어떻게 전략적으로 대응할까. 우선 커뮤니티는 문화전략에서 어떠한 의미를 갖고, 정부 공공성을 보완하는 파트너로서 커뮤니티활동을 기대할 수 있는가. 커뮤니티에 대한 공공성 기대는 공공행정과 커뮤니티가 협동하여 공공문화행정의 한계를 보완 대체할 수 있는 전략이 되는가에 중점을 둔다. 특히 공공행정이 무력화될 때 활성화되면서 주민생활서비스를 자발적으로 충족키 위해 커뮤니티가 구성되고 있다.

지역문화활동에서 커뮤니티를 몇 가지 유형으로 나눌 수 있다. 우선 지연(地緣)커뮤니티로서 거주지역에서 관습적으로 활동하는 커뮤니티이다. 또한 정책커뮤니티가 있는데 이들은 특정 정책 목적을 중심으로 활동하고 있다. 문화예술에서 활동하는 테마별 커뮤니티는 문화예술 장르나 분야별로 활동하고 있다.

커뮤니티는 전환기에 공공행정 역할이 변화되거나 축소될 때, 역할을 새로 생성하고 활동하면서 등장한다. 대개는 경제, 고용, 시민생활, 복지에서 우선 형성되고 있다.

문화예술분야에서 활동하는 커뮤니티는 관광, 생활문화 동호회, 주민 상호협력의 자생 문화단체, 공공 문화시설기반 동호회로 활동하고 있다. 일본 유바리시가 파산으로 공공역할을 못하고 있을 때 커뮤니티들이 나서서 지역문화활동을 전개한 사례가 있다. 예를 들면, 시민회관 운영, 판타스틱 영화제, 도서관 기반의 어린이문화모임, 관광연락회의를 만들어 지역활력을 재창조하도록 활약을 했었다.

이러한 커뮤니티가 사회적 자본(social capital) 증진에 기여하여 공공성 제고에 도움이 되도록 기능할 수 있는가? 커뮤니티와 사회적 자본과의 관계는 미래사회에서 사회적 자본이 얼마나 중요한가에 관련되어 있다. 미래사회의 모습은 핵가족화, 인간관계 희박화, 지역커뮤니티 쇠퇴 진행으로 나아가고 있다. 더구나 사회문제는 복잡 다양화되고 있어서 행정협동과 사회적 자본이 더 중요해진다. 이때 사회적 자본이 풍부하다면 이러한 우려는 좀 더 줄어들 수가 있다. 특히 신기술을 활용하면서 시민생활 수준이 향상되고 사회적 자본을 기반으로 활성화가 가능하다고 본다. 우리 지역사회에서 사회적 자본은 특수한 입장을 지니고 있다. '나'와 '우리'에 대한 인식은 농경사회의 유전적 특징이 아직 남아있어 결정적인 순간에는 쉽게 하나로 인식된다. 지역에서 커뮤니티활동은 이론적으로나 현실적으로 커뮤니티활동 과정에 대폭 생겨나고 돈독해진다. 결국, 지역 커뮤니티활동으로 만들어진 '관계'를 사회적 자본으로 이어간다면 협력적 네트워크에 크게 기대를 할 수도 있다.

커뮤니티와 사회적 자본의 관계에서 호혜성 관계가 매우 중요하다. 농경사회가 아닌 4차산업혁명 시대에도 이러한 우리 사회의 특성은 여전히 유효하게 작용할까? 아직까지 우리 사회에서 진행되는 커뮤니티활동은 사회적 네트워크와 사회적 자본 증진에 기여하고, 협력파트너로서 함께 정책네트워크로 활동하고 있다. 이러한 순기능적 연계가 이어진다면 결국 지역사회 속 인간관계 증진, 수평적 네트워크 증대를 이어주는 연결다리로 기여한다고 본다. 여기서 중요한 신뢰는 세상에 대한 신뢰, 타인에 대한 신뢰를 포함한다. 호혜적 규범은 의식과 행동에서 호혜성을 바탕으로 호혜성 기반의 참여활동까지 연계된다.

이러한 관계를 활용하여 진행되는 사회문화활동에는 생활문화공동체 활동, 지역축제,커뮤니티 아트. 문화행사, 시설건립과 활용, 문화사업 의사결정, 재정 마련이 있다. 그밖에도 문화예술교육, 문화산업 지역클러스터 운영 등에도 긍정적인 영향을 미친다.

그런 점에서 사회적 자본과 사회문화활동은 서로 기여하도록 전략을 짜서 추진해야한다. 개념적으로 사람들의 협조적 활동을 활발하게 해서 사회의 효율성을 높이며, 사회조직을 신뢰, 호혜규범, 네트워크로 특징지어 가는 활동을 만들어 추진하는 것이다. 이런 점에서 실제로 활동하는 사례는 연결다리 역할을 하는 스포츠, 취미, 오락 활동에서 먼저 활동하는 것이 좋다. 지역연계활동으로 추진하는 마을만들기 사업 추진에서도 사회적 자본이 증진되는 사례를 많이 볼 수 있다.

결국 지연관계 희박화에 따른 사회적 자본감소 가능성을 커뮤니티 활동으로 재조직화하고 지역을 활기차게 하는 데 결정적으로 도움이 된다. 또한, 사람들의 공동성(유대감)으로 윤리 증대, 공공성 확충, 사회병리 감소, 포용성 증대도 기대할 수 있다.

11장 창발적 혁신

1. 창조성을 넘어서

지역사회는 새로운 모습으로 바뀌고 지속발전할 것을 기대한다. 우선 문화적으로는 축적, 전달과 교류, 창조적 부가기능을 갖도록 하는 것이다. 또한 사회적으로는 문화를 통해 사회를 고도화시키고 풍부한 문화에 충실한 인간활동을 유지하는 지역으로 만들며, 인간적 감성이 풍부한 안식처로 사회를 바꿔가는 것이었다. 그리고 산업경제적으로는 '돈이 최고'인 도시에서 '사람의 창조성을 높이 사는' 시스템으로 바꾸는 것이다.

'창조도시론'이 남긴 것

도시를 사회문화적으로 혁신하려는 지역문화전략 연구에서는 '창조도시 모델'을 제시하고 논의했었다. 여기에서는 문화예술을 활발히 창조하고, 새로운 산업으로 창출하는 데 주안점을 두고, 그에 덧붙여 커뮤니티를 재창조하려는 목적으로 여러 분야 융합연구를 진행했었다.

이런 연구들은 모든 시민들이 활발하게 창조성을 발휘할 수 있는 사회를 실현하려는 데 목표를 두었다. 이를 위해서 우선은 문화적인 생활에 필요한 기초 소득(basic income)이 보편적으로 보장되는 제도를 실현하는 정책으로 접근했다. 이러한 바탕에서 사회문제를 해결하도록 지식정보사회에서 발생하는 격차의 극복, 급속한 글로벌화가 가져온 이주난민문제 해결, 사회포섭형 창발도시 모델을 설득력있게 제안했다.

지역사회에서는 이를 받아들여 네트워크 전략으로 추진했다. 주로 도시지역에서, 문화와 산업의 창조활동을 펼쳐서 혁신적이고 부드러운 도시경제 시스템을 만드는 전략을 개발했다. 다시 말하면, 문화를 통해 주민 자발성을 이끌어내고, 관료·단체·협동조합이 네트워크를 이뤄 창조적인 도시를 만드는 것을 말한다. 여기서 네트워크를 이루어 추진한 것이 도움이 되었다는 데 주목해야 한다.

예를 들어, 캐나다 창조도시는 네트워크 활동으로 지역경제, 도시재생, 공동체 강화, 거주자 긍지부여, 공동체의 긍정적 변화, 삶의 질과 장소 개발, 개인과 청소년의 발전과 같은 여러 측면의 효과를 거두었다.

창조도시론은 논의 중점을 어디에 두는가? 기존에는 기업 중심 표준화, 인센티브 중심의 국가주도적(top-down) 개발전략에 두었다. 그런데 최근에 변화를 보여, 잠재력에 착안한 '융합적 발전론'으로 바뀌고 있다. 글로벌화와 동시에 진행하되 지리적 특성에 집중하여 숙련노동자, 기술 집적, 공간적 근접, 거래비용을 축소하는 지역전략으로 현실화한 것이다.

이런 창조산업론에서 논점이 변화되었다. 처음 창조도시론을 제시할 때는 창조적 산업조직을 갖추도록 수직 통합을 수평적 네트워크로 개편해야 한다고 강조했었다. 단순히 지리적 장점을 살린 집중형태에서 벗어나서 업무기능적으로 네트워크를 유도해야 효과가 크다고 본 것이다. 따라서 전략적인 기조로 내세웠던 분야는 창조성을 중심축으로 하는 창조산업이었다. 그리고 창조성 활동을 지원하고 문화의 사회적 순환을 강조하였다. 또한, 지역공간에 새로운 인프라를 구축하고, 투자를 이끌어 내는 활동 시스템을 갖추는 정책을 적극 추진했다. 이렇게 창조성의 논리를 '문화적 개체화의 단위'인 지역에 적용하여 새롭게 가꾸는 것이 바로 창조도시 만들기였다.

시스템 보완

창조도시는 무엇을 어떻게 시스템으로 갖추었을까? 우선 지역문제 해결능력을 높이고, 관련사항들을 연쇄적으로 시스템화하는 것이다. 여기에서 시스템의 핵심은 문화와 산업에서 창조적·혁신적·유연한 경제시스템을 갖추는 데 두었다. 그 출발점을 예술활동이 갖는 창조성에서 찾지만 자유로움과 문화인프라 기반의 혁신으로 산업을 키우고, 사회문제에 대응하는 과정을 거친다. 줄여서 말하면, 창조적 문제해결 능력을 키우고, 그 연쇄반응으로 기존 시스템을 변혁하는 것이다.[73]

창조적인 지역개발 프로젝트에 거는 기대가 컸지만 현실적

---

73) 이러한 사례는 유럽의 도시계획에서 찾아볼 수 있다. 창조도시론에 바탕을 두고 추진한 이탈리아의 볼로냐같은 곳이 성공한 사례이다. 유럽 창조도시들은 러스킨(J.Ruskin)의 예술경제학, 모리스(W.Morris)의 예술공예운동론, 멈포드(L.Mumford)의 도시의 문화이론에 바탕을 두고 시작하여 전략적으로 추진한 것들이다.

으로는 사업재정의 벽이 높았다. 재정 마련의 논리와 실리를 위해 어떤 시스템을 보완했을까. 창조도시정책 사업은 프로젝트 중심이며, 도시재생이나 창조도시관련 자원의 동원과 활용에 중점을 두고 추진한다. 여기서 도시재생에 관련된 도시계획, 사회참가, 고용촉진 사업들이 주축을 이뤘다. 특히 지역의 재정 지출방식을 재검토해서 재정적 문제를 해결하며 추진했다. 지역재정은 지역 간 빈부격차의 심화에 따라 발전의 걸림돌이 되므로 적절한 조정이 필요하다.

> **공적 지원의 효과**
>
> 지역재정을 통한 공공지원은 문화예술의 사회가치를 증식시키는 효과가 있다는 논리로 오랫동안 논의되어 왔다. 예를 들면, 시장실패 보완에 관련된 보몰과 보웬의 '비용골병론'이 있다. 또한 지원을 하면 사회문화적으로 지역가치를 높인다고 실리적 측면을 강조했다. 예를 들면, 멋진 지역사회를 후손에게 남겨주고, 지역경제 위상을 높인다는 것이다. 그밖에 자유로운 교육, 예술참가에 의한 사회발전, 예술적 혁신으로 생긴 편익, 옵션가치, 존재가치, 사회적 감성과 창조성에 의한 지역활력을 위해 재정을 배분한다는 것이었다. 그러나 한편으로는 공공지원에 대한 반대논리도 함께 거론되었다(이흥재, 문화예술경제학, 2000). 보수적 관점에서 정부지원에 상응하는 외부편익은 없으며, 정부는 '바람직한 예술' 구분 능력이 없기 때문에 공공의 예술보조는 실질적으로 독이 된다는 논의도 있었다 (Earnest Hagg, Edward Banfield).

지방분권사회의 재정지원 방식에 대한 이러한 관점은 나라마다 다르게 인식되고 제도화에 영향을 미쳤다. 미국은 예술이 국가정체성 형성이나 유지에 별 도움이 되지 않는다고 보므로 타당한 논의로 간주했다. 그러나 행정국가 관행이나 역사가 깊은 우리는, 재정분권론(fiscal decentralization) 관점에서 지원방식의 문제를 개선하고 활동에 필요한 실질적인 도움을 만들어 내야하기 때문에 적절한 논의로 보고있다. 결국 재정이 제한적인 상황에서 기존 단체 지속지원과 신규 지원단체의 확대, 엘리트주의와 대중주의, 단체지원과 개인지원 가운데서 가장 합리적인 선택은 무엇인가를 오랫동안 실험해 왔다.

지역에 대한 재정분권 또는 보조방식의 문제를 개선하기 위해서 매칭 그랜트(matching grant)방식도 공동재원 마련의 본래 정신으로 가야한다는 논의가 설득력을 얻었다. 미국에서 일부 시행된 적 있었던 챌린지보조사업(challenge grant program), 역대응보조금(reverse matching grant) 제도들이 자극을 유발하려는 제도로 제안되기도 했지만 채택되지는 못했다(이흥재, 2000).

중견중소기업이 일으킨 혁신

지역발전을 주도적으로 이끌어갈 기업의 여러 활동 가운데서 지역창조론(창조도시론)을 논의할 때 대기업이 아니라 특정 분야의 중소기업들을 대상으로 했다(제인 제이콥스, 서은경역, 2004). 중소기업들은 '유연한 기술'을 사용하고, 숙련된 기술을 유지하였다. 그리고, 대량생산 시스템시대에 나타나는 일반적 모습이었던 시장, 기술, 공업사회의 계층구조를 획기적으로 재편성하며 혁신적인 지역 변화를 추진했다.

그리고 장인기업과 중소기업들은 네트워크형 밀집을 이루고 활동했다. 대규모의 중소기업들은 공생관계, 직장 이동의 편리, 경제성, 유연성, 효율성, 훌륭한 적응성 등을 발휘했다. 이 과정과 성과를 가져온 또 다른 배경에는 수입대체에 의한 독립적인 발전, 혁신(innovation)과 임기응변의 즉흥성(improvisation), 그에 따른

경제적 자기수정 능력이 자리하였다.[74]

이렇게 밀집한 중견중소기업들이 창조도시에서 획기적으로 변화를 일으킨 힘은 어디에서 나왔을까? 비록 중소기업이었지만 대기업에는 불가능한 수정방식을 개발하여 대량생산 시스템에 적용할 정도의 중견기업이었다는 점이 특징이다. 그 결과 중견기업으로서 유연하고 새로운 변화를 획기적으로 가져올 수 있었다. 결국 창조도시는 탈대량생산 시대에 유연성이 풍부하고, 혁신적인 수정 도시경제 시스템을 갖추면서 성공한 것이다.

창조도시를 자리잡게 한 또 다른 공로는 클러스터를 기반으로 하는 활동이었다. 여기에서는 '산업조직의 변화와 창조적 클러스터'가 함께 작동한 것이다. 수직적 통합에서 수평적 네트워크로 가져간 변화에서 실마리를 잡은 정책 전환인 것이다. 창조산업은 창조성을 바탕으로 하여, 지적재산권을 구체화하고 상징적 의미를 전달하는 문화적 재화나 서비스들이다. 이들은 한 곳에 밀집되어 서로 협력하며 생산하는 구조로 활동한다. 예를 들면, 할리우드 영화산업, 신문, 잡지, TV, 출판 분야는 중견중소기업들이 밀집하여 이끌어 갔다. 클러스터는 직원 모집이나 경쟁자 관찰, 기업 스타트업, 새 비즈니스와 아이디어 수집에 효과적이다. 또한, 공통 미팅 공간, 공급자나 관련서비스 접근 촉진, 지식정보나 전문가 네트워크가 쉬우며, 프리랜서와 기업의 연결이 쉬운 것이 장점이다(이흥재, 2011).[75]

이러한 서구의 창조도시론은 우리 '지역창조론'에 얼마나 도움이 될까? 여기에서 살펴본 창조도시론에서 우리가 지속 관찰해야 할 점은 문화의 창조성을 살리는 산업, 분권형 재정시스템, 중견

74) 수입대체란 선진기술을 다른 지역에서 배우고 그것을 흡수해 독자의 기술체계로 다른 기업과의 연관성을 풍부하게 하면서 지역 내 시장을 우선적으로 발전시키는 방법이다. 즉흥성이란 재즈의 즉흥연주처럼 조건변화에 재빠르게 유연하게 대응할 수 있는 능력이다.

75) 스웨덴 스톡홀름의 음악산업은 질적으로 큰 영향을 미쳤고, 국제경쟁력을 높인 것으로 나타났다. 이런 경험을 바탕으로 문화산업 클러스터가 기업 실적과 질적 성장에 영향을 미치는가를 연구 분석해야 한다.

중소기업의 혁신 역할이 어떻게 뿌리내릴 수 있게 시스템을 만들 것인가 하는 점이다. 이를 위해서 지역에서 창조성이 꽃피고 창조 가치를 찾고 키울 생태계를 가꿔야 한다. 그리고 창조지역으로 나아가는 데 필요한 로컬리티 자원을 발굴하고 활용해야 한다. 다시 말하면, 창조지역에 관련된 문화예술의 가치를 찾아 확산시키면서 관련시스템을 마련해야 한다. 또한, 기본적인 문화예술시장이 발달되어 자원이 원활하게 거래되고, 문화의 창조성을 살리는 산업이 발달되어 지역발전의 축으로 활용되어야 한다. 이러한 활동이 가능하도록 정책 개입을 위해 정부재정 시스템을 분권형 네트워크로 조정해야 하고, 창조적 프로젝트 등 문화사업을 추진하면서 재정 분권을 실천해야 한다. 결국, 지역 창조가 이뤄지도록 여건을 조성하기 위해 시장 발달, 창조산업화 정책시스템, 재정시스템 개선, 창조적인 사업(창조프로젝트, 사회참가와 고용촉진의 도시재생)을 정책적으로 추진해야 한다.

그리고 창조지역경제 기반을 재구축할 때 창조적인 지역문화와 문화정책이 어떠한 역할을 할 수 있을지, 새로운 창조지역 산업에서 IT나 멀티미디어산업 기술이 지역경제 전체를 얼마나 활성화시킬 것인지에도 주목해야 한다. 이러한 문제의식에서 창조지역 성격과 창조적인 예술활동이 지역경제에 어떻게 지속해서 영향을 주고받는지 살펴봐야 한다.

사회문화적 유동성

창조성이란 "공상이나 상상보다도 실천적인 지식(intelligence)과 혁신이 공존하는 것"을 뜻한다. 이는 예술문화와 산업경제를 연결하는 적극적 맥락으로 해석하면서 지역사회에서 창조성의 역할을 자리매김 한다.

창조성을 지역발전에 적용시키는 논의는 이론적으로 매우 훌륭하다. 그렇지만 창조도시론에서 보았듯이 정책으로 구현할 때는 현실적 제약이 많다. 창조지역론을 좀 더 압축적으로 표현하자면, 지역적 특성을 고려하고, 지역의 사회, 문화, 제도적 차이를 활용한 발전론이다.

지역에서 창조성이 중요하게 적용되고 발전에 연결되도록 하려면 경제, 문화, 조직, 금융 분야에서 차례로 연쇄반응이 일어나야 한다. 그리고 이를 바탕으로 기존의 시스템을 변화시키는 유동성이 활발해야 한다.

여기에서 강조하는 유동성이란 창조적인 문제해결로 나아가도록 사람, 창조적 기술, 환경의 변환을 뜻한다. 다시 말하면, 정보와 커뮤니케이션 시스템, 문화와 예술의 다양성, 교육시스템, 자극적인 환경, 사회적 안전, 소동이나 불안 상태에서 계속 개방해야 한다. 여기에서는 당연히 문화인프라와 문화활동으로 사회유동성을 키우는 것이 초점으로 자리 잡는다.

그러므로 지역네트워크도 집단적 창조를 만들어가는 것이라야 의미가 있다. 다시 말하면 집단적 창조가 이뤄지고 지속될 수 있는 시스템을 잘 갖고 유동성을 부여해야 한다. 또한 집합적 창조성을 담보하도록 비영리단체의 네트워크를 구축하고, 지역재생의 사회문화운동을 펼치는 시스템으로 접근해야 한다.

그런데 이러한 방식의 창조지역 만들기에서 유의할 것은 창조성과 시장(생산자, 소비자) 사이에서 생기는 딜레마를 어떻게 처리하며, 창조성과 정부지원 간의 딜레마도 어떻게 신축성있게 운용할 것인가 하는 점이다.

이 딜레마는 '정부의 통치가능성' 정도에 따라서 기획거버넌스 강약 조정방식으로 대응할 수 있다. 예를 들어 일사불란한 집권적 집행방식이 필요할 때는 정부통치성, 정부주도성이 요구되지만, 다양성이 존중되는 문화부문에서는 거버넌스가 중요하다. 정부통치 가능성이 높은 개발도상 사회에서는 시민사회의 발달 정도에 따라서 기획거버넌스를 적절한 수준에서 조정해서 더 좋은 결과를 가져올 수도 있다(정용덕 역, 2003).[76] 결국, 창조지역을 위한 문화기획 거버넌스는 정부와 사회구성원들이 서로의 관계를 정립하며, 가치를 권위적으로 배분조정하고, 총체적으로 공존하는 해답을 찾는 과정을 지속적으로 이어가도록 하는 어려움을 극복하는 무한 유동성을 가져야 한다.

창조지역의 기획, 혁신 전략을 선택하기 위해서는 현재와 진행 단계의 수준을 유동성 있게 판단하고 조절해야 한다. 그렇다면 창조지역의 창조성이 높고 잘 이어지고 있는지 그 모습을 보는 일종의 지표는 무엇인가? 창조성이 잘 발현되는 지역에서는 사회문화적으로 어떤 요소가 돋보이는가? 일단, 이를 창조도시론을 참조해서 만들어 볼 수가 있지만, 이것만으로는 부족하다. 예를 들면, 홍콩의 경우는 창조지수(The Hong Kong, Special Administrative Re-

---

76) 예를 들면, 과거 프랑스에서는 기술적으로 탁월한 정부를 인정하고 낮은 기획거버넌스를 존중하는 방식으로 대응했다.

gional Government, 2004)를 만들어 적용하였다.[77]

이러한 지표 외에도 발전과정에 있는 지역이나 중소지역의 경우에는 창조 전문인력을 중요하게 다룬다. 따라서 혁신적인 지역 리더의 활동, 지역창조 활동가의 노력, 창조전문 인력을 충분히 확보하여 창조지역에서 중요하게 존중해야 한다.

2. 창발성 가치 내재화

창발성 논리와 기조

창발성(emergence)이란 무엇인가? 전에 관찰되지 않았던 것이 시스템 전체적으로 새로 생겨나는 것을 말하며, 기존 개체들만으로는 도저히 생겨날 수 없는 것이 전체적인 상호관계 속에서 생겨나는 현상과 질서이다. 이러한 질서의 출현을 창발적이라고 한다. 다시 말하면, 어떤 구성요소들로 이뤄진 조직체에서 개별요소들이 갖지 못한 특성이 전체 구조에서 돌출적으로 나타나는 것을 말한다. 새로운 현상이 생겨나는데 그 결과 나타난 것들 전체가 기존의 부분들 모두를 모은 것보다 더 크게 나타나는 현상이다.[78]

서로 비슷비슷한 창의성, 창조성, 창발성 개념을 논리적으로 명확히 정의하기는 어렵지만 이해할 수는 있다. 창의는 전에 없던 새로운 생각을 말하며, 이러한 창의성을 갖고 전에 없던 작품이나 물건을 만들었을 때 창조라고 한다. 창발은 예를 들면 다양한 쇳조각으로 자동차를 만들거나 스마트폰을 조립하는 정도의 창조성을

---

[77] 산출(outcomes of creativity)부문에서는 창조성의 경제적인 기여 측면, 경제부분에서 창조적인 활동, 경제 외적 측면에서 창조적인 활동에 관련된 17개 지표를 개발해서 적용했다. 그리고 구조와 제도(structural Institutional capital)에서 법제도 측면, 표현의 자유, 기업환경, 기반시설 관련 지표 23개를 개발했다. 그리고 인적자원(human capital)으로 R&D, 교육비용 지출, 지식인의 비중, 관광객과 외국노동자 수와 같은 지표 11개를 사용한다. 또한 사회지표(social indicator)로서 사회자본, 규범과 가치 네트워크의 질, 사회참여 네트워크 질에 관련해서 21개를 지표로 사용한다. 끝으로 문화적 자본(cultural capital) 지표로 문화체험, 규범과 가치태도, 환경요소, 문화적 참여에 관련된 16개를 활용한다.

[78] 이론적으로는 "전체가 부분의 총합 이상이 되는 현상"으로 단순 정의한다.

말한다. 여기서 중요한 것은 자동차를 다시 분해하여 쇳조각으로 되돌려 쓰는 '요소의 환원'이 일어날 일이 없다는 것이다.

전환기 복잡한 사회에서는 이런 현상을 매우 중요하게 보아야 한다. 전환기 소용돌이 현상 속에서는 수많은 일들이 생겨나는데 이 때 몇몇 분야가 서로 융합하여 창발적인 현상이 나타날 수 있다. 그리고 공진화하기 위해서 창발성을 전략적으로 활용하기도 한다.

이런 창발성 현상이 적용되는 시스템이나 공간을 엮어서 본다면, 지역창조에서 더 특별히 중요하게 살펴봐야 한다. 단순화시켜서 '창조 + 맥락'의 관점에서 본다면, 창조지역의 문제해결 전략으로 우리가 살펴봐야 하는 개념이 바로 창발성이다.

전환기에 창발은 왜 중요한가? 새로운 환경변화를 맞이하는 전환기에는 새로운 여건 속에서 질서가 만들어 진다. 진입과 퇴출, 장벽과 열림, 기회와 위기가 한꺼번에 생겨나고 사라진다. 이런 상황은 혼란이라기 보다는 돌파구나 출구 모색의 기회이다. 가치 우선순위가 바뀌거나 가치전환이 생기면서 창발이 일어나기 좋게 만들어 진다.

한편, 이러한 창발이 지역사회에서는 어떤 의미를 갖는가? '창발하는 지역사회'에서는 서로 연계된 개체가, 상호작용하면서 개별가치의 단순한 총합을 넘어서, 네트워크로서의 가치가 생겨난다.

지구 생태계에서는 각자가 자기 목적을 위해 행동하고 있음에도 불구하고 그것들은 서로 연결되어 있어서, 전체로서 아름답고 조화로운 공존·공생관계가 성립된다. 여기서는 개별 생물의 의도를 넘어서, 자기 조직적이고 창발적 가능성이 존재하고 있다. 그

것은 기술이나 경제의 진화에도 적용될 수 있는 법칙이다.

그렇다면, 지역에서 미래지속 발전 또는 공진화 발전을 위해서 창발을 어떻게 전략적으로 유발할 것인가가 중요하다. 다시 말하면 전략적으로 창발유발 조건을 만들어 내는 것이다. 창발유발 조건은 무엇인가? 우선, 자율적이고 내발적으로 행동하는 다양한 개체(요소)가 있어야 하고, 그들 사이에서 상호작용이 생겨나는 것이 전제가 되어야한다. 이때 다양한 요소들은 고정되어 있지 않고, 새로운 요소가 항상 진입 가능하도록 열려있어야 한다. 그렇지 않으면, 그 커뮤니티가 균질화되고 다양화되지 않기 때문이다. 그 과정에서 주체들의 다양하고 복잡한 상호작용 관계를 넘어설 때 갑자기 네트워크로서의 가치, 보다 상위의 질서가 생겨나게 된다.

이때 새로운 질서는 구조상으로 보면 상위에서 나타나는데, 이는 하위레벨로 환원될 수가 없다고 본다. 그러한 창발을 의도적으로 확실하게 계획해서 일으키거나, 그것을 예측하기는 매우 곤란하다. 그러나 몇 가지 조건이 존재하는 이상, 창발을 유발하는 공간을 설계하는 정도는 가능하겠다.

여기에서 창발전략의 핵심은 '플랫폼 설계'이다. 플랫폼이란 제3자 간의 상호작용을 가능하게 하는 장(기반)이다. 모든 사람이나 단체가 기술적으로는 커뮤니케이션이 가능하더라도 인센티브가 없다면 커뮤니케이션이 일어나지 않는다. 창발 플랫폼에서는 지금까지 연계되지 않았던 사람들을 연계하기 위하여 인센티브를 설계하고, 신뢰를 담보한다.

창발성 기조

여기에서 또 하나 주목할 점은 창발성이 관계 속에서 만들어 진다는 점이다. 창발성의 관계적 측면, 관련된 사회문화적 측면이 중요함을 새삼 알 수 있다. 창발이라는 개념 자체가 '연결된 개체'가 상호작용을 일으키는 네트워크로서의 가치를 만들어 내는 현상이라고 보기 때문이다.

이와 관련해서 지역사회에 각 개체적 활동만으로도 훌륭한 존재가 많지만, 전체적으로 연결된 아름답고 조화로운 공생관계가 성립되고 공진화될 기회도 많다. 개별 주체의 의도를 넘어서서 자기 조직적으로 창발적인 법칙성이 존재하는데, 이는 사회조직단위들의 기술이나 경제적 진화에 적용되도록 마련되어야 한다.

지역에서 창발적 가치를 증진시키기 위한 전략으로 지역문화자원의 가치적 접근과 이동을 기획해야 한다. 이러한 가치 내지 창발가치 층을 쌓으려면 창발성을 지역문화정책의 기조로 삼고 지속발전 전략을 기획해야 한다. 이때 중요한 것은 가치공감이 확산되어 있어야 한다는 점이다.

지역은 창발적인 활동을 경험하면서 가치들을 쌓아가게 된다. 사회문화활동에서 예를 들면, 함께 즐기면서 인적 관계를 증진시키는 기회로, 스트레스를 해소하는 치유적 가치나 영적 가치로, 교육적 가치로 다양하게 확대될 수 있다. 여기에서 문화활동의 프로모션이나 향유자 자신의 발견에 따라서 그 정도에는 차이가 생길 수 있다.

이러한 활동을 반복하면서 문화가 갖는 소통가치에 따라서 여러 사람이 공감하며 가치를 나눠가지는 창발가치 공유현상이 생겨난다. 그리고 이러한 가치를 바탕으로 하여 문화자원, 활동시간, 투입비용의 가치들을 더 높게 수정하고 그 범주 안에서 문화의 참값을 함께 공유하는 창발가치 전달활동으로 이어진다.

여기에서 좀 더 전략적인 접근으로 나아가 가치가 활발하게 이동한다. 새로운 창발효과를 발견하면 가치수혜 참여자가 이를 바탕으로 해서 가치전달에 드는 투입(시간, 비용)을 늘리거나 줄여 변경하려는 의사결정을 한다. 그리고 우선순위를 바꾸고 새로운 가치활동들과 어떻게 상호작용할 것인가를 고려해서 마침내 '가치이동'을 하게 된다.

창발거점 갖추기

지역사회에서 창발활동들이 지속적으로 가능하게 하려면 시스템과 환경을 갖추고 창발유도 조직이 뒷받침돼야 한다. 지역경영에서 사용하는 창발에는 예측과 계획, 의도를 넘는 혁신유발을 전제로 포함하고 있다. 또한, 자율적인 요소가 집결되어 조직화함으로써 개별을 능가하는 시스템이나 질서가 발생하도록 하는 것이다.

따라서 창발적인 조직으로 뒷받침하려면 지역 내 상호인정 구조가 갖춰지고, 활동주체 간 소통을 잘 해야 한다. 이를 위해 활발히 의견을 교환하는 환경을 형성하고 지역사회 안에 인재와 다양한 가치관을 받아들여야 한다. 지역사회 역량이 커지도록 유동성, 자유로운 발상, 실패도 용인하는 사회문화를 갖춰야 한다. 또한, 시스템으로서 리더십을 갖춘 인재 선발, 조직 구축, 장기목표 명확화를 가능하게 해야 한다. 이로써 개인역량을 극대화하고 다양한 인재와 의사소통을 함으로써 집합적인 창발성 사회를 만들어내는 혁신을 일으킬 수 있다. 교육학에서는 창발교육은 어렵다고 말하고 있으나, 사회환경, 기술, 자극과 반응, 개별 속성에 따라서 교육이 뒷받침되면 얼마든지 가능하다고 본다.

우선은 창발사회로 가기 위한 전제조건 갖추기가 중요한데, 기본적으로 공간, 시설, 기회 제공이 선결되어야 한다. 이러한 집합적 창발성 접근전략 몇 가지를 검토해 보겠다.

우선 창발성과 시장(창작시장과 소비시장) 사이에 원활한 유동적 환경을 갖춰야 한다. 그러나 이 사이에는 딜레마가 있는데, 다만 훌륭한 창작자가 훌륭한 소비자를 만들고 공진화할 수 있다는 점에서 이를 극복하는 환경 구축이 가능하다고 본다.

또한 창발성과 정부지원 사이에도 극복해야 할 딜레마가 있다. 지원이 오히려 창작활동을 안주시킴으로써 결과적으로 창발사회 발전을 저해할 수도 있으니 아예 지원을 하지 말라는 극단적인 의견도 있다. 과연 어떻게 잘 지원하여 창조성과 시장과의 딜레마를 풀어나갈 수 있을까? 협력구조와 역할분담에 답이 있지 않을까 생각한다. 정부는 정부의 역할, 민간은 민간의 역할을 하면서 만들어 내는 창발적 콜라보레이션이 실마리가 될 수 있을 것이다.

덧붙여, 중요한 전략 중의 하나가 이러한 '집합적 창조성'을 담보할 수 있는 시스템이 없겠느냐 하는 것이다. 적극적이고 전략적인 접근으로 목적을 달성한 사례도 있지만, 계획적으로 추진하여 도달할 수 있다고 확신을 갖기에는 어려운 것이 창발성 기반의 지역만들기이다. 그렇지만 창발지역으로 가기 위한 집합적 시스템을 이뤄야 한다면, 지역의 산업, 클러스터, 정책, 공간인프라, 지역경제 시스템, 재정, 시민공감대와 비영리단체 들이 거점을 갖춰야 한다.

그렇다면 우리나라 주요 지역들은 창발적 접근으로 발전될 여건을 갖추고 있는가? 창조도시 경험에 비춰보면 인구규모가 대략 15~20만 정도가 적합한 규모라고 보는 의견이 있다. 대도시가 창발도시가 될 수 있을까? 인구는 너무 많지만, 공간인프라 측면에서 보면 문화예술공간들, 자생적으로 구성된 클러스터들이 이미 존재하고 있기 때문에 창발도시로 성공할 가능성은 있다. 또한 후발 주자의 장점을 가지고 있는 도시들은 선발자들의 실수를 되풀이 하지 않고 더욱 성공적으로 창발도시로 나아갈 수도 있을 것이다. 광역지자체와 기초지자체들이 창발도시 요건을 잘 갖추고 있는지 점검하고, 촉발요인을 찾아 여건을 갖춰야 한다.

지역이 활력 넘치게 발전하려면 지역사회가 다양한 인력에게 개방적으로 열려 있어야 유리하다. 창발적인 사람들은 개방적이고, 개방적인 장소는 사람을 창발적으로 변화시키며, 개방적인 지역은 서로 다른 사람들의 정체성을 쉽게 인정한다. 그리고 각자의 창조적 에너지를 동원하고 유인하는 장소에 모인다. 역사적으로 일찍부터 발달한 거대도시는 항상 인종과 문화의 용광로로 들끓고 있었다. 도시 밀집공간 중심의 상호작용에서 새로운 인간과 사회유형이 나타나 문명사회로 빛나게 발전한 것이다.

그러므로 지역사회가 다양한 인재에게 활짝 개방되고, 이질적인 것들을 포용하는 힘과 여유가 지역사회에 넘쳐야 한다. 도시사회가 바로 그런 점에서 인재들을 끌어들이는데 필요한 사회분위기를 더 갖추고, 글로벌 교류나 교통 물류가 원활한 지역으로 지속발전 가능하게 이어가는 데 유리하다.

이를 의도적으로 확장시키는 노력으로 문화시설과 공간, 캐쥬얼한 지역공간과 시설들을 갖춰야 한다. 결국은 이런 환경을 배경으로 거주 인구와 자본이 쌓이고 그들의 활동으로 지역의 생산성 효과가 더 커진다.[79]

창발거점을 어떻게 조성할 수 있을까. 창발적인 사람들은 창발조직이 활동하기에 유리한 거점지역으로 이동할 수도 있다. 창발 또는 창조성은 지역발전의 지리적인 영향요소의 하나이다. 그리고 창조적인 거점은 창조적인 사람들이 살고 싶어 할 여건을 갖추게 되니 사람이 더 모이게 된다. 이렇게 해서 형성된 밀집지역은 지역이 활성화 될 징후가 서서히 나타나게 되고, 궁극적으로는 지역발전기지로 자리잡는다. 뿐만 아니라 이 지역은 전체적인 인구성장과 고용성장에 이르기까지 많은 영역에서 영향을 미친다. 그리고 그들이 활동하는 테마공동체는 지역 다양성, 혁신, 경제성장의 거점 역할을 한다. 이런 점에서 양질의 경험, 개방성, 창조적인 사람들의 정체성을 자연스럽게 인정받을 기회를 보증할 것이다.

---

[79] 특히 성숙지역을 향한 창발적 환경, 시스템화와 창조시스템을 갖춰야 한다. 예술가와 과학자가 자유롭게 창조활동을 하고, 근로자나 문화직 종사자들이 자기 능력껏 유연하게 일하며 자기 혁신능력을 키우도록 시스템화해야 한다.

3. 창발기획 혁신

창발적 콜라보레이션

창발은 활동주체들의 능력이나 발상을 결합하여 일정 요건에 바탕을 두고 예측이나 의도를 넘어서는 혁신을 유발하는 것을 말한다. 이 과정에서 효과적인 혁신을 확산시키는 기술의 창출을 선도하는 기획이 필요하다. 아울러 창발적 콜라보레이션을 통해 혁신의 확산을 기대할 수 있다. 지방분권사회의 문화기획에서도 이러한 창발적 접근으로 문화권력의 하향이동이나 외부이동, 사회문제 대응, 산하기관 세부전문화, 전문가 지식정보 활성화를 기할 수 있다.

창발적인 혁신의 확산에서는 전략적 틈새관리(strategic nich management)에도 유의해야 한다. 지역사회의 혁신을 이루기 위해 갈등이 적은 부분부터 실험적으로 적용하여, 성과를 보면서 점차 확대 실시하는 것이다. 그리고 사회시스템의 영역을 확장시켜 가도록 해야 한다.

이를 위해 사회적 혁신을 콜라보레이션으로 이뤄가는 사회기술 시스템이 구축되어야 한다. 예를 들면, 문화부문의 사회적 기업으로 제도화시키는 것도 거버넌스 활성화를 위한 참여대상으로서 중요하다. 공공성을 갖는 사회적 혁신을 수행하면서 기업의 역동성을 발휘하기 때문이다(송위진, 2012).

사회문화 분야에서는 특히 '창발적, 통합적 기획'으로 혁신을 이루는 것이 중요하다. 각각 다른 논리에 따라 움직이는 정책들을 각 부처가 문화부문을 '공동목표'와 '지식기반'으로 삼도록 조정해야 한다. 정책의제 형성이나 정책기획 단계에서 사전조정을 통해 공동의 정책방향을 설정하여, 개별성을 존중하면서 정책이나 조직 간 네트워크 구조를 형성하여 정책조정을 이뤄나가는 것이다. 더구나 이는 일회성으로 끝나는 것이 아니라 통합을 달성하기 위해 지속되는 일련의 과정으로서 중요하다.

전환기 감축사회로 들어가고 있는 대부분의 지역은 이제 창발적 혁신이 요구되는 부분인 서비스 전달체계에서 창발적 기획이 필요하다. 이를 위한 기획거버넌스에서는 정부뿐만 아니라 산학연, 사회적 기업, 시민사회가 핵심주체로 참여한다. 특히 사회기술적인 개발과 더불어 '서비스 전달체계'까지 구성하는 창발적 콜라보레이션 접근이 필요하다.

기획과 개발

지역에서 추진하는 문화개발은 지역주민 개개인의 살아가는 방법이나 생활문화의 여러 분야에서 문화자원 활용이나 사회문화 활동이 활발하도록 추진한다. 이러한 개념에 대해서는 너무 폭이 넓고 문화시설 설립을 곧바로 개발이라고 보기는 어렵다는 점에서 재고할 필요도 있다.

그러나 이러한 지역문화개발은 지역에 꼭 필요하므로 큰 그림에서 실현하기 위한 창발적 기획을 중시해야 한다. 그 가운데는 공동체기반 자생적 활동 생태계를 구축하는 콜라보레이션 활동이 많다. 이런 활동가운데 예를 들어 생활문화공동체 사업과 같은 것은 거버넌스로 자생적 문화생활을 유도하려는 인본주의적 문화기획 거버넌스의 장점을 살린 것이다. 이 사업을 추진하는 데는 지역의 자주적 기획력이나 협력적 거버넌스로 실천해야 한다. 결국, 커뮤니티 기획단계에서 거버닝이 중요하여 거버닝능력을 길러가는 활동에 주안점을 두어야 할 것이다.

그런 점에서 문화기획 거버넌스에서는 창발적 콜라보레이션을 기조로 설정하는 것이 바람직하다. 이는 시장원리에 기초한 경쟁, 수평적 네트워크를 통한 분권적 참여원리이다. 그 전략으로 수평적이며 협력적인 절차, 분야별 정책공동체(policy community)를 통한 협력관계, 참여적 협력관계에 이르는 동반자로서의 참여기회 증대 등을 포함한다. 나아가, 정부와 다른 기관 간 경쟁과 조정, 상호신뢰를 통한 실효적 지배를 추진하는 것이다. 이때 지자체는 대안적 행위자나 관련기관들의 역할을 강조하고, 느슨한 조정자 역할을 한다.

통합적 혁신

그런 점에서 통합적 창발기획이 제대로 이뤄지도록 창발적 기획거버넌스를 엮어내는 것은 공진화전략 접근에서, 특히 도구화 방지, 생태계 지속발전, 전환기 창발성 적용을 위해 중요하다. 정부는 기획거버넌스를 통해서도 실질적 통제력을 행사하는 것이 가능하다. 그러므로 이러한 통합적 기획혁신을 이뤄야 한다(정용덕, 제도주의). 그 골격은 '기획력의 내부화 + 거버넌스 + 전문화의 확산'이다.

이때 중앙정부도 자원교환, 공통목적 협상을 위한 상호작용에 맞춰 역할을 맡아야 한다. 기획 – 재정 연계형태의 거버넌스, 지방정부로의 권한이양, 지방 재정능력 증대를 위한 세제개혁, 지방정부 책임성 확보와 같은 거버넌스 전제여건을 갖춰주도록 노력해야 한다.

창발적 통합기획 혁신은 다양한 주체가 자율적·내발적으로 행동하도록 전략을 세운다. 덧붙이자면, 그들 사이에서 활발히 상호작용이 일어나고, 항상 열린 상태로 새로운 주체를 받아들이는 활동기획인 것이다. 다만 비판적인 관점에서, 상호작용 주체가 매우 다양하고 복잡해서 네트워크로서의 가치나 상위질서를 만들어 내기가 쉽지 않다는 점을 지적할 수 있다. 따라서 창발을 일으키거나 창발가능성을 예측하기도 쉽지는 않다.

그런데도 불구하고 몇 가지 창발조건을 고려하여 '창발유도 공간'을 마련하는 것이 그리 어렵지는 않을 것이다. 우선 창발전략의 핵심이 되는 창발플랫폼을 설계해야한다. 플랫폼은 제3자간의 상호작용을 가능하게 하는 장(場)이자 기반이다.[80]

적응지형도 구축

창발적 통합기획 혁신은 창발기 전략으로서 그 의미가 크다. 공진화 전략으로서 제시되고 있는 전략적 포지션을 공감지(共感知)하고, 공감지로서의 메타인지를 함께 강조하는 점에서 서로 유사하게 접근할 수 있다. 그런 점에서 창발기 현상에 대한 공진화 전략으로 '공진화 적응 지형도(fitness landscape 또는 adaptive topography)' 구축이 중요하고, 공감지로서의 메타인지를 하고, 그 사항을 함께 공유하며 전략을 수립한다.

---

80) 이를 기업경영에서 신상품을 개발할 때 소비자들이 플랫폼에 참여하여 경쟁적으로 창의력을 발휘하는 경우가 있다. 예를 들어, 4차산업혁명기술을 적용한 기업경영의 사례에서 신상품 가방을 디자인 할 때 오픈플랫폼으로 의견을 듣고 반영하여 성공했다. 외부회사와 콜라보레이션을 이뤄 새로운 혁신을 일으킨 BMW의 경우도 성공적이다. 아마존의 경우도 외부에서 누구나 판매매장을 구축하는 퍼블릭 에코시스템을 구축하여 폭발적인 가치를 창조한 사례들이 있는데, 이 모두 창발플랫폼 기반의 통합기획 혁신이다.

> **메타인지 능력이란?**
>
> 메타인지 또는 메타인지 능력(meta cognitive ability)이란 협력적 공진화 환경을 정책적으로 만들어서 생태계 전체를 발전시킨다는 인식을 갖는 것을 말한다. 예를 들어 4차산업혁명을 사회 전반에 확산시켜 지속발전 가능한 생태계를 구축하려면 메타인식, 메타인지 능력을 먼저 키워 확산에 도움이 되도록 여건을 갖춰야 한다. 메타인지 능력이란 능력을 감지하는 지식(knowledge monitoring ability), 알고 있다고 하는 것을 아는 것(knowing about knowing), 인지하고 있다는 것을 인지하는 것(cognition about cognition), 자신이 이해하고 있다는 것을 이해하는 것(understanding about understand)이다.
>
> 기술기반의 지역혁신을 기획할 때는 이런 메타인지 능력을 확산시키는 교육을 병행해야 한다. 구체적인 예시를 들자면, 문제해결에 효과적인 자신의 방법, 유효한 방법을 선택해야 한다. 그리고 중요문제의 간파, 자기 이해역량 정도 판단, 어려울 때 방법 상의 문제를 간파하고, 정기적으로 자기 체크하며, 오류 파악이 가능하도록 해야 한다.

공진화 과정에서 '관계성'은 매우 중요한 키워드이다. 그간의 연구에서는 인터페이스를 핵심개념의 하나로 간주하고, 관계성이 주체와 객체의 어느 한 방향을 규정하고 있다고 본다. 또한, 관계성 자체에도 몇 개의 모드가 있고, 창발적 질서(관계) 형성을 촉진하는 것이 있다.

한편, 창발적인 관계성은 주체의 어떠한 행위 결과로 나타날 뿐만 아니라 전략적인 행위(행동)로 나타나기도 한다. 다양한 문화의 혼돈 속에서 특정 예술이 다른 예술과 상호네트워크를 통해 스스로 미학적 원리를 향상시키며 자기조직화하여 발전하거나 공진화할 수도 있다.

이런 점에서 지역발전 전략에서도 하위요소의 관계가치 창출(조정)전략에서 일반적으로 중요한 것은 상위시스템과 하위시스템이 같은 방향으로 진화되도록 만들어야 한다는 점이다. 여기에서 하위시스템 요소는 예를 들면, 유전자, 마음, 지각, 행동, 기술, 액션, 기존환경, 제도를 말한다. 그리고, 제도와 협력에 적응하기, 경제발전과 환경오염에의 적용과 같은 시스템 간의 관계가치가 중요하다.

우리 사회는 다양한 주체들의 복잡한 관계 속에서 형성된다. 공진화에서 어떻게 협력관계가 생겨나고 실제로 협력을 하며, 또 변화되면서 진화게임을 벌이는가? 이른바 공진화를 설명할 수 있는 룰은 무엇인가. 이런 창발에 의한 공진화를 설명하는 공진화 적응지형도가 필요하다. 사회가 발전되는 데 있어서도 공진화는 규칙이 있고, 이 규칙은 활동참여 객체들에게 영향을 준다. 또 객체들의 활동에서 영향을 받아 사회에 새로운 룰로 자리매김하며 공진화된다.

그 요인들은 개체 간 상호작용이며 동적인 네트워크 관계이다. 만일에 만족하지 못한 관계에 놓여 있다면, 개체는 관계를 끊어 버리고 다른 파트너와 상호관계를 맺고 유익하게 진행하려고 한다. 이를 판단하는 데 영향을 미치는 이론적 요인은 집단의 성장이나 네트워크의 성장, 가르치는 능력, 이동성, 시간경과, 기타 접근법 등이다.[81]

---

81) 참고로 4차산업혁명기술을 바탕으로 소셜디자인을 펼칠 때 바람직한 전략은 공진화 적응지형도에 맞춰서 환경조건과의 적응적 관계를 나타내는 접근이다. 이는 진화된 모습으로 나타날 것을 예측하는 지도로도 활용되며, 이 지형도에서 진화를 시각화하고 예측하는 방법으로서 대표전략 간 공진화를 찾아볼 수 있다. 그리하여 사회공진화를 위한 툴, 룰, 롤(tool, rule, role)을 설명할 수 있다(이흥재, 2019).

12장 융합융화적 공진화

1. 전환기, 지속가능 생태계

지속발전 담보

코로나19팬더믹을 맞이하여 공존과 공생이 소중하다는 인식을 확인하게 되었다. 특히 소외계층들에게 어려움을 주었던 이 경험에서 지역사회에서 함께 살아남는 생명공동체의 가치를 소중히 받아들이게 되었다. 이 가치들이 미래의 바람직한 사회에 어떻게 반영되어 함께 대응하고 발전할 것인지 재검토해야 한다. 그래야 전환기의 고통으로부터 탈출하고 공동체를 지속 발전하는 디딤돌로 삼을 것이다.

전환기에 다른 문화를 받아들여 융합시켜 가치관으로 활용하는 사회문화적 사례는 역사적으로 유례가 많다. 현대사회 여러 분야에서도 주객일체, 연속성, 융합융화에 따른 사회적 진화현상을 볼 수 있다. 또한 제도나 창조적 변혁, 서비스 개발, 물건 제작에 이르기까지 다양하게 생활에 적용된 사례를 볼 수 있다. 이는 기술이나 건조물의 연속성을 지키는 기술발달 덕분이기도 하지만 융합융화로 공생하려는 가치철학이 뒷받침하고 있기 때문이다.

전환기 사회를 맞으면서 지역의 미래는 공존·공생·공진화에 달려 있다. 전환기 또는 발전이 단절된 상태에서 대응하며 미래로 계속 나가도록 하는 비전의 열쇠는 그 가운데서도 바로 공진화다. 이러한 관점은 환경경제학자 노가드(Richard B. Norgaard)도 "단절된 발전, 진보의 끝과 미래에의 공진화 비전"이라며 같은 입장을 취했다(R. Norgaard, 竹內憲司, 2003). 여기에서 핵심은 "단절된 발전, 미래 비전의 열쇠가 되는 것은 공진화다"라는 관점을 갖는 것이다. 공진화는 원래 생물학 용어로서 여러 종들이 서로 의존하며 번식에 영향을 미치면서 진화하는 현상"을 뜻한다. 노가드는 "이런 공진화 개념은 사회시스템과 환경시스템 사이에서도 적용되는 것"으로 보고 있다.

그렇다면, 단절된 발전에서 미래의 열쇠가 될 수 있는 공진화란 무엇인가? 이는 어떤 개체가 다른 개체들의 진화에 부분적으로 의존하거나 다른 개체들과의 맥락에서 진화하는 것을 말한다. 사회적으로 보면 이는 행위자 또는 행위자 집단의 전략적 행동들을 조합하여 비로소 이뤄진다(우윤석, 2010).

사회발전과정에서 정책변화나 경쟁이 치열하다 보면, 특정 상황이 멸종되고 생태계가 파괴되는 경향이 있다. 그런데 사회진화, 특히 공진화 가운데 '지속가능 공진화'에서는 이를 매우 중요하게 생각한다. 그 이유는 정책이 지향하는 목표대로 변화하면서 다른 활동체들이 함께 경쟁력이 향상되고 지속발전하며 나아가도록 해야 하기 때문이다.

그런 점에서 여기서 이야기하는 '지속가능성'이란 미래세대의 필요성을 해치지 않으면서 현재세대의 필요에 부응하는 것을 말한다. 다시 풀어보면, 지속가능 공진화란 어느 조직들의 진화가 다른 조직들이 진화하는 데에 현재 또는 미래에 나쁜 영향을 미치지 않으면서 생태계 전체의 발전이 이뤄지도록 하는 것을 말한다.

공진화 논의에서는 먼저 공진화를 여러 종류로 구분한다. 우선 공진화를 단순하게 상생, 공생으로 구분하는 경우가 있다. 상생(commensalism)이란 상리공생(mutulism)과 경쟁을 양축으로 하고 그 중간에 중립관계로 존재하는 형태이다. 상리공생(相利共生)은 혼자서 할 수 없는 것을 협동해서 얻어내는 것이다. 다만 이때, 경쟁은 얻는 자와 손실을 입는 자가 공존하는 경쟁성을 띤다. 그리고 아무 영향 없이 존재하는 중립도 있다.

공생(symbiotic relationship)은 개체가 다른 개체조직들에게 지원하는 관계로 서로 진화하는 모습이다. 예를 들면, 은행이 기업에게 금융을 지원하는 관계를 말한다. 이런 점에서 보면 지속가능 공진화는 결국 협력적 공진화, 상리공생, 공생을 말한다.[82]

지역의 사회문화활동에서 공진화는 어떻게 이뤄지는가? 공진화는 일상적인 환경에서 그냥 일어나기 보다는 시스템이 새로운 구조와 패턴을 일으키며 자기조직화를 이루는 현상에서 나타난다. 그리고 정책역량이 늘어나면서 비로소 공진화 상태를 유지하는 것이 가능하므로 지자체의 정책역량 증가와 정보, 조직, 담당자의 역량이 함께 잘 결합되면서 함께 증진된다. 그러므로 지자체가 공진화의 효과를 높이려면 조직을 열린 시스템으로 운영해야 한다. 뿐만 아니라 네트워크를 통해 외부의 새 아이디어를 받아들이고, 조직과 구성원들이 이에 맞춰 활력있게 작동해야 효과를 거둘 수 있다.

또한 공진화를 거버넌스와 연결시켜보면, 거버넌스 관점에

---

82) 공진화의 종류는 관점에 따라서 또 다르게 살펴볼 수도 있다. 우선 협력적, 경쟁적, 착취적 관계의 형성으로 나눠볼 수 있다. 협력적 이타적 공진화는 생태계의 공생관계나 협력업체 간 공동발전하는 모습이다. 경쟁적 공진화는 동물들이 먹이를 찾기위해 사냥능력이 좋아지는 것. 인간의 면역체계가 병원균에 대한 저항력이 커지는 것처럼 경쟁을 통해 더 진화되는 결과를 맞는 것이다. 착취적 포식자 먹이(exploitative or predator-prey)는 예를 들면, 공진화로 달리기 가 느린 치타나 영양은 도태되고 빠른 치타와 영양은 점점 더 빨라지는 것과 같다. 한편, 공진화의 종류를 확산공진화(diffused coevolution), 종간끼리의 공진화, 상리공생의 경우, 부분유리 부분불리의 경우로 나누어 볼 수도 있다.

서 이해관계자의 참여와 그들 상호간의 관계가 어떠한가에 중점을 두고 봐야한다. 그리고 단순한 관계망 형성을 넘어서, 새로운 공진화의 가능성을 확보할 수 있어야 비로소 실질적인 거버넌스가 이뤄진다고 본다.

그런데 이런 공진화는 논리상으로는 쉽게 이해될지 몰라도 현실활동에서는 쉽게 이뤄지지 않는다. 공진화가 이뤄지려면 전제조건을 잘 갖춰야 한다. 더구나, 공진화의 조건을 위해 활동주체들이 공동인식과 공동창발에 이르는 노력을 기울여야 하기 때문이다.

전환기를 극복하려면 지금과는 또다른 가치관이나 세계관을 가져야 한다. 기존의 파국이 반복되지 않게 인식, 태도, 가치관을 바꿔야 한다. 특히 인간관계에서 감성적 공감과 소통으로 연대와 신뢰를 추구해야 한다. 이를 위해서 개인이익보다 공동체 가치에 주목해야 하며, 체험적 관찰과 새로운 안목을 제공해줘야 공진화의 싹이 튼다.

거시 사상사적 관점으로 본다면 자본주의 탐욕에서 벗어나도록 노력해야 한다고까지 말할 수 있겠다. 구체적으로는 생태적 자각과 성찰, 새로운 세계관을 갖춰야 하며, 자연생태계가 인간과 맺는 상호의존성을 성찰해야 한다. 공진화된 공동체를 만들어 가는 원칙·규칙·규범을 준수하며, 개인 삶에서 기존의 자아를 버리고 새로운 나로 변신하며 자기자신을 작품화해야 한다. 또한 공진화 의지를 갖고, 관련분야의 전문가를 존중하고 차이를 존중하는 태도를 받아들이고, 색다른 가능성을 모색하는 전문가와 관계를 좋게 만드는 준비자세가 필요하다.

공진화 가치의 극대화

공진화에 영향을 미치는 요소들 가운데서 정책적 요인이 가장 크게 영향을 미친다. 그래서 공간적으로 좁고, 보다 직접적인 영향을 쉽게 받는 지역사회에서는 공진화를 이루는 정책을 의도적으로 펼쳐야 한다. 그렇지 않으면 정책요인이 오히려 생태계 발전이나 공진화에 걸림돌이 될 수도 있다.

공진화시스템을 처음 도입할 때에는 예측할 수 없는 변화를 맞이하게 되어서, 다양한 시도를 하다가 예측이 불가능한 시스템을 도입하면서 발전되는 사례도 있다. 결국 이런 과정이 계속되면서 서로 상충되는 여러 요인들이 서로 영향을 미치면서 진화하게 된다. 최근 지역사회에 환경오염과 자연환경보전이 중요 사회문제로 등장하고 있지만, 농업생산성 증대와 관련해서 정책적 실패도 반복되고 있다. 공진화정책을 위한 시스템적 요인들을 충분히 검토하는 방식으로 새로운 접근을 찾아야 한다.[83]

지역의 정책이나 기업경영에서 정책실패를 고려한 공진화 사례를 찾아볼 수도 있다. 기업이 신제품을 개발하면서 당초부터 공진화 성공조건을 갖추지 못해서 결국 실패하기도 한다. 지자체 정책도 마찬가지이다. 그래서 지역문화정책은 사회문화정책으로 접근하는 것이 바람직하다고 앞에서 논의한 바 있다.

진화란 환경시스템과 사회시스템이 함께 발전하면서 생겨난다. 이러한 공진화에서 실패하는 이유는 바로 생태계가 공진화 성공조건을 정확히 파악하지 못하거나 충족시키지 못한 데 있다. 공진화 조건 미비로 생긴 실패는 예를 들면, 생태계의 다양성, 오래된

[83] 예를 들면, 농약개발과 해충정책의 관계를 보자. 미국에서 1960년대까지는 해충방지를 위해서 강한 농약을 개발하는 데 주력했다. 그 결과, 살아남은 병충해에 내성이 생겨 더 저항력이 강해졌다. 그런데 농산물에 미치는 피해가 계속되었다. 환경문제가 대두되자 정부는 농업정책으로 농약사용에서 농약의 기준을 강화하는 정책을 채택했고 농약은 비싸졌다. 그리고 1970년대 농산물가격 저하와 더불어 농가의 구매력은 저하되었다. 그 결과, 1980년대에는 종합적 해충관리 기술을 활용한 저투입 농업을 실시하기에 이르렀다.

사회시스템의 이질성 잔존, 기술과 사회조직 형태에 대한 지식부족 때문이다. 지역사회에서 이러한 시스템이 환경시스템과의 사이에서 피드백을 받아들이기 위한 거래비용이 높은 경우에도 실패할 수 밖에 없다.

지역에서 이러한 실패에 대처하는 마스터플랜이 필요한데, 피드백이 안되면 계획의 환상이 깨져버리게 된다. 또한, '사회실험'을 할 때는 시간이 지나면서 그 모델이 어떻게 반응하는가를 보며 학습하고 연구해야 한다. 의사결정을 내리는 참여자는 과학자, 전통적 경험지식 보유자, 실험 행동하는 사람들 사이에서 지식공유 과정에 건전하게 역할을 한다.

또한 새로운 혁신기술을 개발 보급하는 데 있어서 어떤 기술의 채택은 사회에 영향을 미치고 또 사회는 그 기술의 발전에 영향을 준다. 이 경우 공진화를 꼭 생각해야 한다. 인구소멸이나 지역 서비스 품질을 높이는 데 지능정보화를 어떻게 활용할 것인가의 문제가 바로 여기에 해당된다. 그런데 이를 현실적으로 적용하는 기술보급 현장에서는 공진화 실험 실패에 대응하기 위한 사회실험이 가능한가, 도태되는 주체는 어떻게 될까 하는 문제들이 남는다.

그렇다면 지역사회에서는 이런 공진화를 어떻게 디자인할 것인가? 여기에서 지역사회 디자인이란 종래의 발상과 방법론을 넘어서, 지역사회의 구조나 인간들의 참여방법을 혁신하고, 구체적으로 실현해 가는 것을 말한다. 여기서 핵심개념은 발상전환, 참여혁신, 구체적 실현, 세 가지다.

지역에서 기술과 사회문화가 공진화하도록 하기 위한 요건들을 어떻게 디자인 할 것인가의 문제가 중요하다. 이론적으로는 기술과 사회가 공진화하는 미래사회를 위해 기술디자인을 기반으로서 공진화를 기대한다. 기술과 사회가 공진화 하는 가운데 기술을 매개로 인간의 능력을 높이는 근원적 활동을 창발하도록 하려는 것이다. 이런 미래사회 공진화는 사회문제가 복잡하게 얽혀있어서 한 가지 해결책만으로는 정리가 되지 않는다. 앞으로 직면할 과제는 인간·사회·기술이 공존 가능한 미래를 위해 인간의 뇌를 신체적 환경과 연결하여 극대화시킨 행동으로 연결하여 해결한다. 이런 방식으로 사회문화정책이 미래사회를 지향하는 소셜 디자이너 역할을 할 수 있다고 보며, 기술과 사회의 공진화 시스템을 구축하여 전개한다고 본다.

그리고 이는 기술과 사회가 서로 연결되어 상호작용하고 영향을 미치면서 진행된다. 이 경우 기술과 사회의 복잡한 상호작용의 관계를 해명하기 위해서 인간이 기술을 동태적으로 관리하고 경험적으로 연구하여 활용한다. 기술의 내용, 형성, 변화 과정을 관찰하면서 현실적으로 나타나는 복잡한 것이 바른 방향으로 나아가는지를 파악한다. 이렇게 기술의 해석이나 행동, 상호작용을 파악하여 주체적인 행동을 하도록 준비하며, 제약 또는 가변성에 주목한다. 또한 제도적으로나 구조적인 요인을 특정하고, 관련요소를 배치하면서 실천적인 성과를 도출해 낸다.

여기에서 상호작용은 결국 어떤 관계가 설정되고 변화하는 것을 가리키는가. 보다 유연하게 해석하고 기본적으로 '창조성과 타자성'이라고 하는 해석을 고려해서, 기술과 사회 사이에 공진화의 문맥(context)이 펼쳐지는 것을 뜻한다. 공진화 개념에 비추어보면, 서로 이용하거나 한 쪽이 다른 쪽을 착취하는 관계가 서로 진화하는 데 영향을 미친다.

경영현장에서도 '관계의 공진화' 사례가 혁신기술의 등장과 함께 발견된다. 예를 들면, 어느 지역의 실리콘벨트에서 하이테크산업과 대학의 교육연구기관과 경합, 협조관계를 바람직한 공진화로 본다. 또 다른 인지과학 프로젝트에서 창조적 커뮤니케이션 개체와 집단의 공진화 관계에서도 발견된다. 이런 사례들이 지역사회의 창발적인 접근에 도움이 되고, 지속발전 생태계를 구축할 때 중요한 '관계 공진화'의 요소로 작용한다.

우리가 가장 흔하게 볼 수 있는 사회발전 측면에서 상호작용이라는 것은 디자이너와 유저가 서로 대립하지 않고 동시에 공생하면서 나타난다. 여기에서 기술에 관한 새로운 지식이 생겨나, 결국은 지식창조사회로 진화된다. 기술을 매개로 하는 체험과정에서 주체와 객체 사이에 상호작용을 하면서 새로운 관계성이 생겨난다. 마침내 불안정한 일상세계에 새로운 에이전시를 형성하고, 새로운 질서(모델)가 창조된다.

2. 문화창조영역의 관계전략

문화창조분야의 융합과제

전환기를 거치면서 이제 지역은 미래시스템을 재설정하는 노력에 힘을 모아야 한다. 전환기 이후 미래 행동규범을 수시로 재고해야 한다는 것을 학습한 지자체들은 기존 시스템이 공평하지 않았고, 지속가능하지도 않다는 사실을 확인했다. 전환기적 위기에서 배운 것은 이제 지역도 더 공정하고 친환경적인 미래를 위해 함께 일할 기회를 만들어야 한다는 점이다. 이를 위한 방법으로 지역사회 리더들이 모여 스스로의 미래를 보호할 네트워크를 구축해야 한다. 지방정부는 지자체, 산업, 조직이 공동으로 미래를 만드는 방법을 재설정해야 한다.

지역사회에서 지속적인 공공혁신과 혁신의 확산을 위해서 사회문화 수요에 맞는 조정과 혁신이 이뤄지도록 해야 한다. 최근에 지역에서는 문화서비스 혁신으로 활력 발전의 잠재력 확보를 확인하는 계기가 많아졌다. 영상미디어와 함께 지적재산에 대한 신기술 도입, 효율적인 관리로 지역활력은 물론 권리자 지원 효과까지 거두게 되었다. 이런 크고 작은 활동들을 모아 사회적 잉여의 힘을 문화로 결집시키는 계기로 마련해야 한다.

이런 맥락에서 지역 여력을 모아 창조적인 문화활력을 이루도록 사회적 잉여의 힘을 재점검, 재설계 할 필요가 크다.

이런 점에서 문화서비스 영역을 지역특성과 지속가능 지향성에 초점을 두어 재설계해야 한다. 문화서비스 시스템의 재설계나 전환을 통해 지역사회문화 활성화를 기할 수 있다.

4차산업혁명기술과 코로나19팬데믹에서 얻은 문화충격은 지역사회문화에서 어떻게 받아들일 수 있을까? 이제는 새로운 생태계구축의 계기로 삼기 위해 어떤 출구전략이 필요할까?

지역사회는 이제 취약한 문화창조분야에서 출구를 찾아내 지속발전 가능한 생태계를 구축해야 한다. OECD는 문화창조 영역(CCS: cultural and creative sectors)은 과도기에 문화충격을 민감하게 받았지만, 앞으로는 여러 요인을 결합하고 새롭게 개선해서 지역동력으로 삼을 부분으로 제시하고 있다(OECD, COVID-19 and the cultural and creative sectors)

문화창조분야란?

문화창조분야(CCS)란 국제표준산업분류(ISIC: International Standard Industrial Classification)에서 창조적 문화활동에 해당되는 사업영역을 따로 묶어서 개념화한 것이다. 여기에 해당되는 사업영역과 대상활동은 OECD가 분류한 다음과 같은 영역과 활동을 포함한다.

Division C18: 기록매체의 인쇄 및 복제
Division J58: 출판활동
Division J59: 영화, 비디오 및 TV프로그램 제작, 녹음, 음악 출판활동
Division J60: 프로그래밍 및 방송활동
Division R90: 창작, 예술 및 오락활동
Division R91: 도서관, 기록보관소, 박물관 및 기타 문화활동

코로나19팬데믹 환경에서 문화창조분야는 부정적인 영향을 받았고. OECD 지역 전체 고용의 0.8%~5.5%가 타격을 받았다. 이 결과 해당 산업부문은 수익감소로 이어져 재정적 지속기반의 위기를 맞게 되었다. 뿐만 아니라 관련업체의 가치사슬도 영향을 받았다.

더구나 생산자(소기업, 비영리조직, 창의적 전문가그룹)들의 구조적 취약성은 더 악화되었다. 이에 대처하려고 단기적으로 실시했던 공공지원계획이 CCS비즈니스 모델과 고용형태에 부적합한 것으로 나타났다.

한편으로는 디지털부문 변화가 가속화되고 혁신을 일으켜 미래에 대해 낙관적인 모습을 보여줬다. 대도시 지역은 코로나환경

이후 나타날 것으로 보이는 문화 창조영역의 잠재력을 새롭게 보여주기도 했다.

결국 미래혁신 주도의 가능성을 보여준 부분이 생겨났다. 바로, '문화+교육+건강의 상호작용'에서 융합적 공진화를 기대할 수 있게 된 것이다.

이런 부정적·긍정적 양측을 고려해 볼 때, 생태계 위기극복과 안정적 시스템 발전을 위해 새롭게 권장할 만한 사항을 찾을 수 있다. 우선 단기적으로 관련 지원정책에서 CCS분야 관련업체와 인력들이 배제되지 않도록 해야 한다. 이런 항목들은 기존 시스템에서는 임시직이라는 이유로 배제되기 쉬운 특성을 갖고 있었다. 이와 비슷하게 비영리 문화기관에 대한 지원이 예술가, 창의적 전문가들에게 까지 효율적으로 전달되어야 한다. 그러나 기본적으로 이뤄져야 할 문화생산 투자를 소홀히 하거나 빠트리지 않도록 해야 전환기를 거친 뒤 나타나는 일들을 수용할 수 있을 것이다. 특히 시스템적으로 안정적인 세제 인센티브를 고려하고 지원활동에 민간 비영리부문 동참을 장려해야 한다.

좀 더 장기적 측면에서는 구조적인 변화를 이끌어 내야 한다. 예를 들면, 소비자행태 변화에서 보았듯이 전환기를 극복하고 디지털기술의 활용으로 새 기회를 포착하도록 문화역할 강화를 위해 전략, 정책을 확충해야 한다. 또한 디지털 인프라에 투자를 확대하고, 문화와 타 정책(예: 교육, 건강관리, 사회서비스, 문화관광) 간 융합융화 전략을 강화해야 한다.

여기에서 로컬리티 잠재력을 기반으로 하는 생태계의 과제를 도출해 볼 수 있다. CCS분야는 소비자의 문화적 참여권리 뿐만 아니라, 활동가의 기회창출을 위해 지역경제와 사회문화적 발전의 동인으로 간주하여, '지속가능한 성장모델'로 활용할 수 있을 것이다. 이를 위해 CCS분야근로자에 대해 접근을 개선하고 자영업자를 위한 정책지원 대상이나 방식을 재검토해야 한다. 코로나기간에 자영업자 지원조치를 많이 했으나 부적절한 점이 발견되었으며, 특히 기존 시스템 안에 포함되지 않는 근로자들이 CCS분야에 많은 것으로 나타났다. 자영업 근로자들의 업무 외 근로유형에 맞는 지원시스템이 필요함도 절감했다. 자영업지원을 위해서 고용주와 협의, 프리랜서나 하이브리드고용 대처, 소비자 습관 변화에 제대로 적응하도록 자영업자에 권고해야 한다.

CCS분야수요에 맞는 조정과 혁신의 관점에서 보면, CCS분야가 경제 전반의 혁신에 기여하는 잠재력을 확보하는 것을 확인하는 계기가 되었다. 문화생태계 지원은 이제 생태계 하위부문 간의 전략적 상호관계를 고려하여 공공 - 민간지원 확충에 나서야 한다. 타 부분에 대한 기술과 콘텐츠 지원, 하위부문이 혁신의 핵심 역할을 하고 있다.

아울러 CCS분야와 타 부문간 융합기회를 시스템으로 구축해야 한다. 디지털화 과정이 광범위하고 과속 진행되면서 CCS분야와 교육 사이에 전략적 보완이 가능해졌다. 특히 에듀테인먼트, 대화형 학습, 콘텐츠 공동제작, 평생학습 부문에서 그 가능성이 커졌다.

융합과제 도출

우리 지역사회는 이 전환기 과정에서 새로운 연구과제를 도출해 냈다. 급격한 전환기적 특징이 모두 나타나 가능성을 저울질 하게 된 것이다. 문화예술과 건강, 문화, 사회적 결속, 예술기반 기술과 방법을 적용한 자율주행 자동차, 인간 - AI 상호작용 실험, 공간개념 보완과 재정립에 이르기까지 다양한 문제들이 새롭게 등장했다. 문화예술과 건강의 관계에 대해서 문화복지 부문에서 새로운 관점을 제기했다. 특히 활동적인 노화, 개선된 건강, 사회적 고립 퇴치, 건강한 습관, 공동체 의료보건의 혁신 계기로 활용되도록 한다.

4차산업혁명기술 기반의 디지털기술과 도구의 발전도 여러 분야의 융합융화를 촉진하여 사회혁신을 주도하는 데 활용하도록 해야 한다. 여기에는 대규모 콘텐츠 제작, 개방형 플랫폼, 미디어 배포, 소셜 네트워크, 콘텐츠 커뮤니티들이 적용된다. 또한 다양한 일상생활에서 문화적 창의적 콘텐츠를 더 많이 사용할 수 있게 하고 프로슈머의 콘텐츠를 광범위화해야 한다. CCS 분야에서 ARVR, IoT, AI 같은 신기술의 개발과 실험이 가장 적합하므로 비대면, 원거리존재 적용, 막대한 인프라 투자, 디지털 기술융합을 이뤄야한다.

한편 관광분야에서는 지속가능한 문화와 결합한 창의적 관광이 필요해졌다. 대규모 문화관광지는 큰 타격을 받아 새로운 모델 전환기회로 삼아야 한다. 다수인 중심의 단기 체재전략 보다는 장기 반복체류 초점의 새 비즈니스모델로의 전환, 외지인 대신 거주민 서비스 전환이 중요해졌다. 이로써 전통적인 문화관광모델과 다른 창의적 관광으로 고부가가치 활동을 장려할 필요가 있으며, 디자인, 패션, 고급 수공예품, 미각산업이 새로운 관심영역으로 떠올랐다. 국제관광객 감소에 대응할 새로운 전략으로 광대역 증강현실 문화유산 사이트, 가상방문, 역사문화와 연결된 관광에 대해 적극 고려해야 할 것이다.

그린정책에 대한 전환지원 수요가 발생했다. 특히 문화와 유산을 중시하면서 환경보전행동 확산을 겸손하게 수용하게 되었다. 자연친화적 예술활동에 대한 수요도 늘어났는데 이는 책임감, 친사회적, 친환경적 행동에 근접한 문화예술적 표현으로 설득력 있는 문화활동 수요가 생겼기 때문이다. 전과 달리 자연에 대한 책임감, 공감, 환경 존중감 제고의식이 전반적으로 팽배해진데 따른 결과이다.

이제 국가단위는 물론 지역단위에서도 코로나19팬데믹 이후 새로운 생태계 전략을 위한 적실성있는 실증연구가 필요해졌다. 중앙과 지방정부는 CCS분야의 경제적 사회적 영향에 대한 증거 확보가 필요하다. 생태계 회복을 위한 문화의 힘을 아직 인식하거나 찾지 못한 상황이지만 문화창조부문 사회적 가치인식을 위한 연구부터 지역특성에 맞게 새로 시작해야 한다.

공진화 구축

전환기를 지나면서 문화기반 공진화의 수준을 더 높이고 공공과 민간의 활력을 더 활성화할 수요가 늘었다. 구체적으로는 문화잠재력 기반의 민간 참여기회를 훨씬 더 증대시키고, 소비자의 문화적 참여권리를 증진시켜 지역문화시장 전반을 활성화하는 여건을 조성해야 한다. 이를 바탕으로 로컬리티와 지역 활력요인을 찾아 지속가능 성장모델로 활용해야 한다.

그리고 지역에서 활동하는 로컬 크리에이터와 문화창조영역 자영업 지원정책의 기조를 재설정해야 한다. 그동안 자영업자를 많이 지원했으나 코로나19 펜데믹 때와 그 뒤에 활성 동력을 찾는 과정에서 소외받은 근로자들이 많았고 자영업근로자 지원시스템도 부실했다. 또한, 고용주와의 협의, 프리랜서나 하이브리드고용 대처, 소비자 습관변화에 제대로 적응하도록 고품질의 정책대안이 필요하게 되었다.

이를 개선하여 민간이 지니고 있는 활력을 총동원하려면 공공역할도 그 이상으로 활력을 가져야 한다. 다시 말하면 정부가 활성자 역할을 강화하고, 지역사회는 이를 바탕으로 동력 시스템을 갖춰야 한다. 이는 사회문화 활동을 하는 문화단체와 소비자 간 연결을 고도화하는 데도 자극이 된다. 또한 시설유지관리 효율을 모색할 수도 있고, 데이터 축적으로 운영 효율화를 찾을 수도 있다. 나아가 지역활력과 동력을 위한 사회교육에 대한 새로운 수요, 비대면 행정으로 문화서비스도 가능하게 된다.

문화예술 측면에서 보면, 문화공간 온오프 연계를 바탕으로 디지털공간 공공서비스 체험기회를 늘려 간다. 또한 공공의 사회순환 역할을 높여, 문화예술의 고유가치를 경제사회가치와 연결하고, 예술승계 창조발전에 활용, 순환되게 할 수 있다. 불편했던 밀집 장소, 만남의 기회 제한에서 벗어나도록 공공서비스방식을 바꿔서, 특정 장소 한정적인 프로그램을 넘어 새로운 경영으로 바꾼다.

지역사회 문화정책의 지향점은 지역공동체와 개인을 연결하여 주민들이 행복한 삶의 질을 함께 누리도록 하는 데 있다. 그런데 이는 지역공동체가 지속발전 동력을 유지할 때 가능하므로, 공동체를 활성화하고 사회적 면역력을 키워 책임있는 공동체로 성장하기 위해 개인과 사회가 함께 공존·공생·공진화해야 한다. 공동체 활성화는 개인 동력, 사회의 규범과 규칙 안에서 자치권을 가지고 신뢰있는 공동체의 일원으로 살아가는 방식을 내면화해야 한다. 그리고 사회적 규범체계를 개인이 엄격하게 준수하는 여건을 조성해야 한다.

동력을 구축하고 활력있는 사회가 되려면 우선 신뢰사회를 구축하는 소셜 디자인에 주목해야 한다. 집단감염과 같은 공동체 해체위기를 다시 맞는다면 지역사회는 동력을 잃고 동요될 것이다. 이에 대응하기 위해 사회문화 전문가와 활동가를 비롯하여 여러 분야의 신뢰있는 활동가들이 모여 방안을 모색해야 한다. 전환기를 거치면서 위기가 활력과 동력의 시험대라는 점을 확인하게 되었는데, 다양한 위기가 생길 때마다 정부와 기관에 대한 신뢰와 역량을 시험하는 계기로 삼을 수는 없다. 더이상 공동체 시험장이 되지 않도록 안정적이고 신뢰있는 시스템을 갖춰야 한다. 이같이 신속 정확한 대응처방이 가능하려면 지방정부 동력이 안정적으로 뒷받침되도록 해야 한다.

3. 관계융합 공진화

긴밀한 관계

지역사회에서는 여러 주체들이 복잡하게 관계를 맺으며 활동한다. 지역사회에서 이들은 상호의존적 관계 속에서 발전해 나가는데, 공진화관계도 바로 이러한 맥락 안에서 이뤄진다. 그런데 모든 주체들이 다 서로 영향을 주고받으면서 동시에 적응하고 진화하는 것은 아니다. 더구나 적자생존이 아니라 개체가 전체를 진화시키고 개체가 개체를 진화시켜 나가는 상호진화 과정을 거친다고 보기는 어렵다. 따라서 지역사회가 관계의 관점에서 공진화를 이루도록 여러 가지 전략을 마련해야 한다.

지역사회에서 상호관계의 공진화는 왜 중요한가? 지역의 상호관계에서는 주로 사회환경과 인간 간의 상호관계를 생태학적으로 접근해 살펴본다. 환경과 상호작용하는 구조를 생태계로 보는 관점이다. 여기에서 살펴볼 생태계 개념을 사회적 관계 관점에서 보면 상호관계성, 자기조절, 순환, 생산성, 생태구조 보존, 위험 대체성의 관계가 어떤 유형으로 이뤄지는지를 중요하게 봐야 한다. 그리고 생태계 특성은 상호관계성이 독창성, 다양성있게 환경에 대응하는 힘을 갖는 정도로 나타난다(오철호, 김기형, 2010).

기업경영이나 비즈니스에서 관련된 주체들이 생산자, 소비자, 경쟁자, 이해관계자를 둘러싼 생태계에서 공진화하는 경우가 나타난다. 이때는 중심기업이 선도적으로 나아가고, 경쟁을 하면서 다른 기업과 갈등 또는 협력하면서 마침내 공진화로 나아간다.

지역사회에서도 관련된 단체들은 개별적으로 활동하기 보다는 상호 호혜적인 관계를 형성하여 외부환경에 공동으로 대응한다. 이는 경쟁하는 단체들의 필요성, 호혜성, 안정성 때문이고 이것이 서로에게 유리하기 때문이다. 지자체끼리도 이러한 협력관계 모형을 구축하여 업무별로 동맹, 결합, 협력전략 등 공동체 공진화 모형을 갖춘다.

이런 생태계 조직들이 좀 더 활성화하려면 생태계의 다양성 증진, 활발한 상호작용 환경 조성, 적절한 선별 메커니즘의 정립활동들이 필요하다.

지역사회는 결국 지역사회 생태계 발전을 위해서는 동력 유입과 순환을 지속적으로 강화해야 한다. 활력을 일으킬 전문인력을 확보하고 교육하는 것이 중요하며, 개인들이 스스로 통제할 수 있어야 한다.

한편, 문화예술분야에 미치는 영향과 전망, 그리고 유망하게 적용될 기술은 무엇인가? 4차산업혁명기술과 더불어 코로나팬데믹으로 기술결합의 문화활동 가능성이 커지고, 새롭게 바뀔 방향성이 보인다. 새롭게 등장할 기술은 무엇이며, 기존 예술방식과 어떻게 다르게 진화할 것인가? 4차산업혁명기술, 문화기술의 특화된 부분을 찾으며, 공급소비는 어떻게 공진화가 진행될지 집중적으로 찾아내야 한다(KISTEP, 2020).

문화예술분야에 메가트렌드로 나타나는 영향(블랙스완 현상)은 4차산업혁명기술, 글로벌화, 환경리스크 심화 등과 관련된다. 코로나로 과학기술을 산업에 활용하는 속도가 가속화되어 새로운 혁신이 가능하게 된 것이다.

동시에 지역사회가 급속하게 수축사회로 진입하는 추세가 진행된다. 이에 대한 신속 정확한 대응처방을 위해 정부역할, 신뢰도가 전보다 더 중요해진다. 로컬사회로 진행되면서 지역은 자기책임 사회로 전환하고 있어 이러한 문제들을 지역이 모두 감내해야 하는 상황이다.

문화예술분야에서 비대면 사회 전환으로 관련상품 서비스의 일상화가 이뤄져 소통스킬이 중요해 지면서 사회적 관계가 온라인으로 구축되었다. 디지털 문화상품과 서비스의 시장지배력을 강화하면서 디지털 콘텐츠저작권과 네트워크 안전성이 중요 사업영역에 포함된다. 이에 따른 디지털 전제주의와 더불어 페이크뉴스가 등장하여 과제로 등장하고 오픈사이언스, 오픈데이터가 중요해진다. 전문기술적인 측면에서 사회문화적인 변화 대응력을 공진화 전략으로 추진해야 한다.

긴밀한 관계융합

문화공간은 디지털공간에 의한 공공서비스 체험으로 경영방향을 대폭 전환한다. 이때 공공의 역할은 문화예술의 고유가치를 경제사회 가치와 연결하여 예술의 창조 발전에 활용하고 순환되게 하는 데 두어야 한다.

코로나19팬데믹 때 겪은 경험을 바탕으로 문화행사의 접근방식을 전환하며, 융합콘텐츠 프로그램, 디지털콘텐츠 체험으로 전환하고 디지털 공공공간으로 바꿔 경험(user experience)을 통해 쾌적한 상태에서 체험가치를 높이도록 해야 한다.

이런 점에서 디지털공간에서 원활한 서비스, 디지털콘텐츠의 가치나 권리의 보호에서 상호 유리한 전략을 개발해야 한다. 또한 실제 공공공간이 부담하는 역할이나 시설에 적정한 인구밀도를 재 산정해야 한다.

코로나19팬데믹 진행기간 중 문화기관들은 격리 폐쇄된 예술 팬들의 정신을 고양시키려 노력하고,[84] 디지털 카탈로그 무료 액세스를 제공하며, 아티스트들의 무료 온라인콘서트를 제공하는 등 눈물겨운 활동을 이어갔다. 코로나19팬데믹이 지난 시점에서 오프라인 문화공간과 온라인활동, 플랫폼활동들이 긴밀하게 연계되어 새로운 공진화 장을 활발하게 열어가게 된 것이다.

관계융합으로 공진화

지역사회의 여러 분야들은 4차산업혁명기술과 코로나19팬데믹 때 활용 경험을 바탕으로 지속발전에 필요한 활력을 일으킬 수 있다. 그리고 활동주체나 사회단체가 구성원들과 아름다운 관계 융합으로 공진화에 이르는 길을 찾아야 한다.

앞에서 논의한 바와 같이 우선 관계를 넓히고 증폭시켜 활력을 키우면서 공진화에 이르도록 해야 한다. 이는 마치 식물이 성장하면서 공진화하는 것처럼 이뤄진다. 나무에 비유한다면, 뿌리(기반, 초기)를 튼튼히 하고, 줄기(매개, 중기)를 뻗어 네트워크를 확장하며, 열매(성과, 최종)를 튼실하게 수확하는 것처럼 단계적인 방식으로 이뤄진다. 결국 관계 융합으로 공진화 시스템을 창조하는 것이다.

---

[84] 코로나19팬데믹으로 문화시설들이 폐쇄되었을 때 문화기관들은 라이브 스트리밍 콘서트를 제공하거나 가상투어 박물관을 제공하여 안락한 거실에서 예술경험 기회를 마련해 주었다. 구글은 1,200개의 주요 박물관 자료실과 제휴하여 온라인 전시회를 보여주고 스트리트 뷰 투어를 제공하면서 앞서 나아갔다.

지역사회에서 발생하는 관계는 매우 다양하다. 기본적으로 인간, 사건에 얽힌 관계(Relation), 전략적 제휴관계, 연합을 뜻하는 관계(Alliance), 촉매성 관계(Catalyst)들이 주체들 사이에서 다양하게 발생한다. 지역 사회문화에서 생겨나는 관심은 이런 관계성을 바탕으로 활성화 에너지를 키우고, 더 나은 가치를 창조해 나아가는 활동과정으로 오랜 역사동안 이어져 왔다.

사회관계 진화는 전략적으로 어떤 가치를 지니는가? 크게는 사회관계 구축 다변화, 사회문제 해결에 도움이 되고, 문화다양성을 기반으로 구성원 간의 관계를 바람직한 방향으로 나아가게 한다. 그 결과 전에 없던 새로운 질서가 생겨난다. 한편 '좁은 범위에서 일어나는 기술'을 기반으로 인간의 예지력이 향상되면서 트랜스휴머니스트(transhumanist) 관계로 진화된다.[85]

이런 관계 융합을 바탕으로 공진화시스템을 설계한다고 보면, 어떤 방식으로 융합하고 공진화할까? 진화는 크게 개별적 진화와 관계성 진화방식으로 이뤄지고 있다. 관계성 진화는 다시 관계성심화에 따른 진화(공진화)와 시스템적 진화(공진화)가 있는데 관계성 진화가 바로 여기서 살펴보고 있는 공진화로 나아가는 방식이다. 관계융합이라는 것은 이러한 인간역할의 융합과 개별적 진화융합의 두 가지 형태를 합한 모습으로 이뤄진다. 그리고 결국 이런 것들이 관계지능 융합 단계로 진화하고 마침내 시스템적 진화에 이른다.

지역은 인구과소화, 노령화에 대응하는 전략으로 새로운 시스템을 개발하고 그에 바탕을 두고 일, 관계의 생산성을 높여야 한다. 이에 결정적으로 도움을 줄 인공지능, 로봇, 인간지능의 공진화

---

85) Humanism, Posthumanism, Transhumanism에 대해서는 http://mirabilien.tistory.com 참조

에 기대를 걸고 있다.

　　미래사회에 기술들이 무한대로 발전할 가능성이 있다는 전제에서 기술융합 방식을 논의하면 세 가지 방식으로 진화가 가능하다. 하나는 개별기술의 진화인데, 인간과 인공지능, 로봇이 각자 진화하는 방식이다. 또한, 관계성 진화인데, 세 가지가 상호관계를 맺으며 작용하는 것이다. 그리고 계속적 진화는 이 세 가지가 계속적으로 진화하는 형태로 이뤄지는 것이다.

　　이러한 관점에서 공진화형 미래기술융합 시스템을 설계하는 방향으로 준비해야 한다(産業競爭力懇談會COCN, 2016). 이를 실현하는 공진화 시나리오를 단계별로 나눠본다. 먼저 니즈(needs)를 추출 ⇨ 시스템에 질적인 변화를 주입 ⇨ 변화에 대응하는 공동 시동 ⇨ 자기 발전에 필요한 지식을 학습 ⇨ 인간 행동양식이 변하고 마침내 성장에 이른다.

　　여기서 새 수요가 창출된다. 그리고 기존 지능을 변화·갱신 확장되며 질적으로 변화하며, 마침내 기능을 개선하여 확장되고 질적으로 변화한다. 공진화로 생기는 기대가치는 크게 보면 생산시스템 효율을 증진시키도록 사전작업이나 준비를 할 수 있고, 전문인력을 육성하고 지원하면서 사회문제에 대응할 수 있다는 점이다. 이런 공진화로 얻는 이점은 미래지향적이기는 하지만 적지않게 나타나고 있다. 융합관계에서 상호 학습해서 최적화될 경우에 지역의 활력 향상에 기여할 뿐만 아니라, 시스템이나 사회 전체로서도 기여한다. 또한 상황변화에 맞춰 수준 높은 목적으로 진화를 계속해가는 것이 가능해지는 공진화를 가져온다고 기대한다.

　　그런데 지역의 현장에서 이러한 공진화의 이미지, 공진화가 이뤄지는 것을 어떻게 파악할 수 있을까. 그리고 어떤 과정에서 파악할 수 있을까.

그 과정에서 나타나는 공진화 현상으로 맨 먼저 나타나는 현상은 통합적 출발이다. 다음에는 대응과 학습이다. 각각의 역할과 기능을 학습하고 최적화하는 것에 이어 마침내 공진화가 생긴다. 즉, 새로운 베이스로 새로운 니즈를 파악해서 기능과 역할을 끌어 올리는 것이다. 이 과정이 원활하게 이뤄지면 기능을 확장하고, 협동하고, 최적화하는 기능이 향상된다.

여기서 융합이 곧바로 공진화에 이르는 것은 아니라는 점에 유의해야 한다. 융합은 화학적 결합으로 개성이 사라진 상태에서 이뤄지는 결과이다. 따라서 특히 지역에서는 융합하여 발전하기 보다 개성이 살아 숨 쉬면서 함께 발전하는 아름다운 공진화가 더 필요하다.

결국 전환기 지역사회에서 이러한 공진화 조건을 만들어 생태계를 건전하게 지속 발전시키는 것이 바람직하다.

12장 융합·융화적 공진화

주요 내용

지역 사회문화의 지속 발전을 위하여 어떠한 활동을 해야 할까? 이와 관련해서 앞의 각 장에서 살펴본 것은 로컬리티와 관련된 현상과 전략, 동력과 활력을 증진하는 정책, 지속발전 공진화를 구축하는 정책이었다. 이들의 핵심적인 내용을 요약 정리하기로 한다.

이 책의 1편에서는 로컬리티와 문화전략을 다루었다.

먼저 전환기 인식을 정리하면서 전환기 대응과 과제를 점검했다. 그리고 로컬리티가치의 문화적 변용에 대해 검토했다. 그동안 지역문화전략은 '문화예술'에 중점을 두었으나 이제는 보다 '사회문화적 접근'으로 다가가야 한다고 보았다. 문화예술이 창작 유통 향유에 관심 있는 사람들 가까이에서 활동하기 보다는, 지역사회에 뿌리를 내리고 지역공동체의 순환활동으로 확산되면서 지역과 사람이 공진화하도록 나아가는 로컬리티가 구축되도록 바뀌는 것을 검토했다. 문화가치 측면에서 보면 그동안은 문화 경쟁력 가치에 무게중심을 두었으나 이제는 문화가 일상가치를 갖게 되었다. 따라서 문화소비 변화를 고려해 볼 때 기존의 경쟁력 가치보다 일상 가치에 중점을 두는 정책 전략으로의 전환이 필요하다고 본다. 그리고 '창 〉 조'를 품은 창발적 접근으로 나아가야 한다고 보았다.

이어서 로컬리티를 담은 문화예술활동을 살펴보았다. 그동안 지역에서는 로컬리티 예술활동, 사회문화활동이 다수였고, 정체성을 중시했었다. 그런데 정체성은 로컬리티와 개념적으로 비슷하지만 지역발전에 발목을 잡는 한계가 생길 수 있어 이를 돌파하여 독자성과 연계성을 존중하는 방향으로 지향해야 할 것으로 보인다. 그래서 로컬리티 예술활동은 전통예술, 고유자원, 역사문화, 자연연계, 소셜아트 프로젝트, 사회예술치유 활동이 주요하게 인식되었고, 실제로 로컬리티를 높이는 데 결정적으로 기여하였다. 앞으로 이를 전략적으로 특성화하여 로컬비즈니스, 장벽 대응, 전략적 특성화로 문화예술 활력을 증진하여 지역과 예술의 아름다운 공진화를 구축해야 할 것이다.

그렇다면 앞으로 로컬리티 정책과 기획은 어디에 중점을 두고 어떻게 해야 할까? 사회가치와 정책가치 측면에서 보면 정책가치의 사회문화적 수용과 대응을 위한 별도의 노력이 필요하다고 본다. 이와 아울러 사회가치(정체성 굴레, 지역색)와 정책가치를 지역공동체에 용해시켜 융합융화를 추구하면서 인식과 실리를 확산시켜야 한다. 좀 더 전략적인 실리를 노린다면, 개인적·사회적인 접점을 찾아가고, 문화정책 논리에 흡수하며, 정책 전략적 실리(재생, 문화관광, 콘텐츠화, 장소, 브랜드)를 확보하고, 로컬리티 프로젝트를 추진하면서 진행해야 할 것이다. 그런 점에서 기획적으로 접근해야 하는데, 로컬리티 기반의 전환기 생명공동체 기획, 지속적 로컬리티 리더십을 키워가도록 해야 한다.

이 책의 2편에서는 무기력을 탈피하고 미래동력과 활력을 확보하는 전략적 활동을 살펴보았다.

먼저 전략적인 문화자원의 가치 증진을 위해서 어떤 활동을 펼칠 것인가. 지역이 오랫동안 갖고 있던 문화자원은 지역의 가치자산이다. 그런데 이런 가치자산화을 이루기 위해서는 로컬리티 자원의 발굴과 활용, 로컬리티자원 관리로 전략적 자원을 가치자산화해야 한다. 여기에서 무엇보다도 자산가치를 높이도록 해야 하는데 자원의 가치연계, 정책믹스, 상표자산화로 자산가치를 높이는 전략이 필요하다. 아울러 자원의 고부가가치화에 많은 지역들이 관심을 갖는데, 이를 위해 고유가치 제고, 콘텐츠화, 연계활용, 참여주체의 네트워크화, 실감기술 융합, 상표자산화로 고부가 가치화에 주력해야 한다.

이에 덧붙여 지역이 활력 넘치도록 하기 위해서 활력 전문인력과 네트워크가 필요하지 않을까. 활력 견인이란 무기력 감축사회를 활력사회로 바꾸는 의도적인 활동이다. 이를 담당할 활력견인 전문가를 적정하게 확보하고 육성해야 한다. 여기에서 검토할 대상이나 역할은 기획전문가(창작기획, 프로모터, 감독), 코디네이터(연계, 조정, 홍보), 창조성 리더(creativity leader)들이며 이들은 퍼실리테이터적 역할을 해야 한다. 그리고 지역사회의 활기찬 순환에 나설 전문인력들의 네트워크 구축, 대학과 산업 네트워크로 일거리 일자리 창출로 사회적 활력과 순환을 키워야 한다.

그리고 중요한 트렌드를 반영하여 지식공동체 활동을 늘려야 한다. 지역공동체 안에서 다수의 전문 테마공동체들이 스스로 학습활동을 하면서 지역을 자연스럽게 '지식공동체'로 바꿔가는 활동이다. 이들은 단순한 지식 축적이나 경험뿐만 아니라 실천공동체로서 지역사회에 대하여 공동체가치 인식, 가치 체험, 가치 공유, 고도지식정보 접근으로 인지에서 대응까지 실천하며 활력을 일으킨다. 이들이 펼치는 활동은 테마 학습공동체 활동으로 개인들의 행복, 보람, 참여 자긍심을 키우며 사회활력과 사회자본의 구축 증식에 기여한다. 그 가운데 특히 최근에 관심을 갖는 로컬 크리에이터들을 대상으로 해서 신기술, 창발성, 사회기술활용 워크숍을 일상화하여 긍지 높은 지식공동체로 만들어 가는 것이 많은 관심을 끌고 있다. 이 활동은 지금 지역사회 구성원 사이에 정책맥락, 이슈맥락에 대한 공동인식, 공동시동의 기반을 확보하는 데 기여하고 있다.

이 책의 3편에서는 매력 사회를 디자인하는 과정을 살펴보았다.

우선 사회기술 기반의 지능사회를 디자인했다. 이 사회가 지향하는 목적은 로컬리티 강화, 공동체 강화, 사회성이 강화된 지역에 두었다. 이 목적을 이루기 위해 지역의 역량을 확충해야 하는데 이때 중요한 것이 소통이다. 그래서 SNS 같은 소셜 커뮤니케이션 역량 확대, 사회서비스 품질 제고, 지속가능 관행 만들기와 더불어, 문화활동 역량의 확충을 기대하는 전략을 설명했다. 그리고 지속가능성을 확보하기 위해서 소셜 커뮤니케이션기술을 확충하여 건강한 공동체 정신을 갖도록 하고, 투자를 유인하여 활용하며, 지속가능한 공동체 구축을 섬세하게 전략적으로 추진하도록 논의했다.

그리고 사회적 자본이 가득한 사회를 구축하는 내용을 살펴보았다. 전환기는 당면한 위기를 잘 극복하지 않으면 사회문화적 손실이 크고 오래간다. 사회적 자본의 핵심인 인간관계 신뢰의 위기와 지능정보 고도화로 생긴 문제로 지역단위에서 받는 충격이 심각하다. 그리하여 신뢰·네트워크·호혜성을 기반으로 하는 미래지향적 대응으로 신뢰사회를 구축하고, 사회손실을 최소화할 활동이 절실하다. 사회적 자본은 정책적으로 노력해서 확보될 수 있을까? 지역의 인적자본, 문화자본, 사회자본 분야를 기반으로 정책 믹스 전략을 만들어 지속발전 디딤돌을 마련하고 공진화 긴장유발 걸림돌을 순화(醇化)하면 된다. 그리고 격차 해소, 포용, 정책역진성 해소, 참여 증진 같은 사회목적으로 통합하여 추진하되 우선 수행할 정책의제를 선별하는 것이 전략상 바람직하다.

아울러 건강행복 공동체를 키워가야 한다는 점을 논의했다. 우리는 코로나19팬데믹이 남긴 네거티브 유산을 떨치고, 안전·안심·안락 사회문화로 나아가도록 디자인해야한다. 지역을 건강공동체로 구축하기 위해서 지자체는 안전사회시스템 보완, 사회문화 정착, 사회문화형 의료공동체, 자연기반 문화예술 힐빙, 개인생활자의 행복한 생활문화를 개선하는 소셜 디자인활동을 펼쳐야 한다. 덧붙여 매력공동체를 목표로 지속가능한 사회시스템 구축, 친환경 모빌리티를 구축해야 한다.

이 책의 4편에서는 지속발전 공진화를 구축하는 전략을 논의했다. 지속발전 공진화 전략의 내용은 지자체 정책맥락성, 집합적 창발성, 융합융화적 공진화 생태계 구축에 관한 것으로 논의했다.

우리는 지금 전환기의 위기와 기회를 함께 맞고 있다. 또한 지역정치의 교체기에는 정책과 이슈의 등장과 종결이 난무하고 있어, 이를 억제하고, 지속발전을 위한 정책맥락성에 유의해야 한다. 정책맥락은 정책네트워크 행위자들이 하위정부 노릇 갈등, 지식정보 네트워크의 협동때문에 정책네트워크 관리(policy network management)와 맥락적 대응 전략을 섬세하게 다뤄야 한다. 그리고 문화공유 맥락의 협력이 중요하다. 문화공유맥락의 종적·횡적인 협력으로 문화거버넌스, 재정중단 대응 민간 커뮤니티활동, 4차 산업혁명기술을 기반으로 하는 협력파트너 커뮤니티 대응, 정책 외부화에 따른 품질저하 대책을 전략적으로 마련해야 한다.

이어서 집합적 창발성에 대하여 논의했다. 우리는 이제 창조를 넘어서 창발로 나아가야 한다. 과거 창조도시론이 남긴 창조·혁신·유연성, 재정배분 시스템적 보완, 중소 중견기업의 역동성, 낮은 문화기획 거버넌스로 활동주체들은 공존방식을 찾아가며 사회문화적 유동성을 살려야 한다. 또한 창발성의 논리와 기조를 지역 내에 내재가치화하고, 가치를 공유하며, 이를 기반으로 한 혁신의 확산으로 이어가도록 해야 한다. 이를 위한 최소 한도의 제도 시스템을 갖추도록 노력해야 한다. 다시 말하면, 협력구조와 역할분담으로 창발 거점을 확보하여 집합적 창조성을 담보하는 시스템을 갖춰야 한다. 창발적 혁신을 제도화하고, 자생적 활동 콜라보레이션을 위한 창발기획, 창발기획(내부화 + 거버넌스 + 전문화확산) 혁신을 확산시켜야 한다.

그리고 융합융화적 공진화 생태계 구축을 논의했다. 전환기에서 우리는 미래 지속발전 담보를 위한 공진화 인식을 기반으로 삼아야 하며, 공진화 가치 극대화 변수(다양성, 시스템 이질성, 지식, 거래비용)를 소중하게 고려하여, 혁신적인 실행조건과 기술을 디자인해야 한다. 문화창조분야(CCS)에서 전환기 문화충격 출구전략, 융합적 과제 도출로 관계전략을 모색해야 한다. 또한, 공진화 동력을 구축하도록 정부 민간 역할에 맞게 활력을 키우고, 지역공동체 상호신뢰있는 동력을 구축하고, 정부 퍼실리테이터 역할을 강화하여 신뢰있는 지역으로 바뀌어야 한다. 이러한 공진화시스템은 몇 단계를 거쳐야 하는데, 관계융합과 공진화를 위해서 생태적 특성을 고려한 상호관계 융합, 전환기의 경험, 기술 바탕의 전환기 관계융합의 단계(변화 ⇨ 대응 ⇨ 학습)를 설계하고 추진해야 한다.

창발적 접근

지속발전 소셜디자인을 구축하는 데 나설 주요 대상 활동은 주요 장르 예술, 전통, 공공, 페스티벌, 아트프로젝트들이다. 이들은 수익창출모형, 창조적 전문가 육성, 주민참여, 재정, 지능정보, 4차산업혁명기술력으로 접근하게 된다. 그리고 확장적 사회문화활동으로 글로벌화, 투어리즘과 연계한다. 이들은 사회적 매개자(social connector)의 참여, 사회적 연결성, 창발성 전도사(creativity leader)로 역할 할 기회를 갖는다.

무엇보다도 창발적인 접근이 중요한데 먼저 창발적 단계로 접근하기 위해서는 기존스타일 · 요소 · 연계 · 포지션을 교체해야 한다. 이때, 설계적 신결합 + 유도적 신결합, 장(場)과 기회를 지속 발굴하면서 다가가야 한다. 그리고 사회적 매개자의 창발메이킹 활동이 많은 부분에서 활기를 불러 일으킬 수 있다. 지역에서 이러한 활동으로 성과를 거두기에는 한계가 없지 않으므로 'co – 활동'이 절실하다. 특히, cocreation, communal activation, collaboration, conversation 협력거버넌스의 수요를 파악하고, 파트너십과 커뮤니케이션에 유의하며, 불합리한 조건을 개선하는 데 힘을 모아야 한다.

이런 활동에서 기본이 되는 공동인식 단계에서는 적응, 순화(醇化, acclimation), 공감지(共感知) 확보에 주력해야 한다. 그 다음 공동시동 단계에서는 테마공동체, 사회정서기술을 활용하는 데 힘써야 한다. 공동창발 단계에서는 창발메이킹 · 메커니즘 설계, 공진화를 위한 전략을 활용해야 한다. 그리고 공진화가 실제로 이뤄지고 있는지 체크하는 것은 실질 행동 – 행동 진화 – 네트워크

진화의 단계로 나아가는지 면밀하게 체크해야 한다. 그리고 이들은 느리고 서서히 이뤄지는 활동이기 때문에 쉽게 포기하지 말고 장기간 주목 관찰해야 하는데, 특히 문화인류학, 지리학, 사회학, 지역경제학, 정책학 통섭으로 추진하는 것이 바람직하다.

참고문헌

이흥재, 김영주, (제2판)문화정책론, 박영사, 2023.
이흥재, 4차산업혁명과 소셜디자인 문화전략, 푸른길, 2018.
이흥재, 현대사회와 문화예술, 푸른길, 2012.
이흥재, 지역문화정책과 사회적자본의 통합적 공진화, GRI논총, 15-2 경기개발원, 2013
이흥재, 융합환경에 따른 콘텐츠정책 전환과 생태계 활성화, GRI논총, 13-2, 경기연구원, 2011.
이흥재, 청소년 건전육성을 위한 종교계의 역할 제고 방안, 한국문화정책개발원, 2002.
이흥재, 우리문화창달을 위한 향교와 서원기능의 현대적 활용방안, 한국문화정책개발원, 2002.
이흥재, https://blog.naver.com/jinmun03/220522090467.
김명자 외, 팬더믹과 문명, 까치, 2020.
김수정 외, 문화예술교육 경험이 개인의 문화자본에 미치는 영향에 관한 연구,
　　　　문화정책논총, 한국문화관광연구원, 2015.
김인설, 사회자본 증진을 위한 촉매로서의 예술:예술기반 실행연구
　　　　(Art-based Action Research) 사례와 문화정책적 함의, 문화정책논총,
　　　　한국문화관광연구원, 2013.
노수경 외, 지역단위 문화정책 사업분석, 한국문화관광연구원, 2022.
문명재, 대형국책사업 집행실패의 영향요인 분석, 박순애 편, 한국행정학 좋은 논문 14선,
　　　　박영사, 2015.
삼성경제연구소, 사회적 자본 확충을 위한 정책과제, 2009.
서우석, 문화여가활동이 경제적 빈곤층의 행복과 사회자본 형성에 미치는 영향
　　　　문화정책논총, 한국문화관광연구원, 2015.
서은경 역, 제인 제이콥스 저, 도시와 국가의 부, 나남출판, 2004.
송위진, 사회적 혁신과 지역혁신정책, 대전 Development Forum, 2012.3.
안청시 외 역, Putnam, Robert D. 외 저, 사회적 자본과 민주주의, 박영사. 2000.
오우식, 퍼실리테이터개론, 조명문화사, 2017.
오철호, 김기형, 정책연구에서 생태계적 관점의 적용가능성, 한국정책학회보, 19-4, 2010.12.
우윤석, 생태적 접근을 통한 공진화 가능성의 탐색, 2010, 한국정책학회 춘계학술대회.
윤소영, 여가행복지수 개발 기초 연구, 한국문화관광연구원, 2013.
윤소영, 100세 시대 대비 지역 여가향유 확대를 위한 전달체계 모델 구축,
　　　　한국문화관광연구원, 2012.
이명석, 거버넌스의 개념화: 사회적 조정으로서의 거버넌스, 박순애 편, 한국행정학 좋은
　　　　논문 14선, 박영사, 2015.

이상열, 전통문화산업 융복합 활성화 방안, 한국문화관광연구원, 2012.

이용관, 콘텐츠산업과 한국 고유문화 연계 방안 연구, 한국문화관광연구원, 2012.

이종수, 공동체주의 이론의 부상과 자치공동체에 대한 함의, 박순애 편, 한국행정학 좋은 논문 14선, 박영사, 2015.

이혁우, 공공성과 정책학의 성찰: 정책논의, 공공성에서 적절성으로, 한국정책학회보, 2016, 겨울호.

정상철 외 역,해럴드 칼먼 저, 문화유산관리학, 한울, 2023.

정상철, 문화공유재 관점에서 유산관리의 함의, 한국문화경제학회 학술대회, 2019.

정용덕 역, 욘 피에르 저, 거버넌스, 정치 그리고 국가, 법문사, 2003.

지영호, 민지은, 문화예술 향유권 확대를 위한 '문화매개' 및 '문화매개자'에 관한 연구–프랑스 문화정책을 중심으로, 문화정책논총, 한국문화관광연구원, 2015.

최병선, '정부주도의 경제사회 운영과 행정윤리', 박순애 편, 한국행정학 좋은 논문 14선, 박영사, 2015.

한국리서치, 코로나로 비대면 디지털사회로 전환 앞당겨, 2020.

한국문화예술교육진흥원, 국가별 사회문화예술교육정책, 2014.

한국지역문화학회, 학술대회 자료집, 2023.6

한국콘텐츠진흥원, 세계 창조산업 전략과 시사점(1), 2013.

한국콘텐츠진흥원, 문화원형 디지털화 사업의 평가와 향후 발전방향.2012.

홍윤철, 팬더믹, 포르체, 2020.

KBS, 사회자본, 문예춘추사, 2011.

KISTEP 미래예측브리프, 포스트코로나시대의 미래전망 및 유망기술, 2020.

문화체육관광부, 문화여가행복지수 개발 연구, 한국문화관광연구원, 2013.

문화체육관광부, 문화자원관리시스템 콘텐츠 관리 기능 개선 사업, 링크소프트, 2013.

문화체육관광부, 문화가치의 사회적 확산을 위한 협력과제 발굴. 한국문화관광연구원, 2013.

문화체육관광부, 문화를 통한 국민행복 창출 및 발전방안 : 협력적 거버넌스 구축을 중심으로, 한국행정학회, 2013.

문화체육관광부, 지역문화지표 개발 및 시범적용 연구, 한국문화관광연구원, 2012.

문화체육관광부, 문화를 통한 지역재생 정책추진 방안 연구, 문화다움, 2012.

문화체육관광부, 콘텐츠 중소기업의 안정적 성장을 위한 정책과제, 중소기업연구원, 2012 대전시 보도자료, 2013.2.19.

조선일보,2013.3.29.

Bruce Katz, Jeremy Nowak, The New Localism, How Cities Can Thrive in the Age of Populism, 2018.

Carl Grodach, Anastasia Loukaitou-Sideris, Cultural Development Strategies and Urban Revitalization: A Survey of US Cities, International Journal of Cultural Policy, 2007. https://eprints.qut.edu.au/74438/1/Cultural_Strategies_IJCP_prepub.pdf

Deborah Stevenson, Convergence in British Cultural Policy: The Social, the Cultural, and the Economic, The Journal of Arts Management Law and Society 40(4), 2010.

Dominic Power, Culture, creativity and experience in Nordic and Scandinavian cultural policy, International Journal of Cultural Policy, 2009.

Giorgos Kallis, Richard B. Norgaard, Coevolutionary ecological economics, Ecological Economics 69, 2010.

Hall, Peter A., Social Capital in Britain, British Journal of Political Science, 29, 1999.

Jonathan Paquette, Science as culture and leisure: cultural policy, industry and scientific culture in the Canadian context, International Journal of Cultural Policy, 2011. https://doi.org/10.1080/10286630903531356

Kemp. Gillian, It's not what you know but who you know that's important: the influence of social networks on community, International Journal of Consumer Studies 34, 2010.

Lily Kong and Justin O'Connor ed., Creative Economies, Creative Cities: Asian-European Perspectives, Springer, 2009.

McGuigan, Jim, Rethinking cultural policy,creativity and cultural Policy, McGraw-Hill 2010.

Malm, Krister, local, national and international musics, A changing scene of interaction in Baumann,1992.

Mark Banks &Justin O'Connor, After the creative industries, International Journal of Cultural Policy, 2009 https://doi.org/10.1080/10286630902989027

Nick Wilson, Social creativity: re-qualifying the creative economy, https://doi.org/10.1080/10286630903111621

OECD, COVID-19 and the cultural and creative sectors: impact, innovations and planning for post-crisis, https://www.oecd.org/cfe/leed/culture-webinars.htm

Pratt, Andy C., Creative Cities: Tension within and between social, cultural and economic development, City. Culture and Society 1, 2010.

PRI, Socail Capital in Action: Thematic Policy Studies, Policy Research Initiative. 2005.

干川剛史, 公共圏の社会学:デジタル・ネットワーキングによる公共圏構築へ向けて,法律文化社, 2001.

國土廳 大都市圏整備局, 歴史文化資源を活かした地域活性化のあり方に關する調査, 1995.

吉本光宏, アート戦略都市―EU・日本のクリエイティブシティ, ニッセイ基礎研究所, 鹿島出版会, 2006.

吉田隆之, ワークショップによる簡便な政策評価手法の妥当性等の検討, 文化経済学会<日本>年次大会 予稿集, 2013.

吉澤弥生, 芸術は社会を変えるか? 文化生産の社会学からの接近, 青弓社, 2011.

内閣府 国民生活局,ソーシャル・キャピタル：豊かな人間関係と市民生活好循環を探して, 2003.

大島俊一,地域活性化と広域交流の創造, 創成社,1997.

大河直躬 編, 都市の歴史とまちづくり, 學藝出版社,1995.

大阪市立大学大学院 創造都市研究科 編, 創造の場と都市再生, 晃洋書房, 2010.

稲葉陽二, 社会関係資本のどこが問題か? 社会科学からの批判に答える,2012.(http://www.econ.hokudai.ac.jp/~hasimoto/Society%20of%20Economic%20Sociology%20Annual%20Meeting%202012%20Summary-Inaba.pdf).

徳丸吉彦, 芸術文化政策1 社会における人間と芸術, 放送大学教育振興会, 2002.

飯田義明,地域社会におけるスポーツの実践とソーシャルキャピタルの可能性, 社会関係資本研究論集 第1号, 2010.

北海道公共政策大学院, "ソーシャル・キャピタルと地域経営",3-6, 2006.

産業競争力懇談会, AI・ロボット・人の共進化による産業力向上の実現, 2016.

相良憲昭, 文化学講義, 世界思想社, 2003.

小林瑠音, "芸術の社会的インパクトをどう評価するか", 文化経済学会<日本>年次大会予稿集, 2013.

櫻林仁, 生活の芸術, 誠信書房, 1993.

永島剛, "イギリス「大きな社会」構想とソーシャルセピトル議: 福祉国家との関係を巡って", 社

会関係資本研究論集 第2号, 2011.

原田博夫, "政策論としての社会関係資本:試論", 社会関係資本研究論集 第1号, 2010.

伊藤実, 成功する地域資源活用ビジネス, 學藝出版社, 2011.

日本都市センター, 地域社会のグローバル化を見据えた包摂・共生のまちづくり〜欧州・北米のコミュニティ再生と日本における可能性〜, 2023.

新潟市 都市政策研究所, "新潟市の社会関係資本評価", 新潟市都市政策研究所だより8, 2010.

新潟市, 新潟における社会関係資本評価, 2009.

財團法人 タンポポの家, 文化政策とCCDのセミナー: 持續可能の文化發展, 2009.

斉藤隆文, イメージとしての都市: 学際的都市文化論, 南雲堂,1996.

竹內憲司 譯, Richard B. Norgaard 著, 裏切られた発展, 勁草書房, 2003.

中牧弘允, 佐々木雅幸, 総合研究開発機構(NIRA), 価値を創る都市へ—文化戦略と創造都市, 2008.

千田俊樹, 玉村雅敏, "都市のソーシャル・キャピタルとヘッピネスを分析する-都市·新潟における新概念の可視化", 新潟市政策研究所、経済産業研究所 (RITTI) BBLセミナ, 2011.

찾아보기

가치전달 107~108, 113, 300
감축사회 231, 305, 336
견인 인력층 131
결과책임성 273
경쟁력 가치 41, 43~44, 334
경쟁적 균형모델 34
경제적 비효율성 79
고령사회 249
공간 매력 133
공공성 학습 178
공동체 가치 113, 154, 160, 313
공동체 파트너십 161
공동체주의 80, 235
공적 지원 290
공진화시스템 314, 330, 339
공진화의 조건 313
관계의 공진화 317
관광자원 100, 102
권력과 문화 72
기업가적 목적 87

네거티브 유산 33, 99, 258, 338
네트워크 안전성 235, 328
노가드(Richard B. Norgaard) 311
뉴 노멀 33

대전광역시 212
도구주의적 문화정책 224
디지털 마켓 플레이스 204, 206
디지털 스토리텔링 186, 200
디지털 시민 180, 184

따뜻한 문화경제학 244

로컬 푸드 네트워크 83
로컬리티 강화 186, 337
로컬리티 강화전략 56
로컬리티 관광 61
로컬리티 기반 정책 77
로컬리티 문화예술활동 54
로컬리티 자산 101
로컬리티 재정 65
로컬비즈니스 50, 63, 335
로컬크리에이터 172, 174~175

마을만들기 33, 100, 223, 248, 286
메타인지능력 186~187
모빌리티 시스템 253~254
무기력의 늪 26
무조건적 연결과 열린 융합 260
문화개발전략 86, 168
문화거버넌스 226, 277, 279, 338
문화경제학 33, 244
문화공유 33, 259, 265, 277, 338
문화공유 활성자정부 259
문화기획 전문가 141
문화다양성 81, 330
문화서비스 47, 89, 240, 278, 318, 324
문화서비스 파트너 278
문화소비의 개인화 245
문화예술대학 150
문화울력론 280
문화유적지 99
문화창조분야 317~319, 339
문화코디네이터 139

문화행사   39, 54, 99, 111, 161, 200
미래전략   23, 114, 130, 138, 195
민간투자   85

발견적 문제해결자   170
보몰(W.Baumol)과 보웬(W.Bowen)   43, 290
보조금 정책   25
복합 순환구조   125
블록체인   204~206, 209, 218, 282
빅데이터   114, 195~197, 282

사상   100, 108, 144, 229
사회관계 진화   330
사회문화의학   268
사회문화적 역진성   42
사회문화활동   29~30, 38~39, 48, 72~73, 265~267, 270, 285~286, 299
사회문화활동 솔루션   157
사회예술   58, 62
사회자본   10, 153, 169, 207, 213, 223, 296
사회적 공생관계   230
사회적 배제   153, 220~221, 226
사회적 상호작용   70, 191, 208
사회적 정체성   67~70
사회적 투자수익   201, 205
사회적 포섭   20, 134, 221
사회정서기술   265, 340
산업경제   78, 218, 287, 294
산업네트워크화   279
산출   25, 130, 296
산학연   123, 150, 305
상호진화   326
생명공동체   36, 40~41, 88, 150, 238, 310,
335
생태환경 예술   58
생활문화   32, 38, 84, 100, 108, 119, 177, 212, 284~285, 305, 338
소득격차   25, 218~220
소리자원   57
소셜 커뮤니케이션   188~189, 337
소수층 돌봄   134
소통학습   178
수축과 확산   21~22
순환형 경제   98
신기술 학습   174
신뢰   20, 78, 105, 130, 133, 214, 219, 221, 228, 231~232, 263, 279, 298, 306, 313, 325
신체적 힐빙   47
실감 문화예술   175
실천공동체   158~162, 336

아이덴티티   51~52, 116
여성   137, 161, 244, 248~250, 278
연관정책   76, 81~82, 213
연속적인 로컬리티   82
예술 테라피   243
예술유산   57~58
온오프 연계   324
외부화   41, 247, 282, 338
워크숍   89, 112, 144, 156, 169, 172, 184, 189, 336
위기대응   10, 234
유동성   294~295, 300, 339
윤리의식   208
융합   8, 10, 41, 91, 120, 131, 149, 169, 198, 237, 260, 297, 310, 317

의료공동체　236, 238~239, 338
의료시스템　236~237, 239, 251~252
의료플랫폼　237
의미 소비　38
이기적인 소비패턴　36
이슈맥락　7, 262, 337
인구문제　20, 22, 53, 130, 137
인구정책　128~130
인력네트워크　148
인본주의　7, 22, 44, 222, 244~245, 267, 305
인적 자본　213~214, 217
인지 유연성　162

자신을 돌보기　35
자연환경　30, 49, 61, 102, 202, 254, 268, 314
자연환경문제　83
자원 관리　103, 335
자율적 변화개선 능력　23
장소 감각　154
재원　33, 60, 116, 204, 241, 291
적응지형도　307, 309
전략패키지　32
전통문화　32, 50, 54, 61, 98, 103, 149
전환기 출구　268
정보화　114, 146, 198, 218, 221, 282, 315
정서적 힐빙　47
정책네트워크 관리　271, 338
정책실패　314
정책의 역진성　152
정체성의 굴레　76
정체성의 진정성　60
제3이태리지구　215
제도맥락　262

종합역량　46
중견중소기업　121, 292~293
자본주의　219
지속가능 개발목표　201
지속가능 공동체　202
지속가능 공진화　224, 311~312
지속가능성　23, 30, 73, 80, 84, 93, 143, 154, 163, 197, 200, 223, 247, 254, 278, 311
지속가능한 공진화　223, 226
지속가능한 관행　79~80, 179, 194, 203
지속가능한 생태계　45
지속적 리더십　92, 94
지역 경제정책　82
지역경쟁력　42~43, 85~86
지역대학　148~149, 151
지역매력　20, 53~54, 133, 183, 190, 221
지역사회 이니셔티브　252
지역사회의 접착제　240
지역상표 자산　111
지역영향평가　201
지역음식　61, 75, 247
지역의 부가가치　106
지역의 품격　62
지역창조론　291~292

창발거점　300, 303
창발성 학습　145, 170
창발유발 조건　269, 298
창발인재　143~145
창발전략　270, 298, 307
창의적 디지털 역량　147
창조도시론　291~292, 294~295, 339
창조성　7, 44, 91, 115, 125, 132, 134, 150,

242, 245, 258, 301, 316, 336, 339
창조성 리더   142~144, 336
청소년   157, 169~170, 278, 288

커뮤니티 리더십   165
크라우드 펀딩   65, 175, 183, 197, 204~206
클러스터   123~124, 226, 285, 292, 302

테마공동체   8, 134, 158, 177, 219, 303, 336, 340
틈새관리   304

파트너십   33, 93, 109, 113, 116, 148, 153, 161, 176, 180, 215, 273, 279, 340
퍼실리테이터적 역할   130, 336
퍼트넘   208, 214
포용적 지역복지   129
표현기지   110
표현형식   119
프로젝트 매니저   141
플랫폼 설계   270, 298

하위정부   272, 338
혁신기술   315, 317
혁신의 확산   160, 304, 318, 339
협력적 경쟁   120, 224
협력파트너   281, 283, 285, 338
환경테마공동체   163
횡단융합화   116~117
휴머니티의 위기   37
휴먼웨어   168
힐빙   47~48, 166, 239, 242~243, 246, 338

AI   195, 322
CT기술   119, 122, 125
CT산업   121
ESG   244
GIS시스템   175, 199, 233
PPP[Public-Private-partnership]   276

찾아보기

로컬리티와 지역문화전략

발행일	2024년 08월 30일
지은이	이흥재
펴낸이	황용구
펴낸곳	(주)이음스토리
신고번호	제2015-000011호
신고일자	2011년 8월 25일
주소	서울특별시 강동구 천호대로 1121, 1405호
전화	02-964-0561
팩스	0505-905-0561
홈페이지	www.eumstory.net
전자우편	eum@eumstory.net
디자인	윤지예
인쇄	새한문화사

Font

내지: Adobe Garamond Pro, Helvetica Neue (TT), ITC Avant Garde Gothic Std, Noto Sans KR, F37BellaHeavy, 을유1945, 에스코어 드림

표지: 을유1945, 에스코어 드림

ⓒ이흥재, 2024